ひらめきとアイデアがあふれ出す

ビジネスフレームワーク 実践ブック

BUSINESS FRAMEWORK PRACTICE BOOK

栄前田勝太郎　竹田哲也　宮木俊明 共著

エムディエヌコーポレーション

はじめに

この本は、あなたの目の前の仕事を、今よりもっと楽しくするために書かれました。

・やらなければならない仕事を効率的に終わらせる
・モヤモヤした仕事のなかから光を見いだす
・これまでの仕事に捉われず自由に発想する
・チームで有機的に仕事を進める

もしも、こんな成果を実現してくれる“魔法の杖”があったらどうでしょうか。

「ビジネスフレームワークで、そんなことが本当にできるの？」
そんな風に思われた方がいらっしゃるかもしれません。大丈夫です。これから、あなたが抱く疑念を晴らしたいと思いますので、どうかもう少しだけお付き合いください。

例えば、あなたの目の前に逃げ出したくなるような仕事があるとします。とても面倒で困難な仕事です。そうした仕事に、もし偉大な先人たちや活躍しているビジネスエリートだったら、どのように取り組んでいくのか、興味はありませんか？

実は、フレームワークを効果的に使うことが、それを体感する確実な方法のひとつなのです。なぜなら、フレームワークとは、偉大な先人たちの「効果的かつ建設的な考え方」を結晶化し、数多のビジネスマンにより現場で磨かれることで、使用方法が確立されてきたものだからです。目的に合わせて活用できれば、“魔法の杖”のように、あなたの内なる力を呼び覚まし、仕事を楽しくしてくれます。

一方で、使い方を間違えると、まるでバッテリーの切れた電動自転車のように、あなたの足を引っ張ることになりかねません。だからこそ、この本を読んでいただきたいのです。

本書は、フレームワークを取り扱う基本的な考え方から始まり、「ビジネス現場の第一線で有効活用されているフレームワーク」を厳選して、使用方法をていねいに紹介しています。さらに、みなさんの仕事に合わせてカスタマイズして使うヒントや、自在に操る実践方法まで実例を元に解説しました。

楽しく仕事を続けた先には、必ず人としての成長があります。あなたの成長の物語の脇役として、この本が少しでもお役に立てたら、私たちにとってこの上ない喜びです。

さぁ、これからいっしょに、“魔法の杖”を探索する旅に出でかけましょう！

2020年6月

著者を代表して　宮木俊明

Contents ー目次ー

Contents ー目次ー

本書の使い方

本書はビジネスフレームワーク（以下、フレームワーク）の基本的な使い方と、ビジネスシーンでの実践的な活用方法を解説した書籍です。本書は4章構成で、章ごとに以下のような紙面構成になっています。

Chapter 1 知る

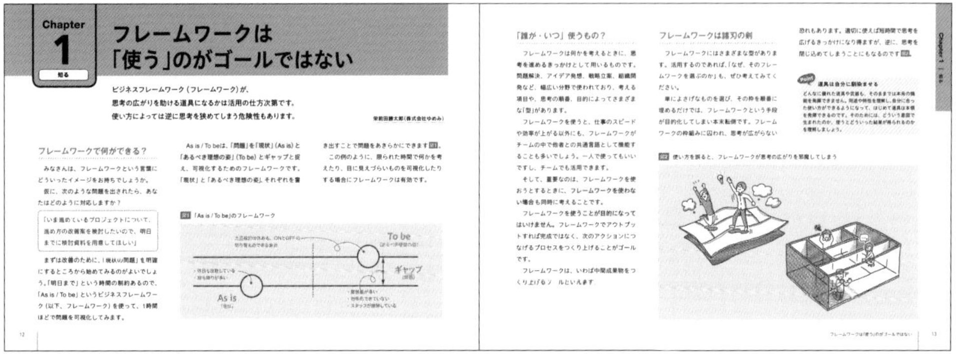

フレームワークを使う前に、知っておいていただきたい事柄を解説しています。「フレームワークとはどんなものか」に始まり、活用すべきシーンや有効な使い方などがわかります。

Chapter 2：守る

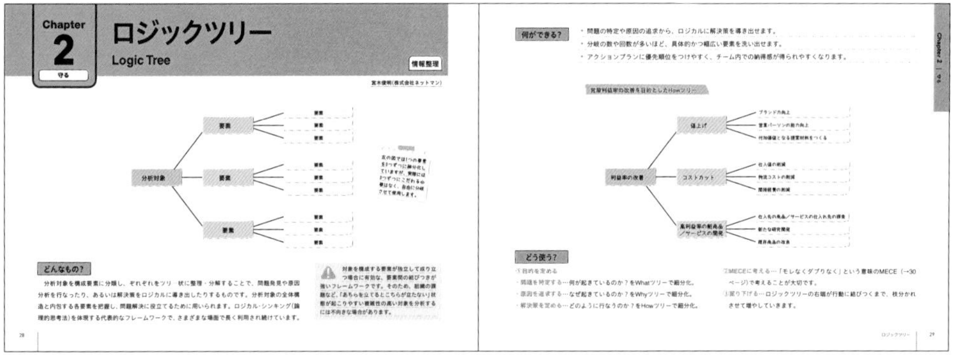

左ページ　基本形と概要

アウトプット例と使用のポイント　右ページ

ビジネスの現場で有効活用されているフレームワークを厳選し、見開きごとに紹介しています。左ページで概要を説明し、右ページではアウトプットの例や使い方のポイントなどを解説しました（フレームワークには用途が限定されてないものが多数ありますが、使用目的として代表的なものを記載しています）。

Chapter 3 破る

扱う情報や目的に合わせて、既存のフレームワークをカスタマイズしてみましょう。テーマに沿って2ステップの簡単な“お題”が用意されており、ページをめくるとカスタマイズ例と解説がわかる仕組みです。

ステップ1のお題

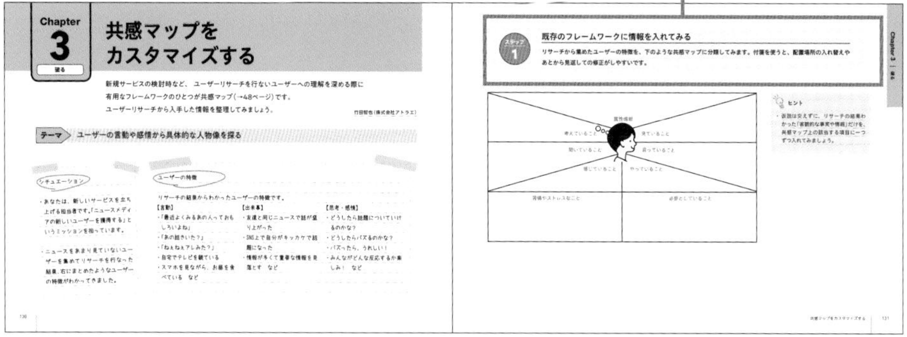

ページをめくると

ステップ1の答えと解説

ステップ2のお題

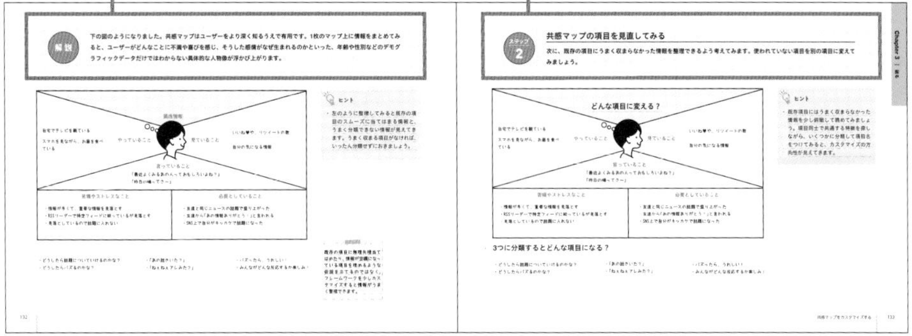

ページをめくると

ステップ2の答えと解説

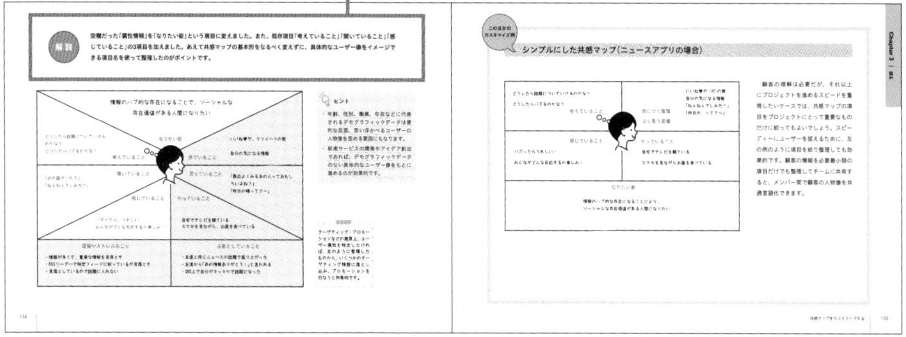

そのほかのカスタマイズ例

Chapter 4：離れる

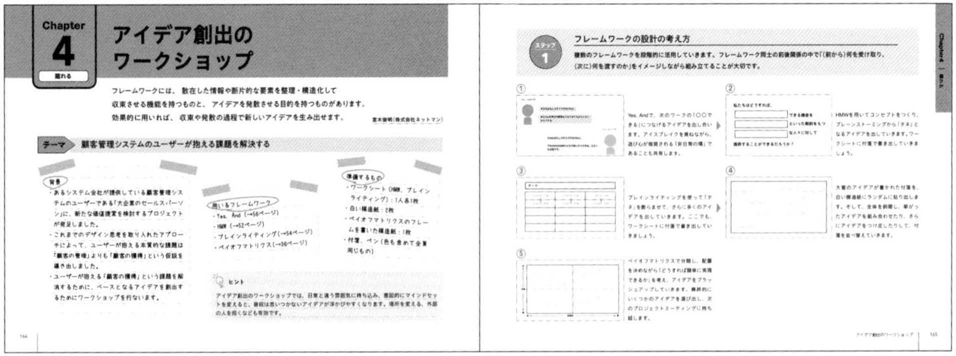
Chapter 4 離れる
アイデア創出のワークショップ
フレームワークには、散在した情報や断片的な要素を整理・構造化して収束させる機能を持つものと、アイデアを発散させる目的を持つものがあります。効果的に用いれば、収束や発散の過程で新しいアイデアを生み出せます。
テーマ 顧客管理システムのユーザーが抱える課題を解決する
ステップ1 フレームワークの設計の考え方

実際のビジネスシーンで、複数のフレームワークを組み合わせて活用した事例を取り上げています。人材育成のワークショップや部門別の戦略立案など、ビジネスの現場での活用方法が具体的にわかります。

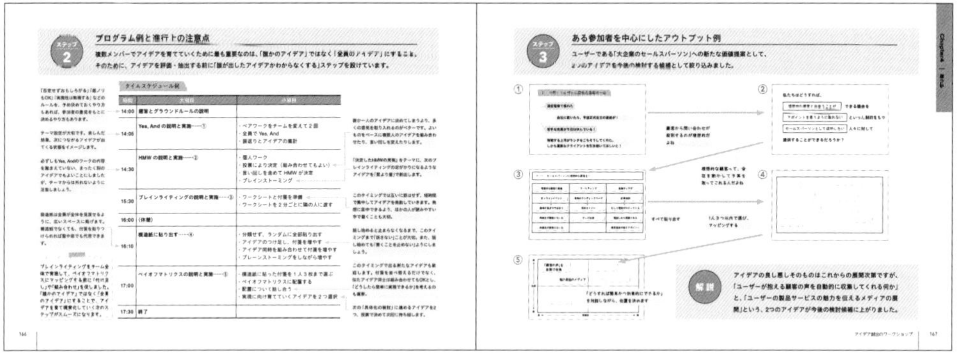
ステップ2 プログラム例と進行上の注意点
タイムスケジュール例
ステップ3 ある参加者を中心にしたアウトプット例
解説

本書は2020年6月現在の情報を元に執筆されたものです。これ以降の仕様、URL等の変更によっては、記載された内容と事実が異なる場合があります。本書をご利用の結果生じた不都合や損害について、著作権者及び出版社はいかなる責任も負いません。

Chapter 1

知る

フレームワークは思考の「型」

フレームワークは使い方次第で“魔法の杖”になる道具です。一方で取り扱いを間違えると、せっかくのアイデアや思考の広がりを阻害してしまうこともあります。便利な道具の正しい活かし方を知りましょう。

Chapter 1
知る

フレームワークは「使う」のがゴールではない

ビジネスフレームワーク（フレームワーク）が、
思考の広がりを助ける道具になるかは活用の仕方次第です。
使い方によっては逆に思考を狭めてしまう危険性もあります。

栄前田勝太郎（株式会社ゆめみ）

フレームワークで何ができる？

みなさんは、フレームワークという言葉にどういったイメージをお持ちでしょうか。

仮に、次のような問題を出されたら、あなたはどのように対応しますか？

「いま進めているプロジェクトについて、進め方の改善案を検討したいので、明日までに検討資料を用意してほしい」

まずは改善のために、「現状の問題」を明確にするところから始めてみるのがよいでしょう。「明日まで」という時間の制約あるので、「As is / To be」というビジネスフレームワーク（以下、フレームワーク）を使って、1時間ほどで問題を可視化してみます。

As is / To beは、「問題」を「現状」（As is）と「あるべき理想の姿」（To be）とギャップと捉え、可視化するためのフレームワークです。「現状」と「あるべき理想の姿」、それぞれを書き出すことで問題をあきらかにできます図1。

この例のように、限られた時間で何かを考えたり、目に見えづらいものを可視化したりする場合にフレームワークは有効です。

図1 「As is / To be」のフレームワーク

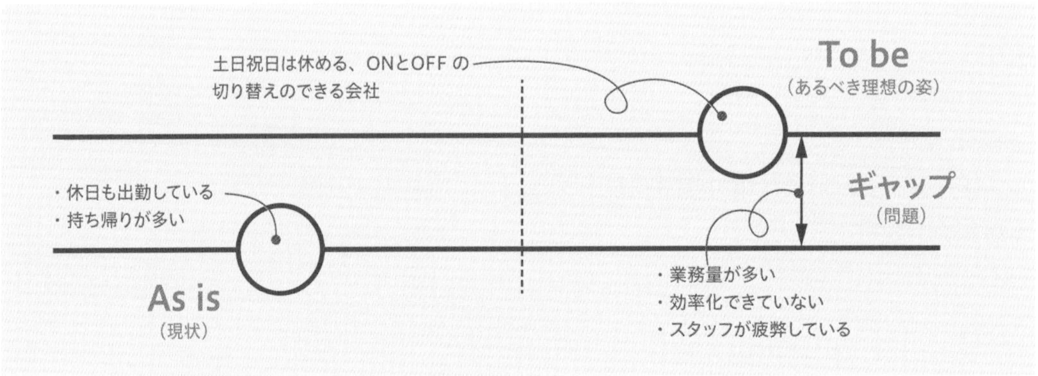

「誰が・いつ」使うもの？

フレームワークは何かを考えるときに、思考を進めるきっかけとして用いるものです。問題解決、アイデア発想、戦略立案、組織開発など、幅広い分野で使われており、考える項目や、思考の順番、目的によってさまざまな「型」があります。

フレームワークを使うと、仕事のスピードや効率が上がる以外にも、フレームワークがチームの中で他者との共通言語として機能することも多いでしょう。一人で使ってもいいですし、チームでも活用できます。

そして、重要なのは、フレームワークを使おうとするときに、フレームワークを使わない場合も同時に考えることです。

フレームワークを使うことが目的になってはいけません。フレームワークでアウトプットすれば完成ではなく、次のアクションにつなげるプロセスをつくり上げることがゴールです。

フレームワークは、いわば中間成果物をつくり上げるツールといえます。

フレームワークは諸刃の剣

フレームワークにはさまざまな型があります。活用するのであれば、「なぜ、そのフレームワークを選ぶのか」も、ぜひ考えてみてください。

単によさげなものを選び、その枠を順番に埋めるだけでは、フレームワークという手段が目的化してしまい本末転倒です。フレームワークの枠組みに囚われ、思考が広がらない恐れもあります。適切に使えば短時間で思考を広げるきっかけになり得ますが、逆に、思考を閉じ込めてしまうことにもなるのです 図2。

Point　道具は自分に馴染ませる

どんなに優れた道具や武器も、そのままでは本来の機能を発揮できません。用途や特性を理解し、自分に合った使い方ができるようになって、はじめて道具は本領を発揮できるのです。そのためには、どういう意図で生まれたのか、使うとどういった結果が得られるのかを理解しましょう。

図2　使い方を誤ると、フレームワークが思考の広がりを邪魔してしまう

Chapter 1

知る

「問い」と「対話」が思考を広げる

フレームワークは「答え」を教えてくれる道具ではありません。
フレームワークという道具で考えやアイデアを広げ、深めたいのであれば、
答えありきではなく「問い」や「対話」を重視してみましょう。

栄前田勝太郎（株式会社ゆめみ）

答えではなく「問い」を立てる

フレームワークを使う前に、どういった「問い」を立てるかがとても重要です。問い次第で、フレームワークが決まりきった答えしか生まない場合もあれば、これまで見えていなかったものを「見える化」するツールにもなります。

例えば、顧客やユーザーに「あなたが求めるものは何ですか？」と質問しても、多くの場合「真の答え」は返ってきません。本当に求めるものが何か、質問される側が自身で気づいていなければ、うまく言語化できないからです。

ありきたりの質問では、相手もすでに認識している範囲の答えしか返ってきませんが、問いによっては、相手がこれまで言語化できていない無意識領域にあるものを引き出すことができます 図1。聞く側が「求める答え」を引き出すためには、相手が抱えている課題や思いといったパーソナルな側面から問いを投げかけてみるのも一案です。

図1 問いを立てることで、見えなかったものを引き出す

問題発見に必要な「問う力」

自問自答する際も同じです。悩みや問題に直面したとき、多くの人は「どうしたら解決できるか？」の直接的な答えを追求しますが、求める答えがなかなか見つからないときは、「問い方」を変えてみるといいでしょう。

フレームワークは答えるべき問いの集合体とも言えます。フレームワークの一つ「リーンキャンバス」(→86ページ) の項目の一部を例にすると、次のような問いに変換できることがわかります。

- 顧客→私たちの顧客は誰か？
- 課題→彼らはどのような課題を抱えているか？ 何に困っているのか？
- 解決策→どうしたら、それを解決できるか？
- 代替手段→現在、彼らはそれをどのように解決しているのか？

リーンキャンバスの「顧客」「課題」という項目を機械的に埋めるよりも、問いの形で改めて考えてみると、深く考えることできます。

「対話」によって基準や前提を問い直す

「対話」は相互理解や共感、変化を重視するプロセスです。コミュニケーションを積み重ね、一人ひとりの思考の違いを互いに許容していくことが、新しい意味や価値の創造につながります。対話によってものの見方やアイデアに変化が起こるため、前提条件や基準そのものを問い直すことができ、新たな解決策が導き出されるのです。

新規事業開発などの不確実性が高いビジネスでは特に、社会環境や事業の変化に合わせて柔軟に対応しなければなりません。そのためにも対話によって前提条件や基準を問い直し、質の高い「学び」や深い洞察を重ねて、改善と新たな価値につなげることが必要になります 図2 。

Point　そもそもの前提を問い直すこと

新しいものやアイデアを生み出す過程では「何を調べよう？」「どうやって調べよう？」といった、そもそもの前提を問い直してみましょう。答えだけに捉われていると、自分がすでに知っている範囲の答えやいつも通りのやり方しか浮かびません。

図2　対話によって不確実性の中から新しい意味や価値が見いだされる

Chapter 1
知る

思考や対話を加速させるフレームワーク

思考のスピードが速い人と遅い人とでは、何が違うのでしょうか。
違いは思考のプロセスにあります。
思考を巡らせる的を絞り、できるだけロスを減らせば速度は上がります。

栄前田勝太郎（株式会社ゆめみ）

「型」で捉えることで思考の速度は上がる

思考の速度を上げるためには、結論を導き出すプロセスの中でロスを少なくするとよいでしょう。何かを考えるとき、思考を「型」や「枠組み」に当てはめる、つまりフレームワークを使うと、目的達成に必要な事柄だけに思考の的を絞ることができます。結論や答えを導き出す範囲やポイントをあえて限定することで、思考のロスを減らせます 図1。

多種多様なフレームワークがある中でどれを用いるのが最適か、はじめはわからないかもしれません。まずは「全体像を把握」→「構造化する」→「課題解決」の3つプロセスから考えてみるとよいでしょう。

考える対象の全体像を俯瞰し、いま使えるリソースを適切な場所に避けるよう思考を巡らせます。そのプロセスにフレームワークを織り込んでいくと、複雑で雑多な状況を最速で整理し、最適解を見つけ出せるでしょう。

図1 思考のスピードが速い人と遅い人のプロセスの違い

ビジネス上のコミュニケーションにも活用

思考のプロセスだけでなく、仕事や業務をフレームワーク化すると効率が上がり、成果にもつながりやすくなります。フレームワークは「○○すれば△△になる」という方程式のようなものです。現状ある問題の一つひとつを、着実に解決していくための思考の方程式をたくさん身につけておくと、何かを判断し行動するまでのスピードがアップし、解決案を見いだすまでの時間も短くなります。

また、ビジネス上のコミュニケーションにもフレームワークは有効に作用します。会社やチームでコミュニケーションが円滑に図れなければ、仕事はスムーズに進まず、大きなストレスを生みます。

コミュニケーションは情報や感情のキャッチボールです。ボールを一方的に投げるだけ、受け取るだけでは相手との関係が成立しません。自分と相手、双方が伝える側にも受け取る側にもなるわけですから、伝えるだけに終始せず、相手の話をよく聞くことも大切です。

「伝える」と「受け取る」が相互に作用し合うためには、5H1Wのフレームワークの一部を活用して、「なぜ・何を・どう」の情報を意識してやり取りしてみましょう 図2。伝える目的(Why)がはっきりすると、伝えるべき内容(What)が自ずと明確になり、さらに最適な伝え方(How)が見えてきます。

Point 理想のフォームを身につける

フレームワークをスポーツで例えると理想的なフォームにあたるものです。何かを考えるときに適切なフレームワークを選び出し、思考のプロセスに自然に織り込めるようになると、短時間でアイデアを出したり、構造化したロジカルな意見を述べたりできるようになります。まずは理想のフォームを知り、自然に再現できるよう、実践を繰り返しましょう。

図2 コミュニケーションをスムーズにする3つの視点

Chapter 1

知る

問題解決は「課題」を正しく見つけることから

大半の仕事では、何らかの課題を解決することが求められますが、課題の多くは誰もがはっきりわかる形で、目の前に存在しているわけではありません。課題解決は「本当の課題」を探し出すことから始まります。

栄前田勝太郎（株式会社ゆめみ）

課題を間違えない

新サービスの企画や開発で相応の時間とコストが掛かる一方で、リリースまでの時間は限られているといったケースは、往々にしてあります。

この場合、「時間がない」という表層的な問題ばかり考えていても、新サービスは生まれません。時間の制約がある中で、多くの人に受け入れられる新サービスは生み出すために、取り組むべき課題を見つけ出すことに注力すべきです。

課題を解決するための第一歩は、目的に照らし合せたときの「本当の課題」を的確に捉えることです 図1。

“課題発見力”を培う

フレームワークは課題の発見にも活用できるものですが、与えられた情報を機械的に枠組みにはめるだけでは“課題発見力”を養うことはできません。ですから、顧客や顧客を取り巻く環境、社会・経済の状況などの情報を常々アップデートしておきましょう。それら

図1 目の前にある表層的な事柄が取り組むべき課題とは限らない

の情報から的確な仮説を組み立てることが、課題発見につながります。

また、課題発見力を磨くためには、現状だけに満足せず、未来への次の一手を常に模索する姿勢も大切です。これまで通りの現状維持で機械的に業務をこなすのではなく、「これまでのやり方」に疑問を持ち、より効率のいい方法を模索するような意識が課題発見力を育てていくのです。

問題が発生したあとに批評することは誰でも簡単にできますが、問題の要因となりそうな課題をあらかじめ探し出せる人は貴重です。課題発見力を高めたいのであれば、現状で自分が取り組んでいることに常に疑問の目も向け、自問自答してみるといいでしょう。「この方法でいいのか？」、「目標は的確なものか？」と、現状を分析する癖をつけます。

解決策を探る

課題になりそうな要因が見つかったら、そこで終わりではなく、解決策を探ってみましょう。後々大きな問題になるかもしれないさまざまな可能性を考慮した上で、小さくても解決に向けた行動を取るようにすると、課題発見力は一層磨かれていきます。

課題について一人で考えるだけではなく誰かに話して共有し、相手の意見を聞いてみると、課題が重要なものか瑣末なものかを検証できます。その上で、重要な課題であれば解決策を模索していきます 図2。

Point 見えない課題が大きな問題に

会社や組織、業務には、大なり小なり課題が付き物です。日々の業務が一見円滑に進んでいると、表面的に見えにくい課題は放置されたままになり、問題が大きくなって気づいたときは手遅れになる危険性もあります。そうした事態を防ぐために、マネジメント層や現場、意思決定ラインなどのあらゆる部門で、「適切な課題」を見つけられる人は貴重です。課題を発見し、解決に向けて動いていければ、組織全体の成長にもよい影響を及ぼします。

図2 「分析→自問自答・共有→行動」を習慣化すると課題発見力に磨きがかかる

Chapter 1
知る

プロセスを「見える化」するフレームワーク

ビジネス上のさまざまなプロジェクトを、ゴールに向けて着実に進めていくには、プロジェクト全体の進行プロセスを「見える化」することが欠かせません。プロセスの「見える化」にはフレームワークが有効です。

栄前田勝太郎（株式会社ゆめみ）

ゴールまでのプロセスを設計

規模の大小は問わず、商品やサービス、あるいはソフトウエアなど、何らかの開発プロジェクトでは、はじめにプロジェクト全体の設計がなされます。「何を」「何のために（何を目指して）」つくるのか、プロジェクトが目指すゴールを全体像を明確にします。

さらに、ゴールにたどり着くためにはプロセスの設計も必要不可欠です。スケジュールとともに予算とリソースを配分し、マイルストーン（中間目標）やタスクを設定して、プロジェクトを具体化する作業です。

初期段階で全体像やプロセスの設計があいまいだと、途中で頓挫し、目標にたどり着けない事態に陥ります。同時に、計画した通りに進まないことを踏まえて、プロセスは適時「見直し調整する」ことを常に念頭においておきましょう 図1。

プロセスを「見える化」しよう

予算やスケジュール、リソース、タスクなどを決めると、プロジェクト全体のアウトラインがだいぶ具体化されますが、さらに多く

図1 ゴールまで一直線に進むのではなく、計画を適時見直していく

の人がプロセスを共有できるよう「見える化」(可視化)するといいでしょう。

- いつまでに、誰が、何を行なうのか
- いま誰が、何に困っているのか
- 個々のタスクが、いまどの状態にあるのか
- 全体の道程の中で、現状はどの地点か

チームや組織の全員が、一つひとつの業務プロセスをプロジェクトの全体像に紐づけ、常に理解できる状態にすることが「見える化」といえます。プロセスを「見える化」して全員が状況を把握し共有できれば、各自が現在のステータスを把握することが可能になり、「いま何をすればいいのか」を正しく認識できるようになります。図2。

フレームワークで「見える化」

プロセスを「見える化」するには、業務やタスクを抜け・漏れなく洗い出したあと、構造化して整理したり、粒度を揃えたりする必要があります。せっかく「見える化」してみても、結果役に立たずやり直しになることも少なくありませんが、フレームワークを上手く使うと、段階を経ながら業務やタスクをモデル化して捉えられるため、「見える化」にかかる時間を短縮し生産性を向上できます。

システムやソフトウエアの開発手法であるアジャイル開発には「スクラム」と呼ばれる方法があります。スクラムもフレームワークのひとつです。まずチームが何を行なうかを自分たちで決め、設定された期間内で開発を進めていきます。そして、毎日朝会で状況を確認しつつ、開発した成果物をレビューし、最後に「ふりかえり」を行ないます。これを1つのサイクルとして繰り返していきます。プロジェクトのすべてをチームで共有して決めていくこの開発手法は、「見える化」するフレームワークの最たるものといえます。

Point 「見える化」が改善につながる

プロジェクトに紐づく業務のほとんどは複数の部門・担当者を横断するものです。ある業務が「どこから始まり、どこで終了するのか」というプロセスを洗い出し、チームの全員に見えるようにするのが改善に向けた第一歩です。

図2 組織内を横断するプロセスを「見える化」する

Chapter 1

知る

フレームワークを利用するシーン

**多種多様なフレームワークを上手に活用できると、
状況判断や意思決定のスピードを一気に上げることができます。
実際のビジネスシーンではどういった場面・用途で使われるのかを紹介します。**

栄前田勝太郎（株式会社ゆめみ）

フレームワークを使う場面

フレームワークには戦略の方向性を決めたり、分析を行なったりなど、さまざまなものがあります。本書のChapter 2（→25ページ～）で解説するものは、以下のようにカテゴライズしています。

- 情報整理
- 顧客理解
- 体験設計
- 自己理解
- ふりかえり
- 思考法
- 事業分析
- 発想法
- 戦略設計
- 目標設定
- サイクル

「このフレームワークで何ができるのか」と考え出すと、収拾がつかなくなるため、「こんなシーンで使えるフレームワークはどれ？」という、目的別の視点でフレームワークを選び、使ってみることをおすすめします 図1 。

図1 フレームワークの利用シーンを「目的別の視点」で考える

目的別の視点で考えると、以下のようなシーンが考えられるでしょう。

- 現状を把握・分析する
- 戦略を構築する
- 企画・提案を検討する
- 計画を実行する

適切なフレームワークを選ぶ

一つひとつのフレームワークには、それぞれが生きてくる用途があります。マーケティングとひとくちに言っても、「マーケティングプロセス」「セグメンテーション」「ターゲティング」「プロモーションミックス」など、用途に応じて適したフレームワークは違ってきます。

ですから、対処する課題に応じて、適切なフレームワークを選ぶことが肝要です。先述のように目的別の視点でフレームワークを試してみて、うまく合わなければ違うものに変えてみます。1つのフレームワークだけに固執して時間をかけすぎないことも大切です。

考えを深めるための道具

フレームワークは「思考の出入り口」になるものです。うまく使いこなせれば、以下のような利点がありますが、同時にデメリットもあります 図2。

- 論理的に物事を分析・判断しやすくなる
- 短時間で成果(結論)を出しやすくなる
- メンバー間で「共通の認識」となり得る
- アイデアが発散されたままにならず、収束しやすくなる

フレームワークのフレーム(枠組み)を理解しただけでは、活用しているとはいえません。フレームワークは「考えを整理するための枠」ですから、情報を既存の枠に整理するのは準備段階に過ぎないのです。枠に整理できたからといって「答え」は見つかりません。一方で、枠を使わないと、アイデアや提案は思いつきに頼ってしまい、拡散してしまいます。拡散したままでは、先につながるアイデアが出にくいものです。

課題について考えるときに、いろいろな情報をフレームワークという枠に当てはめ、枠に収めた状態からアイデアを深めていきます。フレームワークは「答え」を教えてくれるものではなく、考えを深めるために、散らばっている情報やアイディアをつなげる「足場かけ」をしてくれる道具として使いましょう。

Point 単独では完結しないケースが多い

使う機会や場面が増えると、フレームワークを単独で使うケースは存外少ないことがわかります。なぜなら、1つのフレームワークを完成させる過程で、別のフレームワークが関連してくることが多いからです。

図2 フレームワークにはメリットだけでなくデメリットもある

メリット	デメリット
短時間で成果を出せる	専用ではなく、汎用的
アイデアを発散・収束しやすくなる	使う人・使い方によって、 発想やアイデアが制約される
共有の認識をつくることができる	使う人によってアウトプットは異なる

column

オンラインでのコミュニケーションとフレームワーク

栄前田勝太郎(株式会社ゆめみ)

オンラインでコラボレーション

オンラインミーティングなどの機会が増えるに応じて、オンライン上のコミュニケーションの重要性も高まっています。フレームワークは、リアルな対面の場でなければ活用できないわけではありません。オンラインミーティングなどの場でフレームワークを取り入れたいのであれば、複数の人が同時に編集できるクラウドツールを利用すると便利です。

筆者は、「オンラインコラボレーションツール」と呼ばれる「miro」(https://miro.com/)や「Mural」(https://www.mural.co/)などを利用しています 図1。この2つのツールの特徴は次のようなものです。

- オンラインで同時編集できる
- ホワイトボードの代わりに使える
- 付箋的な機能を使うことができる
- さまざまなフレームワークのテンプレートが用意されている

オンラインツールならではの利点

オンラインで複数の人が集まり物事を検討するシーンでは、話しているだけだと議論が空中戦になりがちです。対面のミーティングの場では、ホワイトボードや付箋を使って議論を可視化していますが、オンラインであればオンラインコラボレーションツールを導入すると、対面の場と同様か、シーンによってはそれ以上の効果を期待できます。オンラインコラボレーションツールには次のような特性があるからです。

- 全員が同じ場所(画面)を見ながら話せる
- ツール上で誰が、今何をしているかわかる
- フレームワークを自由に変更できる

紙に書いたフレームワークは、そこに「書かれた」内容に固定されてしまいがちますが、ツール上のフレームワークは必要に応じて広げたり足したりが比較的容易に行なえます。ある面ではオンラインのほうが、フレームワークに縛られない状態を体現できるかもしれません。

図1 miroのテンプレート選択画面

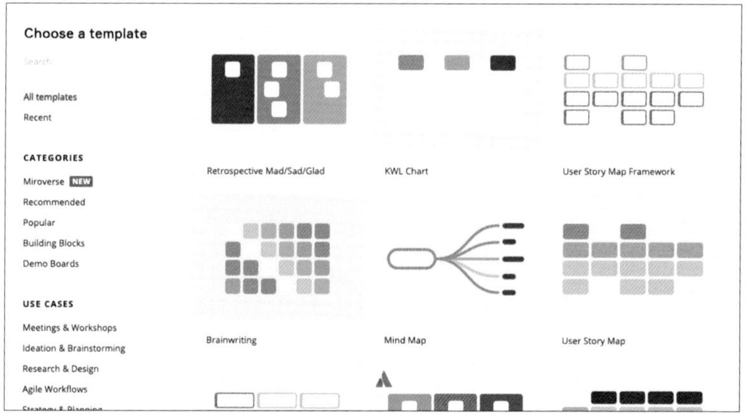

Chapter 2

守る

「型」通りに考えてみる

ビジネス現場の第一線で活用されている46のフレームワークを厳選して紹介します。基本の枠組みとアウトプット例のほか、どういった用途や目的で使われているか、使う場合の注意点なども解説しています。

Chapter 2

守る

「型通り」の実践が近道になる

フレームワークを使うにあたって大切なのは、その裏にある思考法を体得すること。そのためには一見遠回りに見えても、まずフレームワークの基本を忠実になぞり、あえて「型通り」に実践を重ねることが近道になります。

宮木俊明（株式会社ネットマン）

守破離の活用ステップ

フレームワークは「枠」を埋めることが目的ではありませんが、その裏側にある思考法を本質的に理解するために、最初は「型通り」に使ってみるのが近道です。そうすることで、最終的には型に囚われず、柔軟に思考法を活用できるようになります。

こうした活用のステップは、日本に古来から伝わる、「守破離」（しゅはり）に当てはめることができます。守破離は、日本の茶道や武道などの師弟関係において、熟達のプロセスとして示したものとされており、右の3段階で表されています 図1。

守：師匠につき、師の流儀・型を徹底して「守る」こと

破：師の流儀を極めた後に、他流も研究する。それらの型と自らの実践とを照合して、自分に合ったよりよい型を見いだし、既存の型を「破る」こと。

離：自己の研究を集大成し、独自の境地を拓いて新しい流派を編み出す。師匠の型からも他流の型からも「離れる」こと。

図1 型を「守る」→「破る」→「離れる」の3段階で習得していく

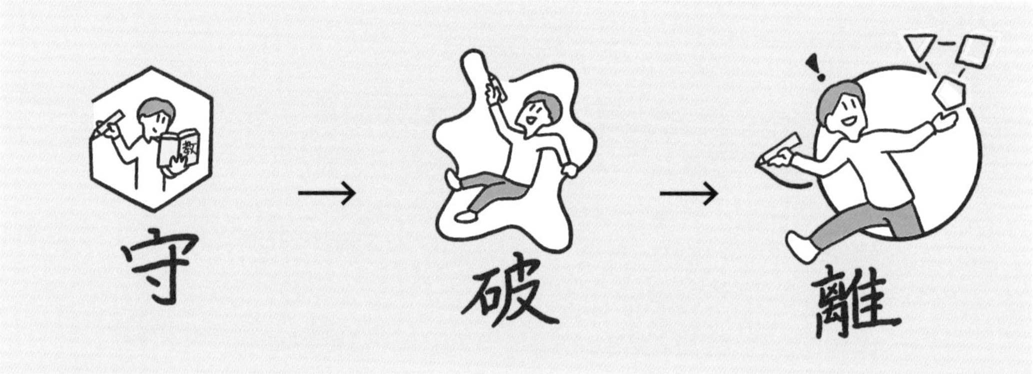

いきなり「離」に進むと本質を理解できない

早くオリジナリティを出したい、つまり一足飛びに「離」の境地にたどり着きたいかもしれませんが、やはり「守」から始め、その後の「破」を経てからでないと、「離」にいたる必然性が理解できません。本質が抜け落ちたまま改造しても、結果的に遠回り、ないしは空回りになることが少なくありません。

このステップをフレームワークに当てはめると、「守」ではChapter2で紹介するフレームワークから目的に合うものを一つ選び、本書の使い方に従って、開発者や熟練者を「師」に見立て、型通りの使用方法で徹底的に「数稽古」することをおすすめします。その過程で、フレームワークの背景にある思考法も含めて体得した上で、必要に応じて自分に合ったカスタマイズを施し、最終的には目的に応じた独自のフレームワークを生み出してください。

ただし、独自色を出しすぎると、フレームワークの「共通言語」の機能を損いかねません。フレームワークが持つ機能に組織内・チーム内で「共通言語」としての働きがあります。カスタマイズをするにしても必要最小限にし、原型を留める程度にしておくか、あるいはまったく別のものとして取り扱うか、目的や用途に応じて判断することが大切です。

本書では、Chapter 2が「守」、Chapter 3が「破」、Chapter 4が「離」として構成されています 図2 。目的に合いそうなフレームワークを一つ選び出したら、同じ対象で活用し続けることが大切です。それと同時に、多様な対象を当てはめてみるといいでしょう。

例えば、「ふりかえり」にフレームワークを取り入れるのであれば、「週次の会議で、参加者が毎回」といったように定番化・習慣化します。それと同時に「1日の仕事の終わりに個人で使う」、「趣味や遊びで過ごした時間について家族や仲間と使う」など、多面的に試してみるのが本質的な理解への近道です。

個々のフレームワークのフレーム(型)を頭の中で再現して、フレームワークにある問いを会話の中で自然に投げかけられるようになれば、「守」の段階は卒業といえます。

図2 本書の構成も「守破離」に則ったもの

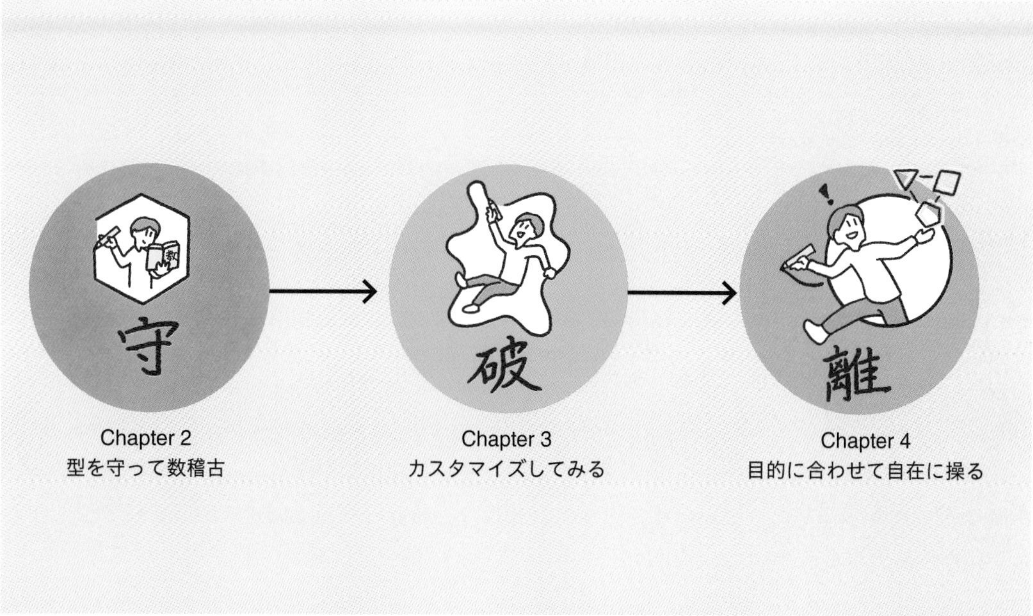

Chapter 2

守る

ロジックツリー
Logic Tree

情報整理

宮木俊明（株式会社ネットマン）

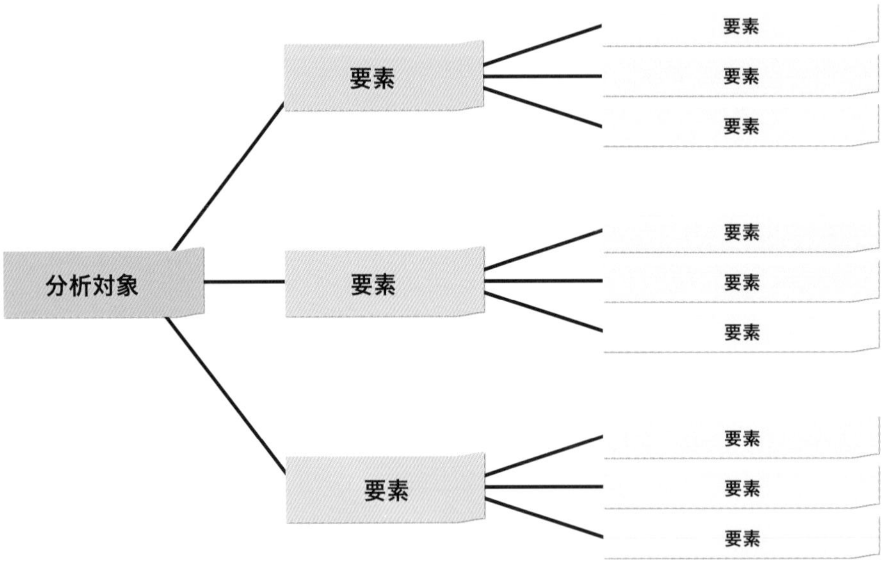

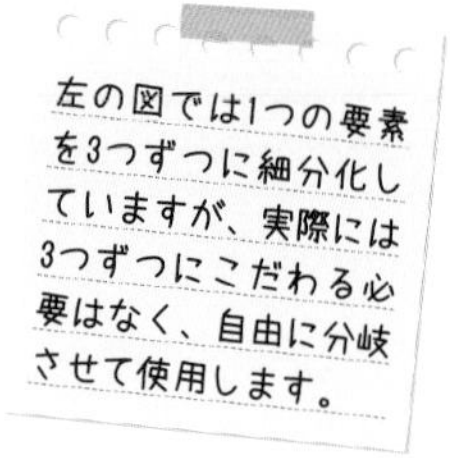

どんなもの？

分析対象を構成要素に分類し、ぞれぞれをツリー状に整理・分解することで、問題発見や原因分析を行なったり、あるいは解決策をロジカルに導き出したりするものです。分析対象の全体構造と内包する各要素を把握し、問題解決に役立てるために用いられます。ロジカル・シンキング（論理的思考法）を体現する代表的なフレームワークで、さまざまな場面で長く利用され続けています。

対象を構成する要素が独立して成り立つ場合に有効な、要素間の結びつきが強いフレームワークです。そのため、組織の課題など、「あちらを立てるとこちらが立たない」状態が起こりやすい複雑性の高い対象を分析するには不向きな場合があります。

何ができる?

- 問題の特定や原因の追求から、ロジカルに解決策を導き出せます。
- 分岐の数や回数が多いほど、具体的かつ幅広い要素を洗い出せます。
- アクションプランに優先順位をつけやすく、チーム内での納得感が得られやすくなります。

営業利益率の改善を目的としたHowツリー

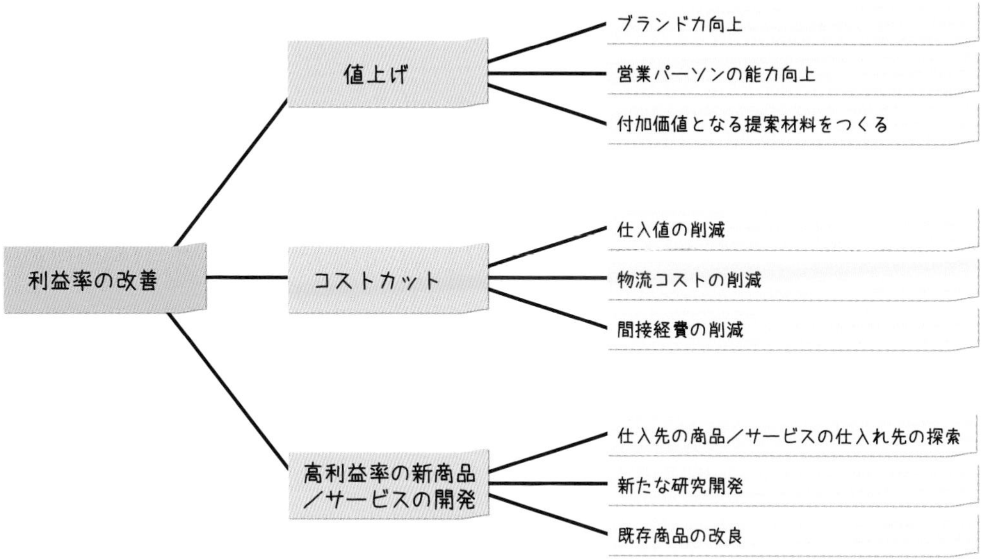

どう使う?

①目的を定める

・問題を特定する…何が起きているのか？をWhatツリーで細分化。

・原因を追求する…なぜ起きているのか？をWhyツリーで細分化。

・解決策を定める…どのように行なうのか？をHowツリーで細分化。

②MECEに考える…「モレなくダブりなく」という意味のMECE（→30ページ）で考えることが大切です。

③掘り下げる…ロジックツリーの右端が行動に結びつくまで、枝分かれさせて増やしていきます。

Chapter 2

守る

MECE

ミーシー／ミッシー

情報整理

宮木俊明（株式会社ネットマン）

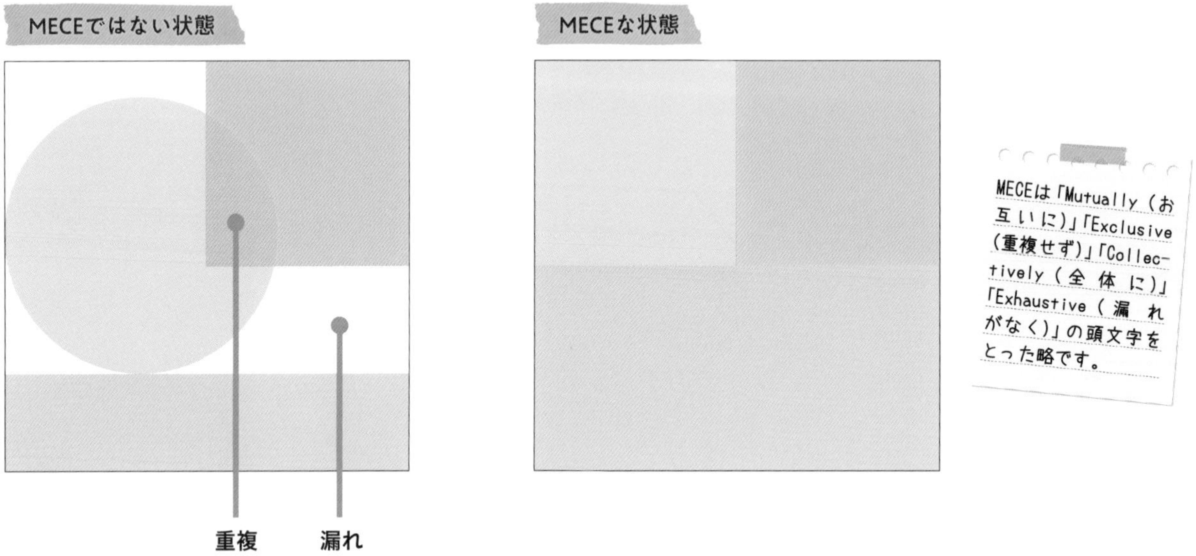

どんなもの?

取り扱うべき対象の全体像を把握する上で、全体を構成するいくつかの要素に漏れも重複もない状態で取り扱う考え方のこと。MECEは厳密に言うとフレームワークの名称ではありませんが、多くのフレームワークを論理的に取り扱う上での基本的な考え方となります。ほかのフレームワークに取り組む前に、MECEに触れておくと有益です。さまざまな場面で、物事を分類する際に「MECEになる切り口」を見つけると効率的に話が進みます。

厳密にMECEであることの証明にこだわるより、むしろ情報を分類する切り口が役に立つかどうかが重要。そのためにも、できるだけたくさんの切り口に触れておくことが大切です。

何ができる？

- 取り扱う物事の全体像を把握できます。
- 物事を他者にうまく説明できるようになり、説得力が増します。
- MECEの考え方でユニークな切り口が見つかると、創造的になれます。

従業員を分類した例

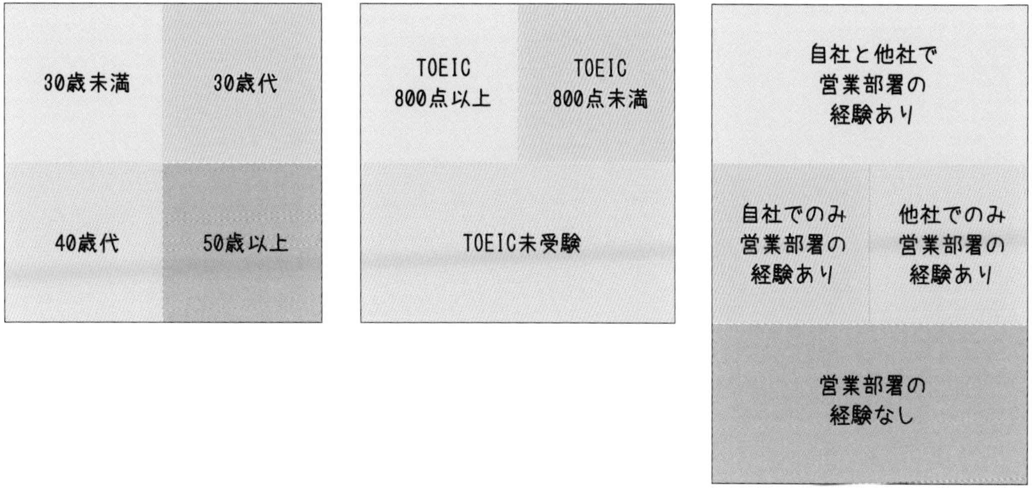

どう使う？

①**全体を認識する**…直面している課題は何か、何のために情報を整理するのかを確認し、「全体」がどの範囲なのかを認識します。

②**切り口を見いだす**…全体をどのように分類すると目的を達せられるかが重要です。いきなり仕切りを当てはめるのではなく、全体像がどのような部分で構成され、その中で何がわかると課題解決に役に立つのかで、切り口を見いだします。

③**抽象度を揃える**…情報の抽象度や属性が不揃いなときは注意が必要です。例えばビールとして並んでいる情報が「キリンビール」「プレミアムモルツ」「輸入ビール」「発泡酒」などのように、抽象度や属性が異なっていると、よい切り口は見つかりにくくなります。「メーカーごと」あるいは「商品銘柄ごと」など、情報の抽象度を揃えてから切り口を見いだすとよいでしょう。

Chapter 2

守る

As is/To be

アズイズ・トゥービー

情報整理

竹田哲也（株式会社アトラエ）

As is（現状）	To be（あるべき理想の状態）

どんなもの？

As is / To beは、現在の状態（As is）と理想の状態（To be）をそれぞれ書き出し比較することで、問題（ギャップ）を可視化するものです。現状の問題を解決し、あるべき姿に近づけるためには、問題を発見するところから始めなければなりません。そのために、まず現状と理想の状態を比較してギャップを明確にし、問題を特定していきます。

現状と理想の状態で、内容が対応していないと比較・分析できません。ギャップをはっきりさせるために、同じ項目について、現状と理想が対比できるように書き出します。

何ができる?

- 同じ項目の現状と理想を列挙することで、現状の問題がはっきりします。
- 問題を明確化することで、問題解決の糸口をつくり出せます。
- シンプルなフレームワークのため、いろいろな場面で利用しやすいでしょう。

「チームでの働き方」について

As is(現状)	To be(あるべき理想の状態)
チームのメンバーが個々に活動。 スピードはあるが、連携がよくない	チームのメンバー個々の活動スピードは 維持しつつ、連携もよくする
打ち合わせ時間が長くなり、 いつも予定時間を超える	打ち合わせの回数を増やさず、 時間を予定通りに終わらせる
集客できているが満足度が低い	顧客満足度が高い
業務が属人化して他の人が対応できない	急な休みや異動があってもすぐに引き継 げるチーム体制
コストの増加率が高い	コストを抑制する

どう使う?

①いろいろな観点から現状を洗い出します。1つの要素ごとにシンプルにまとめていきましょう。

②現状で書き出した要素ごとに対応させる形で、理想的な状態を書き出します。

③理想と現状の差は何なのか、どんな問題が起きているのかを見つけ出していきます。

ステークホルダーマップ

Stakeholder Map

情報整理

竹田哲也（株式会社アトラエ）

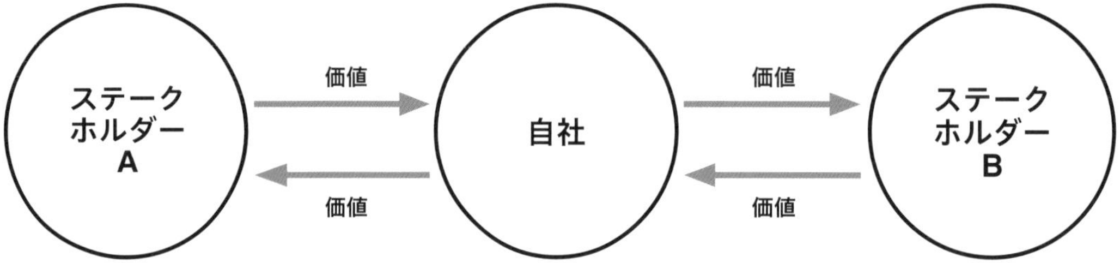

どんなもの？

顧客やパートナーといった、サービスに何らかの形で関与するステークホルダー（利害関係者）を洗い出し、相関関係や相互に与える影響を視覚化するものです。サービスと各ステークホルダーの関わり方やそれぞれの目的、提供する価値を整理できるだけでなく、ステークホルダーがサービスに対して抱いている不満の原因がどこにあるかを、ユーザー視点で分析できます。

ヒト・モノ・カネ・情報など、利害の種類で色で分けたり、利害の強弱をステークホルダー同士の距離で表現したりすると、より立体的な分析が可能になります。

何ができる？

- サービスを取り巻く状況を網羅的に理解できます。
- ステークホルダー間でどのように影響し合っているかを可視化できます。
- ユーザーの不満の原因を分析し、改善に導きます。

ECプラットフォームの例

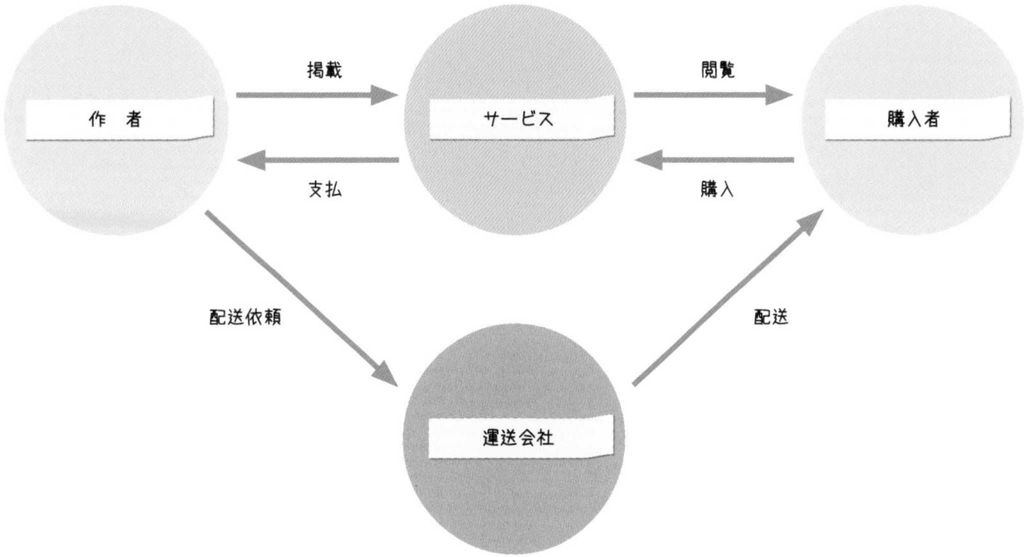

どう使う？

①まずは、サービスのステークホルダー（利害関係者）をすべて洗い出します。

②各ステークホルダーの間にある価値をすべて書き出していきます。

③ステークホルダーが研究機関や地域コミュニティなどの場合には、利益ではなく「社会的意義」という利害関係が生じることもあります。

④ユーザーの不満やサービスの課題を挙げ、どこに原因があるか分析していきます。

Chapter 2

守る

ペイオフマトリクス

Payoff Matrix

情報整理

宮木俊明（株式会社ネットマン）

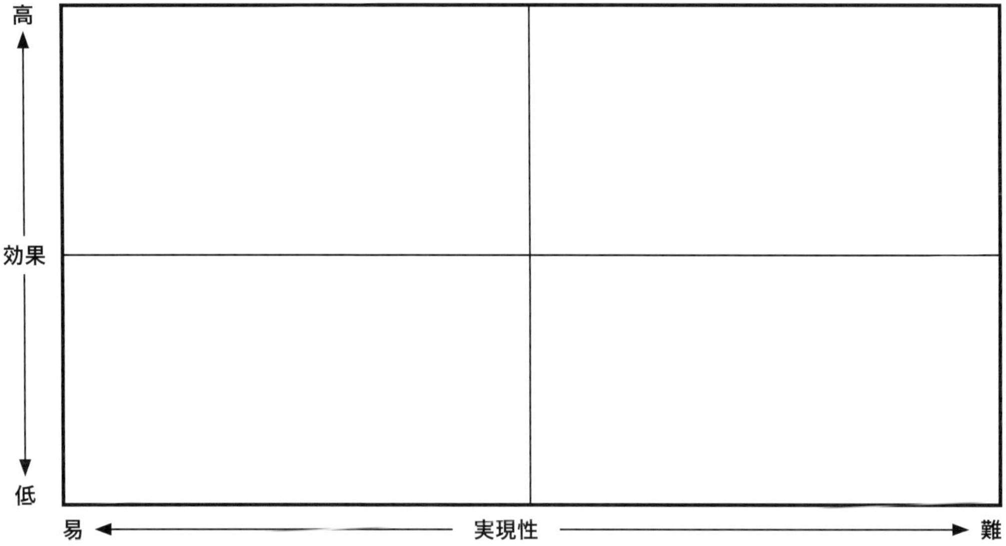

この図のような4象限のマトリクスを用いるだけでなく、「大・中・小」や「高・中・低」など、目的に応じて自由にレイアウトできます。

どんなもの？

「効果」と「実現性（コスト、難易度）」の2つの軸で構成されたマトリクスを用いて、アイデアを整理し、選択するためのフレームワーク。ビジネスの現場では、取りうる選択肢が多くあると「それぞれ一長一短あり、優劣の判断が難しい」状況に陥ることがあります。多くのアイデアを出した後で、このフレームワークを活用すると、個々のアイデアの相対的なポジションや価値がひと目でわかり、優先順位をつけやすくなります。

ペイオフマトリクスを使って合理的に選択されたアイデアを、意思決定者（上司、経営者など）が必ずしも積極的に受け入れるとは限りません。事前のブレストなどで周囲の理解を深めておくとよいでしょう。

何ができる？

- チーム内で判断基準を共通化できます。
- アイデア全体を簡単に可視化し、チーム内で共有できます。
- 効率的に優先順位をつけて、次のアクションを見いだすことが可能です。

テーマ：業務時間の短縮

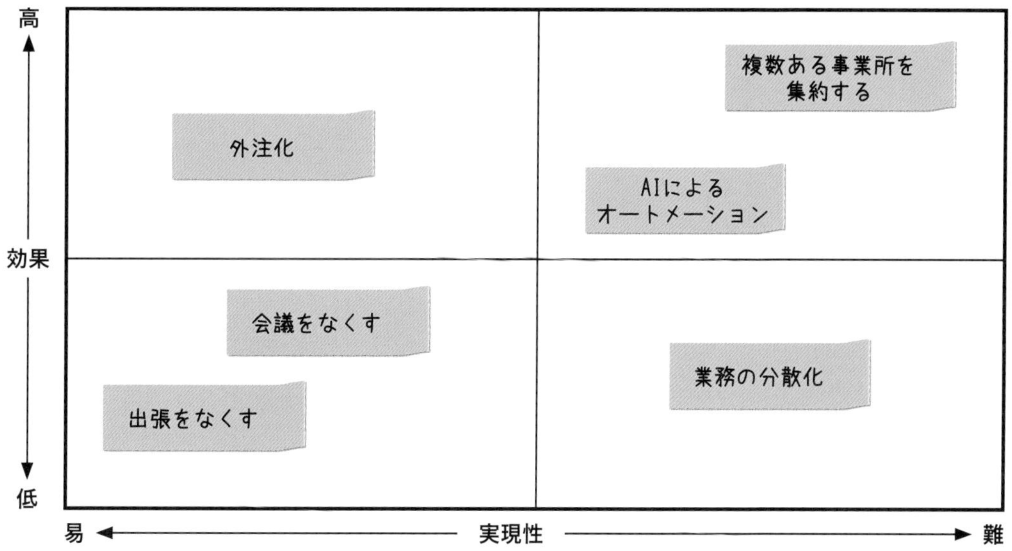

どう使う？

①**事前準備**…まずは複数のアイデアや解決策を、ブレーンストーミングや別のフレームワークを用いて列挙します。

②**軸の決定**…ホワイトボードや模造紙などに縦軸・横軸を書き、判断基準となる軸を決定します。

③**マトリックスに配置**…あらかじめ列挙してあったアイデアを、マトリクス上に配置していきます。

④**位置を調整**…付箋一つひとつの位置を吟味するよりも、いったん全部を貼ってから位置を調整していくほうがスムーズです。位置関係について議論をしながら、認識のズレを擦り合わせていきます。

⑤**次のアクションを決定**…優先順位をつけて、実行するものを選定します。例えば、まずは「簡単で効果が高いもの」に着手するといった意思決定がされることも多いでしょう。

Chapter 2

守る

3C/4C

スリーシー／フォーシー

事業分析

宮木俊明（株式会社ネットマン）

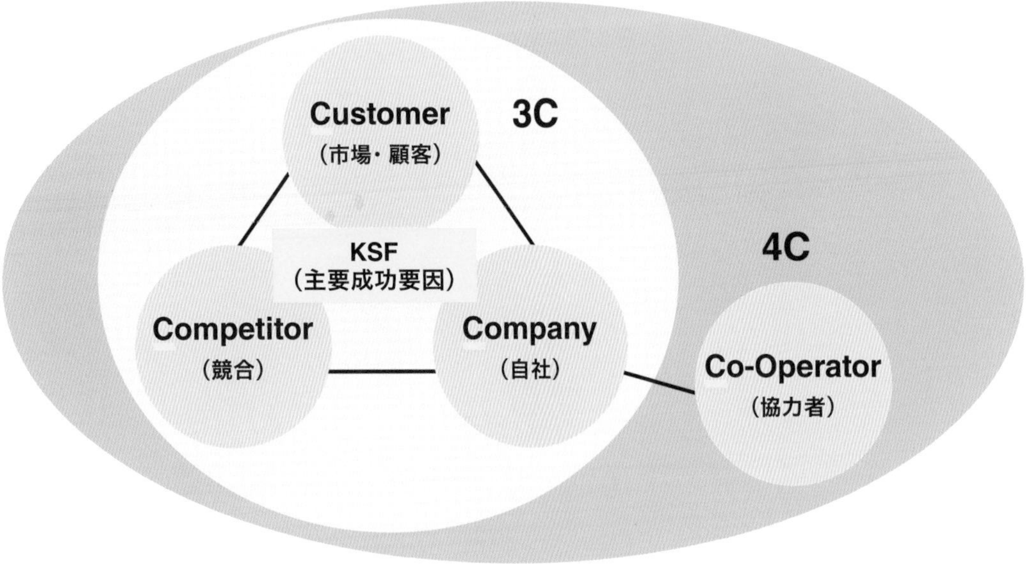

4つ目のCをCo-Operator（協力者）ではなく、Channel（販路）とする場合もあります。自社と競合の比較の中でも「価値の提供方法」が重要な場合に有効です。

どんなもの？

3CはCompany（自社）の製品・サービスを、外部環境のCustomer（市場・顧客）のCompetitor（競合）の視点から、あるいはそれらとの相互関係から分析して戦略を導き出すものです。未知の新たなKSF（Key Success Factor：主要成功要因）を見いだすために分析する場合と、既知のKSFにもとづき分析を行なう場合があります。3CにCo-Operator（協力者）を加えたものが4C分析です。

⚠ 競合の特定が難しいなど、情報が不足しているケースでは、戦略の大枠の方向づけを補助してくれるものとして活用し、見いだした仮説のKSFをテストするアクションに結びつけることが大切です。

何ができる？

- 自社や製品・サービスを取り巻く業界環境を整理できます。
- 視点の偏りを防ぎ、全体を俯瞰した分析～戦略立案が可能です。
- KSFを効率よく見いだし、戦略の立案・遂行に活用できます。

ある家庭用品の分析例

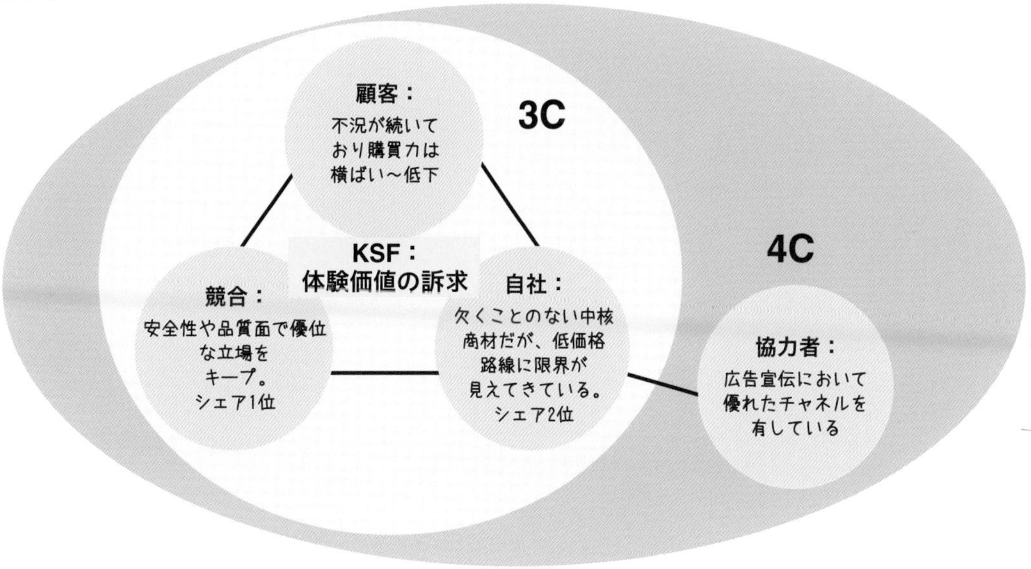

この例では自社の商品について、機能表示上は劣るものの、価格面で戦えている理由を分析し、「顧客の体験価値」に差がないことを見いだしています。

どう使う？

①分析対象…分析の対象となる自社の製品・サービスを決めます。

②Customer（市場動向）…市場のサイズ、成長性、顧客のニーズ、顧客の購買行動の把握などの観点で、市場の動向を分析します。

③Company（内部経済）…分析対象の製品・サービスの、会社内部における経済的な重要性や戦略的な位置づけを確認します

④Competitor（競合状態）…競合の特定と、現状シェアとなっている要因を把握します。

⑤Co-Operator（協力者）…協力者の役割や存在価値、影響力を確認。

⑥KSF（購買意思決定分析）…選ばれる理由(バリュー・プロポジション)の特定と相対評価を実施します。

⑦アクションプランの抽出と評価…図の分析例からは、協力者の強みを生かした「体験価値」を高めるためのマーケティングや、次世代商品の開発につなげる施策の検討などの方向性が見いだされるでしょう。

Chapter 2

守る

SWOT分析

SWOT Analysis

事業分析

宮木俊明(株式会社ネットマン)

	プラス要因	マイナス要因
内部環境	**Strengths**(強み) 目標達成に貢献する組織や所属する個人の特質の中で、競合よりも優れているものは？	**Weaknesses**(弱み) 目標達成の障害となる組織や所属する個人の特質の中で、競合よりも劣っているものは？
外部環境	**Opportunities**(機会) 目標達成に貢献する外部からの影響の中で、自分ではコントロールできないものは？	**Threats**(脅威) 目標達成の障害となる外部からの影響の中で、自分ではコントロールできないものは？

SWOTを使った分析手法がSWOT分析です。広く認知され、多くの企業で活用されているため、共通言語としても機能しやすいでしょう。

どんなもの?

SWOT（スワット／スウォット）分析は、企業内部の強み（Strengths）と弱み（Weaknesses）、企業を取り巻く環境における機会（Opportunities）と脅威（Threats）の4つを記述することで、戦略の分析・構築、及び評価を行なうフレームワークです。特定の事業領域の中で、戦略を実行すべきかを検討する場合などに、理解しやすい形で分析結果をまとめることができます。

変化の激しいイノベーティブな事業領域では強み・弱み、あるいは脅威・機会といった評価や分類が難しいため、すでに形成された市場の分析に向いた手法といえます。

何ができる?

- プラス要因だけでなくマイナス要因も扱うことで、攻めにも守りにも活用できます。
- 内部環境だけでなく外部環境にも目を向けることで、全体の状況を俯瞰できます。
- 分析対象への理解を深め、合意形成を後押しすることが可能です。

あるディスカウントストアの分析例

	プラス要因	マイナス要因
内部環境	**S**(強み) 日用品から高級品まで扱う幅広いラインナップ。現場への大胆な権限移譲により、圧縮陳列や独自POPなどに磨きがかかり、外国人旅行客を含めた顧客が買い物以外の目的でも訪れる。	**W**(弱み) 顧客は若年層が中心であり、限定的である。また、現場への権限移譲の裏返しで、店舗ごとに価格・サービスのムラがある。
外部環境	**O**(機会) 「モノからコトへ」の大きな流れの中で、必要な物を買い揃える場所から新たな体験価値を提供する場への転換が、小売業界にも求められている。	**T**(脅威) 国内消費と人口減少、特に若年層人口とその消費意欲の減退が見られる中、新規参入の驚異が常に存在している。

- 外部環境：市場規模や成長性、競合や異業種の状況、景気や経済状況、政治や法律、テクノロジーの発展、顧客の志向性の変化など
- 内部環境：認知度やブランド力、組織文化、インフラ、財務状況、価格や品質、技術力、人材や知財など

どう使う?

①**分析対象の決定**…製品・サービスレベル、事業部レベル、会社レベルなどの抽象度を、「何と比較したいか」という視点を加味して決めます。比較対象とする競合の想定によりシャープな議論ができます。

②**外部環境分析**… O(機会)とT(脅威)を分析。内部環境は外部環境に影響されるため、先に外部環境を整理します。

③**内部環境分析**… S(強み)とW(弱み)を分析します。主観ではなく外部環境や競合状況との相対比較をします。

④**文章化**…各マスの要素を文章としてまとめると意味が深まります。

⑤**競合と比較**…比較対象のSWOTも作成し、自社のSWOTとの相対評価をします。

Chapter 2

守る

PEST分析

PEST Analysis

事業分析

宮木俊明（株式会社ネットマン）

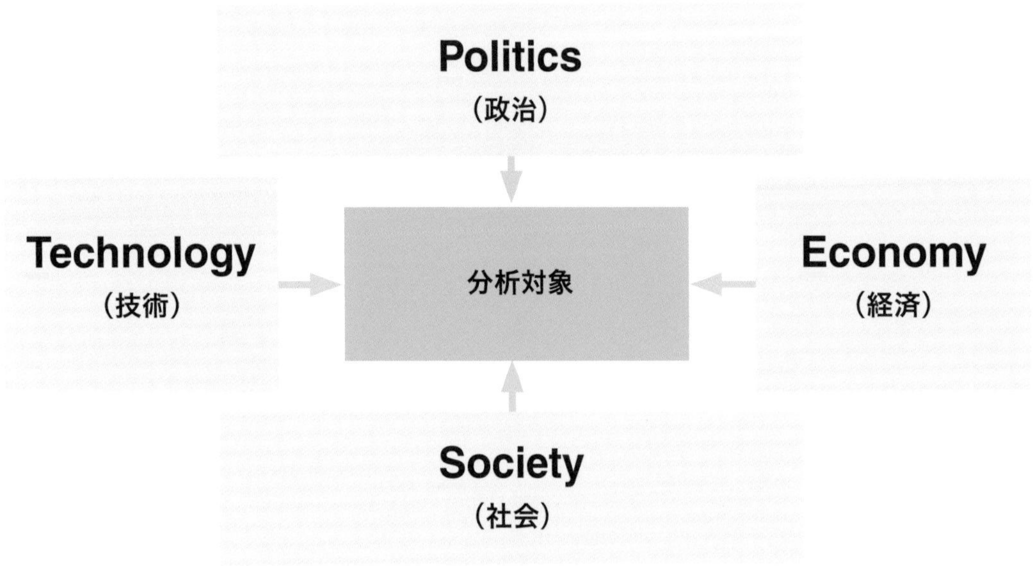

業界全体、会社、あるいは製品・サービス単体など、さまざまな単位で分析を行なえますが、分析対象の単位は決めてから分析に入ります。分析によって、3〜5年程度先の動向を読む場合が多いでしょう。

どんなもの？

PEST分析は、主に経営戦略や海外戦略の策定といったマーケティングを行なう際に使用します。自社を取り巻くマクロ環境（俯瞰的に見た外部環境）が、現在・将来にどのような影響を与えるか、把握・予測するための手法です。Politics（政治）、Economy（経済）、Society（社会）、Technology（技術）の4つの視点で分析することから、それぞれの頭文字をとり「PEST」といいます。

仮説を立てて検証する過程でさまざまな要因からの影響を考慮しながら、仮説の確度を高めていくことに用います。そのプロセスがないと、単なる情報収集に終わってしまいます。

何ができる？

- マクロ環境要因を効率よく網羅的に洗い出せます。
- 世の中全体の変化が、自社業界のビジネスにどう影響するかを把握できます。
- 中長期的な環境変化に合わせて仮説を立て、戦略やマーケティング施策の立案に活用できます。

コンビニエンスストアのPEST分析例

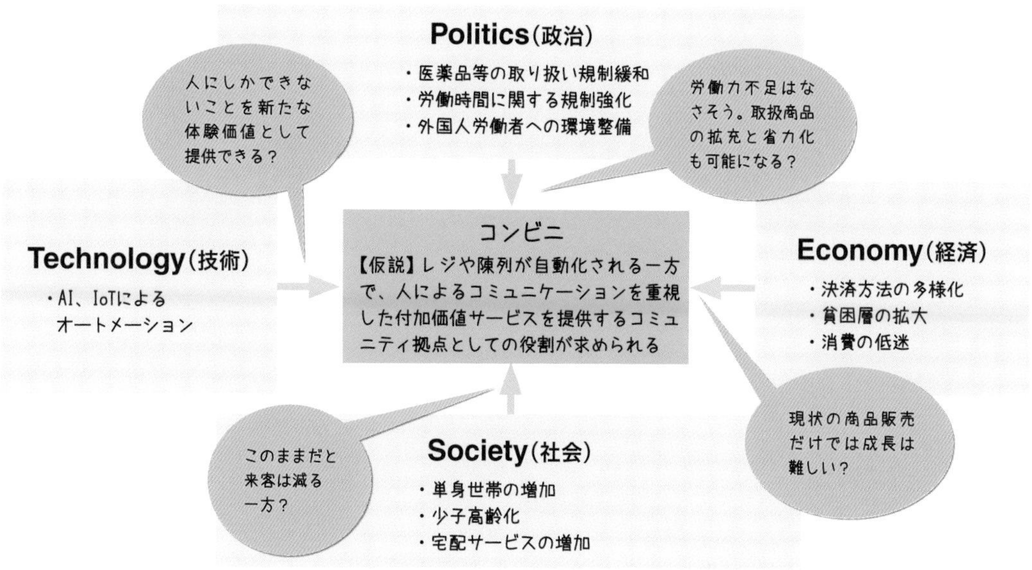

どう使う？

①**事実・現象を挙げていく**…まずは事実を積み上げ、「事実を解釈したもの」と分けて挙げていくことが大切。現実に起こるかわからない不確実性が高い事柄もありますが、実際に起ったときのインパクトが大きいものであれば、無視すべきではありません。

②**関連を考える**…挙げた要因が、具体的にどのような影響を及ぼすかを検討します。また、技術と社会など、2つの要素が重なった場合にどのような影響があるのかも踏まえ、解釈をつけ加えます。

③**仮説を立てる**…図の例では、ECサイト（通信販売）との対抗などを考慮しつつ、労働力不足を補える要因があることから、コミュニケーションを重視した施策を検討していく方向性を見いだしています。

Chapter 2

守る

VRIO分析

VRIO Analysis

事業分析

宮木俊明（株式会社ネットマン）

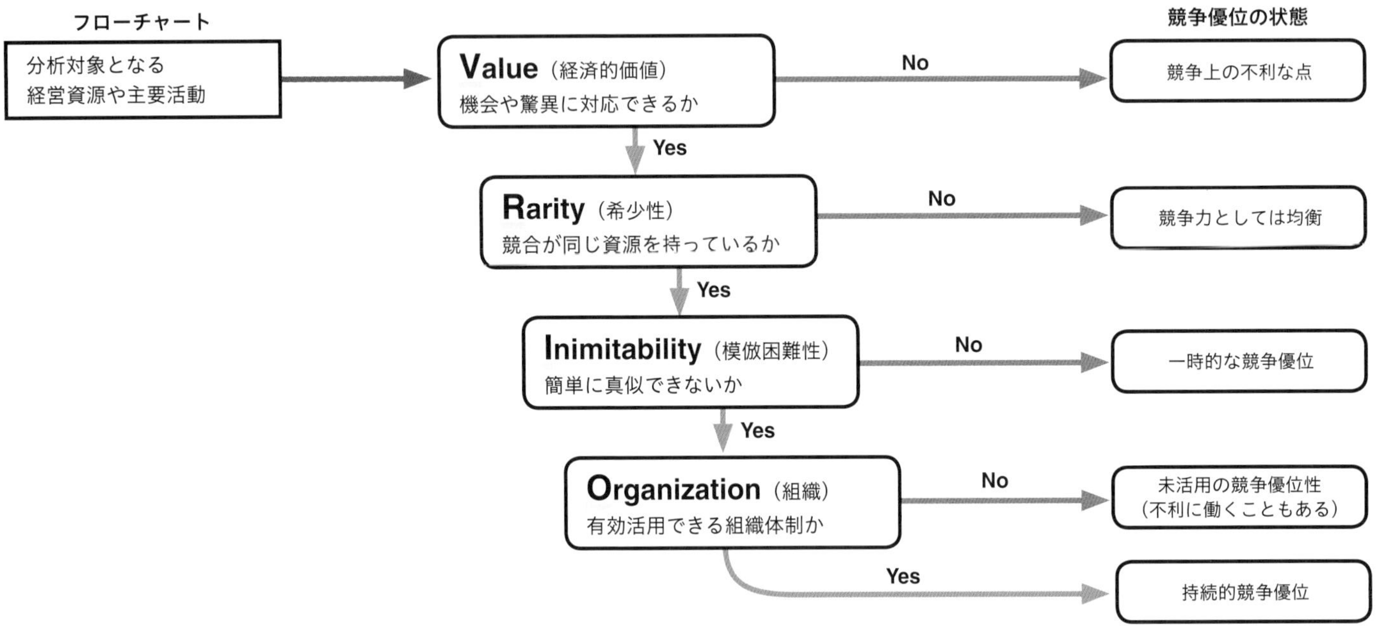

どんなもの?

会社が保有する経営資源や主要活動（ヒト・モノ・カネ・知財・情報・独自の活動など）が競争優位性につながっているかを、Value（経済価値）、Rarity（希少性）、Inimitability（模倣困難性）、Organization（組織）の4つの観点から評価するフレームワークです。競争優位の源泉を企業内部の経営資源や活用能力にあると考え、それを分析するために用いられます。

⚠ ある瞬間を捉えたスナップショット的な分析になるため、時間の経過とともに内外の環境変化があると、分析結果が変わることになります。

何ができる？

- 解決すべき内部的な課題を見いだすことができます。
- 開発すべき組織のケイパビリティ(経営資源の活用能力、組織力)を見いだすことができます。
- 本質的な競争力の源泉をあぶり出し、強化すべきポイントを理解できます。

とあるIT企業の経営資源や主要活動の評価結果

分析対象	多様なバックグラウンドと専門性をもった人材構成	SNSや出版を通じたマーケティング	先進技術を用いた高機能商品	イノベーティブな活動を通じた社会貢献活動というブランドイメージ	自由度の高い働き方ができる柔軟な組織体制	安定した経営基盤（財務状況・顧客基盤）
V（経済的価値）	No	Yes	Yes	Yes	Yes	Yes
R（希少性）		No	Yes	Yes	Yes	No
I（模倣困難性）			Yes	Yes	Yes	
O（組織）			Yes	No	No	
評価	個々人の専門性を活かしきれていない	業界標準程度	持続的競争優位	活動履歴の露出不足	自由度の高さがスピーディーな対応にはつながっている	安定している割には効果的な投資判断には至っていない
戦略の方向性	最適配置の再検討	露出を増やすための広報組織の構築	参入障壁を高める	露出をふやすための広報組織の構築	チームビルディング	企画力の強化

競合他社に関する情報が十分でなかったり、内部の活動に対して盲点があったりする場合も多く、分析した結果、有効な示唆が得られないこともあるでしょう。ある企業で当たり前のように行なわれていることが、模倣するのは難しい「強みの源泉」である例も多くあります。

どう使う？

① 経営資源や主要活動など、戦略上の強みにつながっていそうなもの、あるいは重要視されているものを洗い出し、分析対象を決めます。

② 評価の前提として、外部環境への理解、競合との競争状況の把握が必要となります。これらが不足している場合には、PEST分析（→42ページ）や3C/4C分析（→38ページ）などを事前に行なった上でVRIO分析に移るとよいでしょう。

③ 左ページのようなフローチャートを参考に一つずつ評価していきます。

④ 評価結果を一覧にし、戦略策定の方向性を探ります。テコ入れすべき点や、強化すべき点を判断して、戦略策定に活用していきます。

Chapter
2
守る

ペルソナ

Persona

顧客理解

栄前田勝太郎(株式会社ゆめみ)

<table>
<tr><td rowspan="2">写真orイラスト</td><td>仕事</td><td>趣味</td></tr>
<tr><td>家族構成</td><td>人間関係</td></tr>
<tr><td>名前</td><td rowspan="2">生活スタイル</td><td rowspan="2">休日の過ごし方</td></tr>
<tr><td>性別</td></tr>
<tr><td>年齢</td><td rowspan="2">悩んでいること</td><td rowspan="2">チャレンジしていること</td></tr>
<tr><td>居住地</td></tr>
</table>

どんなもの?

ペルソナとは、商品のターゲットとなるユーザーを最も理想的な人物像として描いたもの。「30代男性」「20代女性」といった機械的なセグメンテーションとは違い、具体的な行動、態度などユーザーのゴール(目的)にフォーカスしているのが特徴です。大雑把なターゲット像では、その人がいつ、どこで、どのような悩みを解消するために商材を利用するのかを把握できません。ターゲットをより具体的にイメージしやすくするためにも、ペルソナを設定します。

ペルソナを根拠のない想像で作り上げると、こちらに都合のよい、ぼんやりした人物像になってしまいます。また、ペルソナは一度作ったら終わりではなく、適時見直しや修正を繰り返しましょう。

何ができる?

- 狙うべきユーザーを絞り込むことができます。
- 短時間で仮説を検証し、素早くアップデートできます。
- ユーザーの理想像を共有できるため、チーム内で意見がまとまりやすくなります。

ペルソナ分析の一例

名前	宮本さおり
性別	女性
年齢	27
居住地	神奈川県

仕事 不動産会社の営業職	趣味 ゲーム、マンガ、お菓子作り
家族構成 両親、弟と同居	人間関係 職場の人とはあまり深く交流していない。SNSで知り合った仲のよい友人がいる。
生活スタイル 平日は月に数回同僚と飲みに行く。仕事帰りにカフェに寄ることが多い。	休日の過ごし方 月に1-2回出かけることがあるが、基本的には家で過ごしている。
悩んでいること いまの職場で働き続けるか、転職した方がよいかを考えている。	チャレンジしていること 今後を考え、TOEICを受けるために勉強している。

実像と乖離しないよう、リサーチしたユーザー情報にもとづいた「根拠のある人物像」を描いていきましょう。

どう使う?

①**リサーチ**…まずは、ペルソナを設定するための情報を集めます。顧客アンケートなどの定量調査と、インタビューや行動観察などの定性調査を組み合わせた市場調査で、リアルな情報を集めましょう。

②**情報を分類・整理**…集めた情報をもとに「ユーザー情報の分類」を行ないます。年齢や職業などの属性ではなく、ユーザーの「目的」や「ニーズ」「リテラシー」「関心や嗜好」などの切り口で分類するとよいでしょう。

③**ペルソナ仮説の設定→作成**…分類したユーザー情報をもとに、「その人の顔が見える」くらいに詳細な人物像を設定していきます。

④**ストーリー性を持たせる**…ペルソナには、その人物のライフスタイルや日常生活が目に浮かぶようなストーリー性を持たせましょう。基本属性だけではイメージできない、日常の行動や会社での立ち位置、仕事のスケジュール、休日の過ごし方などを設定していきます。

Chapter
2
守る

共感マップ
Empathy Map

顧客理解

竹田哲也（株式会社アトラエ）

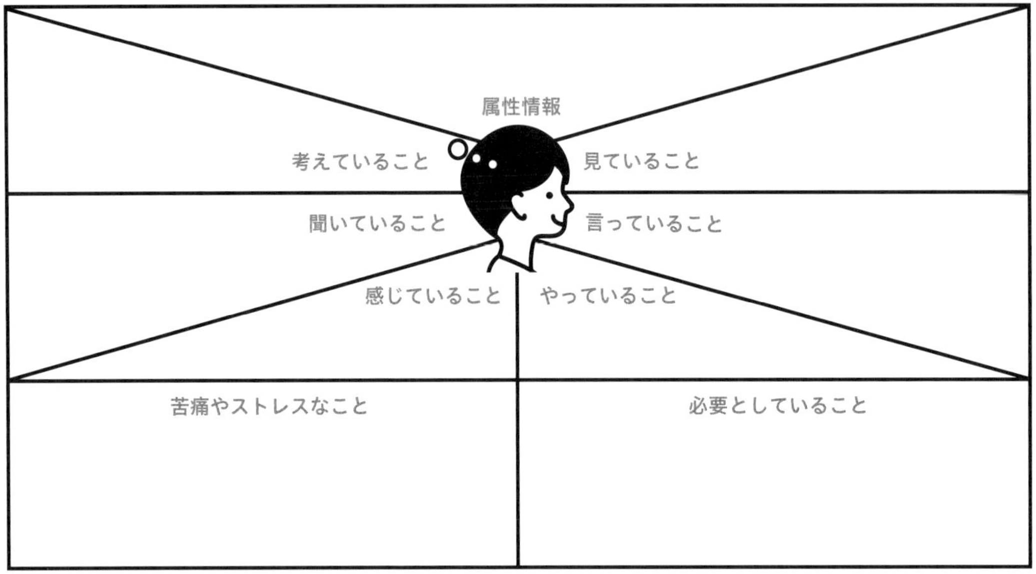

新しい商品やサービスの開発時だけでなく、広告やPRなどのプロモーションでユーザーと接点を持つときに、ユーザーを理解することにも利用できます。

どんなもの？

商品やサービスのターゲットとなるユーザーを取り巻く状況を、深く理解するためのフレームワーク。ユーザーの言動、思考、感情、目的などを整理して、ユーザーニーズを浮き彫りにしていきます。共感マップによって、ユーザーの特徴を立体的に表現できるため、ユーザーが求めているものを正確に捉えることが可能です。

製品やサービスと直接関係しない「解決すべき点」「やりたくなる点」を書き出してしまうと、せっかくよい発想をしても目的に沿ったアイデアにつながりません。

何ができる？

- ユーザー像を立体的に表現できるため、ユーザーに対する理解が深まります。
- チーム内で、ユーザーに対する認識の齟齬を減らす効果があります。
- 共感できるまで緻密に作り上げると、具体的な施策を立てやすくなります。

ニュースアプリのユーザー像

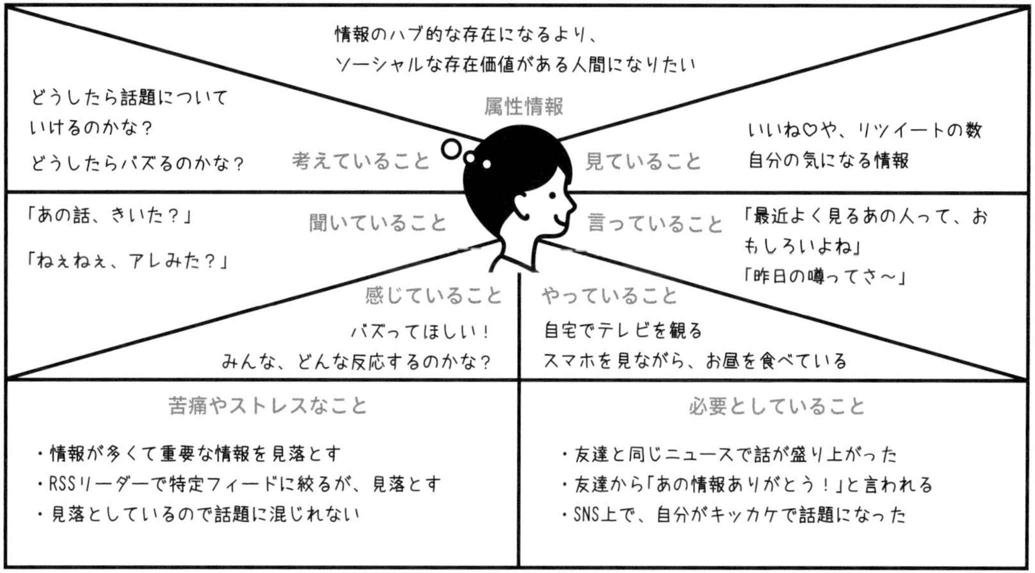

ユーザーをイメージしやすくするため、言いそうな言葉や耳に残るフレーズなど、具体的な言動や所作を書き残すようにします。

どう使う？

①**事前リサーチ**…ユーザーインタビューやアンケートなど、ユーザーを知る材料を集めます。

②**書き出す**…リサーチで残したメモや音声、映像などの情報をもとに、ユーザーがどんな言動をしたかなど、「事実」を書き記していきます。

③**想像を膨らませる**…ユーザーの情報や言動をもとに、何を感じたか、何を考えているかなど、想像を広げていきます。

④**まとめる**…書き出したすべての情報からユーザーニーズを組み合わせ、「解決すべき点」や「やりたくなる点」はどんなものかをまとめます。

Chapter 2
守る

カスタマージャーニーマップ

Customer Journey Map

顧客理解

竹田哲也（株式会社アトラエ）

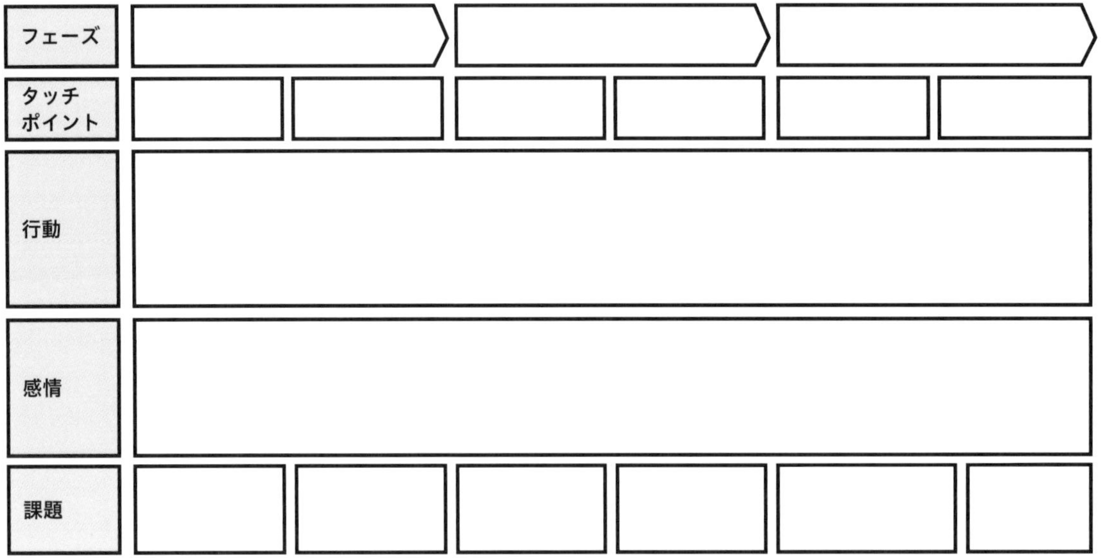

スマートフォンの普及などで顧客と情報との接点は複雑になっています。カスタマージャーニーマップは複雑化した顧客理解を助けます。

どんなもの？

顧客のすべての体験を可視化したフレームワークです。認知から購買だけでなく、あらゆる体験を顧客の旅（カスタマージャーニー）と捉え、行動や感情などを時系列で整理することで俯瞰できます。フォーマットに決まりはありませんが、顧客との接点（タッチポイント）、行動、感情や心理状態、課題点などを時系列で描き出すのが一般的です。英語の頭文字をとって「CJM」と略されることがあります。

顧客の行動は一方通行で進むものではありません。戻ったり繰り返したり、迷うこともあります。重要な部分は「戻る」行動もマップに描き、課題の発見につなげます。

何ができる?

- イラストや図を多く使うため、視覚的に捉えることができます。
- 開発やマーケティングだけでなく、事業全体を俯瞰できます。
- CJMが事業部全体で共通言語となるため、顧客目線で考えることができます。

旅行サービスのCJM例

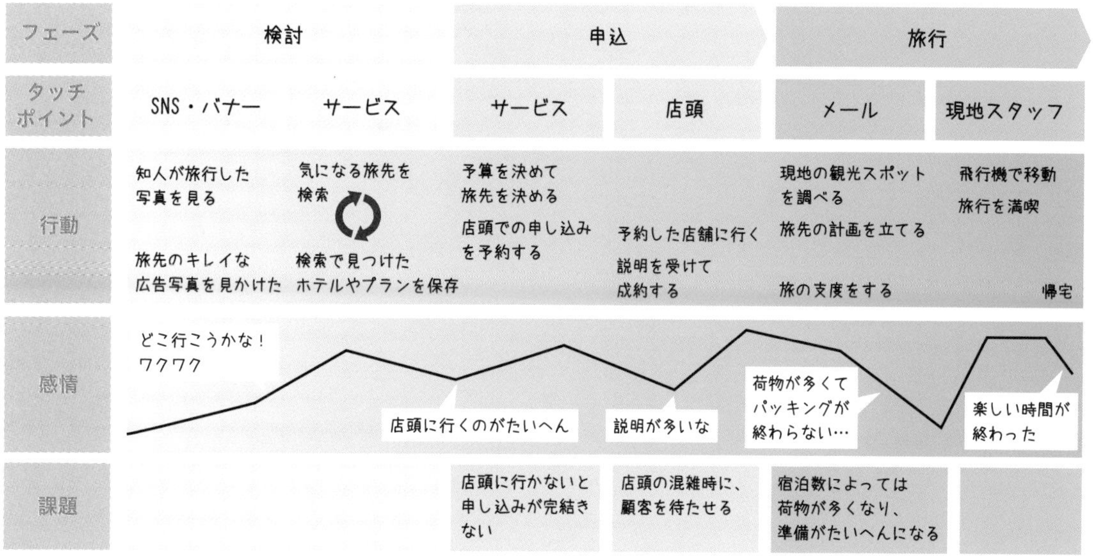

カスタマージャーニーマップは顧客の特徴を踏まえてつくるものですから、事前にペルソナを設定しておく必要があります。

どう使う?

①**事前準備**…製品やサービスの対象となる顧客の特徴を書き出します。ペルソナを設定するとよいでしょう(→46ページ)。

②**フェーズ**…顧客が製品やサービスを利用する一連の流れを時系列で並べます。

③**タッチポイント**…フェーズに沿って顧客と製品やサービスの接点を列挙し、それぞれに対して顧客の行動を書き出します。

④**思考・心理状態**…行動時の顧客の感情や思考、心理状態を箇条書きします。

⑤**課題の共有**…書き出した内容を見ながら、製品やサービスの課題を挙げていきます。そして、チームで共有し、修正案や解決策に合意が得られたら業務に活かしていきます。

Chapter 2

守る

HMW

How Might We?

発想法

栄前田勝太郎（株式会社ゆめみ）

私たちはどうすれば、

できる機会を

といった制約をもつ

な人々に対して

提供することができるだろうか？

「HMV」は「How might we ～？」の頭文字をとった略語。「どうすれば、私たちは～できるだろうか？」という意味の質問文です。

どんなもの？

ブレインストーミングでアイデア出しを行なう前の、問題定義の場面で活用します。アイデアを創出するためには、適切な問題定義が不可欠です。問題が広すぎて解決できなかったり、逆に狭すぎたりしないよう、このフレームワークで解くべき問題を適切に定義していきます。「できそうか」（might）という言い回しによって自分の判断を先送りし、選択肢を自由につくり出すことで多くの可能性につなげていきます。

文字数を設けたフォーマットを用意して、あまり長い時間をかけず短時間で実施することで、広すぎず・狭すぎず、ちょうどいいHMWを書くことができます。フォーマットで「誰」を明確にしてもよいかもしれません。

何ができる?

- 具体的なアイデアを出して行く前に、「解決の方向性」を考えられます。
- 「課題」や「着眼点」にフォーカスできます。
- いろいろな方向にチャレンジする可能性を模索できます。

大人に学ぶ機会を提供するには

私たちはどうすれば、

[よりよく学ぶことが] できる機会を

[業務時間外に設ける] といった制約をもつ

[キャリアアップを考える] (な)人々に対して

提供することができるだろうか?

どう使う?

①**着眼点(POV)、または問題文から始める**…まずは着眼点(POV:Point Of View)、大きな課題を実行可能な小さな欠片に分割します。「どうすれば私たちは〜できるだろうか?」という文章を完成させるために、明確になる側面を探しましょう。

②**「How might we」を生成する**…つい「これをどうすべきだろう?」と問うことから始めがちですが、「できそうか」(might)という言い回しを繰り返すことで、人は自由に選択肢をつくり出し、多くの可能性が広がるようになります。

③**「How Might We」のあとにやること**…HMWを書き上げたら、参加者に共有しながら、カテゴライズし、グルーピングします。次に各参加者が重要だと思うHMWに投票していき、そして、投票結果に忠実に優先順位を決めていくのです。

④**ブレインストーミングを実施する**…作成された質問文は単純なものに思えますが、HMWを構成するそれぞれの単語が持つ意味により、参加者にストレスを与えることなく、よい雰囲気の中でアイデアを引き出すことができるでしょう。

Chapter 2

守る

ブレインライティング

Brain Writing

発想法

栄前田勝太郎（株式会社ゆめみ）

テーマ

1人目のアイデアA	1人目のアイデアB	1人目のアイデアC
2人目のアイデアA	2人目のアイデアB	2人目のアイデアC

各要素を枝分かれさせるよう細分化していくことで、分析対象をロジカルに掘り下げることができます。

どんなもの？

ブレインストーミングが意見を「発言」して出し合うのに対し、ブレインライティングは各々の意見を「書くこと」で出し合うものです。回覧板のようにシートを回していき、前の人のアイデアを借りてアイデアを広げていきます。この手法は、ほかの人が出した意見に反論や批判が起きにくいため、量を重視したアイデア出しの場面では非常に有効です。

最初のアイデアを出すことが難しいため、ブレインライティングを実施する前にアイデアを出しやすくするための助走期間を設けることが重要になります。

何ができる?

- 全体の場で発言することが苦手な人でも、アイデアを共有しやすい手法です。
- 発言者が限定されず、参加メンバー全員が安心してアイデアを出し合えます。
- 同じアイデアを異なる人の視点で検討しながら、育てていくことができます。

「子供の遊び場」のアイデアを広げる

テーマ　新しい子どもの遊び場

無料で遊べる	遊び方のバリエーションに幅がある	大人も楽しめる
基本無料だが、有料エリアもある	同じ場所で複数の遊び方がある	子どもと大人がいっしょに楽しめる
その場にいなくても遊べる	身体を動かしたり、動かさなかったり	別々でも、いっしょでも楽しめる

どう使う?

①**テーマを設定**…テーマが抽象的だと、アイデアを出すときに迷ってしまいますし、最終的に自分が得られるインプットも減ってしまいます。なるべく具体的なテーマを設定するとよいでしょう。

②**助走期間を取る**…テーマを設定した後、いきなりブレインライティングが始まると、ほとんど人は話すことがありません。その前段階でほかの人と話しながらアイデアの種を醸成する時間が重要です。

③**アイデアは文章化する**…記入するアイデアには、なるべく主語・述語を入れるようにしましょう。ほかの人が読んだとき、意図を誤解されないようにするためです。

④**時間内に進める**…終盤になるほど、ほかの人のアイデアを読むのに時間がかかります。アイデアがすぐに浮かばない場面も出てきますが、設定した時間内での閃きを生かすようにしましょう。

Chapter 2

守る

Yes, And

イエス・アンド

発想法

宮木俊明（株式会社ネットマン）

Yes, andの例

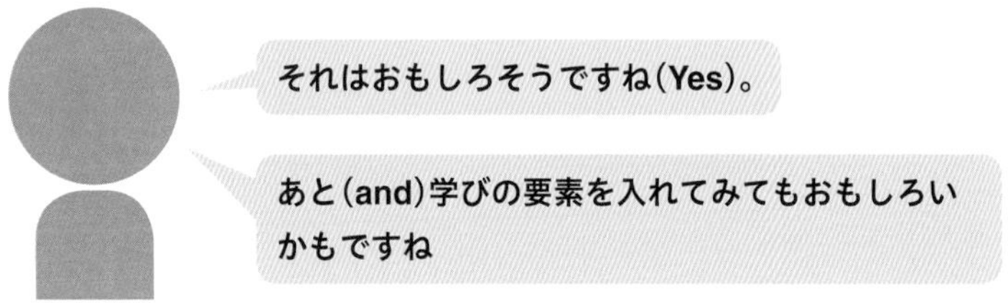

Yes, butの例

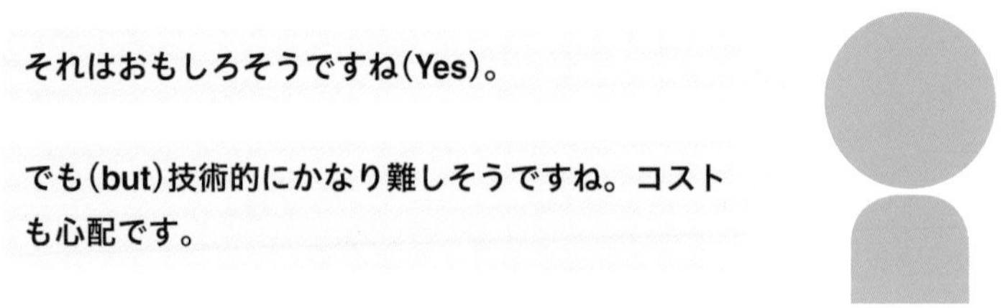

例えば「どこからでも」→「場所を問わず」→「いつでも」→「デバイスを選ばず」→「インターネット回線を用いて」……など、同じ要素（この例だと参加方法）でループしてしまうと発想が広がりません。

どんなもの？

「Yes, And」は即興演劇や即興コメディの基本精神とも言えるもの。相手のアイデアを否定せず、いったんそのまま受け入れて、アイデアを上乗せして返す手法や考え方のことです。厳密に言えばフレームワークではありませんが、ブレーンストーミングやほかのフレームワークを活用する上で、「多様なアイデアを発散させたい」場合にはとても有効な思考法です。アイデアを発想する前に触れておくといいでしょう。

対話が同じ要素に留まり続けると発想が飛躍しません。多様なメンバーで遊び心を大切にしながら進めるのがポイントです。

何ができる？

- アイデアや発想が自由に広がっていきます。
- ほかの人のアイデアを否定しないため、場が盛り上がります。
- 想定していなかったようなアイデアが生み出せます。

テーマ：これまでにないイベント

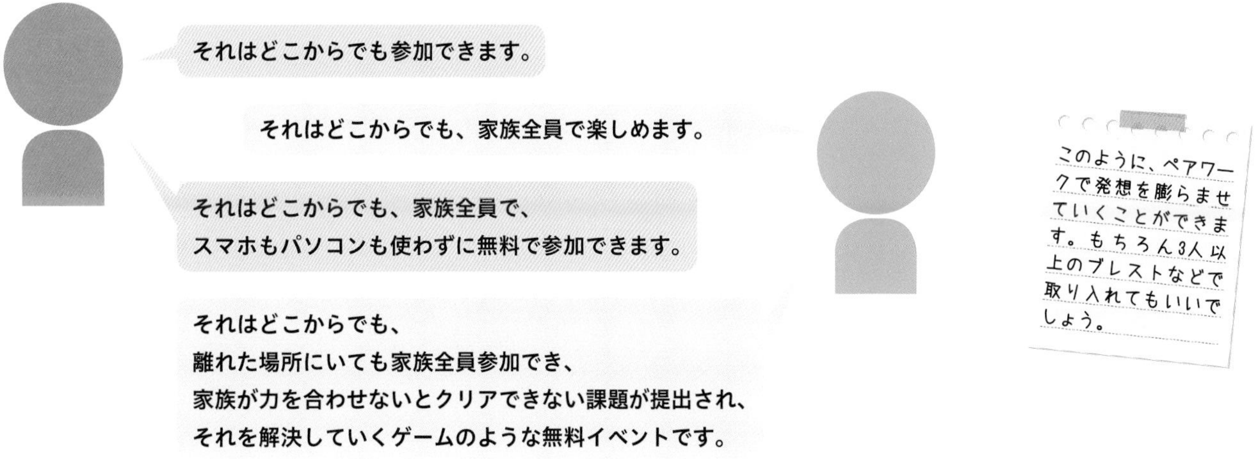

どう使う？

- 通常、2人以上で対話の中で取り入れます。会議や日常会話の中でも活用できますし、ワークショップの中で取り入れることも多いです。
- 誰かが出した意見やアイデアに対して、それを否定せずに自分のアイデアを上乗せしていくことで、発想を広げていきます。
- 元のテーマがネガティブなものであったとしても、逆に「それが起こってちょうどよかった」と考えてみるような遊び心も大切です。
- まずは出てきたアイデアを取捨選択したり評価したりせずに、「すべて受け入れる」のがポイントです。

Chapter 2

守る

マンダラート

Mandal Art

発想法

竹田哲也（株式会社アトラエ）

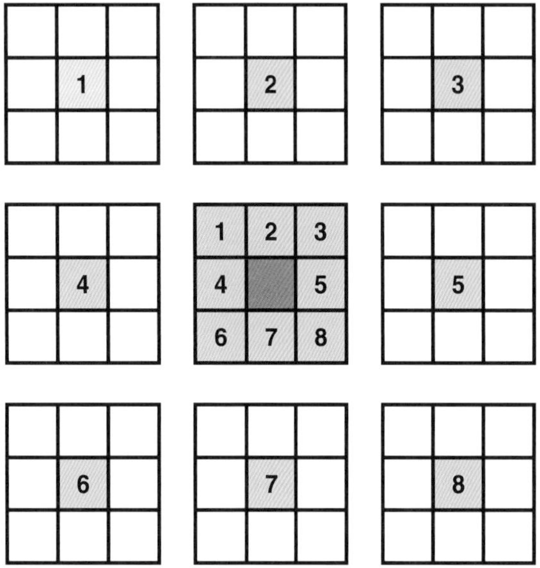

枠組みがあらかじめ決まっているので、アイデア発想に注力しやすいフレームワークです。キーワードの良し悪しの判断は後回しにて、頭に浮かんだ言葉をすぐ書き出していきましょう。

どんなもの？

3×3の9つで1セットのマスを、3×3の正方形状に配置したフレームワークです。中央の9つのマスの中心に考えたいメインテーマを書き、周囲のマスに発想していくキーワードを並べ、外側のマスにはさらに発想を広げたキーワードを列挙します。すべてのマスを埋めると64個のキーワードがひねり出されることになり、この中から有効なアイデアを選ぶことができます。アイデアの発想法として開発されたフレームワークですが、目標設定にも利用されています。

⚠ キーワードを書き出す最中に、アイデアの良し悪しの考え出すと書けなくなります。稚拙なアイデアでもいったん量をアウトプットすることに注力します。

何ができる?

- 中央のマスを軸に、周りのマスにキーワードを書き出すシンプルな手法です。
- いったん無理矢理にでもキーワードで埋めることで、アイデアが絞り出せます。
- 64個のアイデアが出てくるので、量をアウトプットできます。

企業向けサービスの場合

マーケティング オートメーション	広告の 入札管理	広告の 出稿管理
メール マーケティング	マーケティング	アカウント マーケティング
ソーシャル マーケティング	コンテンツ 管理	顧客管理

テレアポ	名刺管理	テレビ会議
見積管理	セールス	契約管理
勤怠	評価	タレント マネジメント

発注管理	請求管理	管理会計
会計管理	会計	立替管理
タッチ決済	前払決済	予算管理

マーケティング	セールス	カスタマー サポート
会計	企業向け 新SaaS	販売管理
オフィス	人事労務	販売管理

左の図はマンダラート全体で81個のマスが並ぶうち、一部を切り出したものです。

どう使う?

①テーマ設定…81個の中心となる中央のマスに、発想していきたいテーマを書きます(上の図では「企業向け新SaaS」)。

②8つのキーワードを書く…テーマの周囲の8マスに、関連するキーワードを書き出します。

③キーワードを展開する…テーマに関連する8つのキーワードそれぞれを、外側の3×3のマスの中心に書き写します。

④さらに展開する…書き写したそれぞれのキーワードをもとに、周囲の8マスに連想するアイデアを書き出して発想を広げていきましょう。

Chapter 2

守る

レゴ®シリアスプレイ®

LEGO®SERIOUS PLAY®

発想法

宮木俊明（株式会社ネットマン）

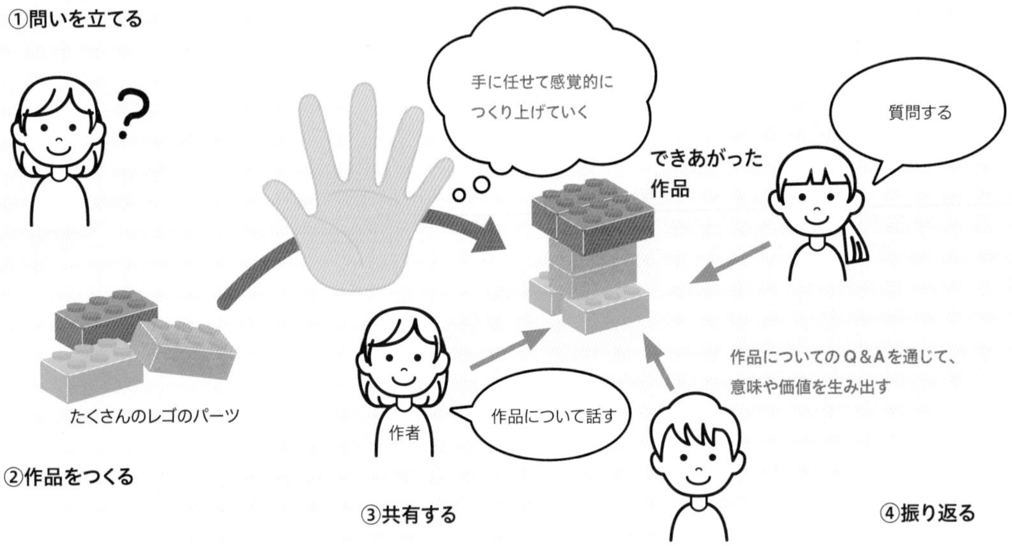

どんなもの?

子供向けの玩具として知られるレゴ®ブロックを、大人向けの人材育成や組織開発、戦略立案などに用いるメソッドです。現状直面している状況や望ましい未来の姿などをレゴ®を使った作品で表現し、複数名で行なう対話の題材とします。対話や「ふりかえり」の中で、言語化できていなかった直感や意志も活用しながら、深い理解や創造的な課題解決に結びつけていきます。

実施するには、目的に応じた専用ツールの選定や、「問いの立て方」「場のつくり方」などファシリテーション技術が重要なため、トレーニングを受けたファシリテーターに委託することをおすすめします。

何ができる?

- 言語化しづらい感覚的な部分を含めた深い相互理解が進みます。
- 作品を媒介にすることで、全員参加によるフラットな対話の場を実現できます。
- 作品を用いたストーリー作成などの手法を通じて、創造的で多様性のある問題解決が可能になります。

チームビルディングのためのワークショップ例

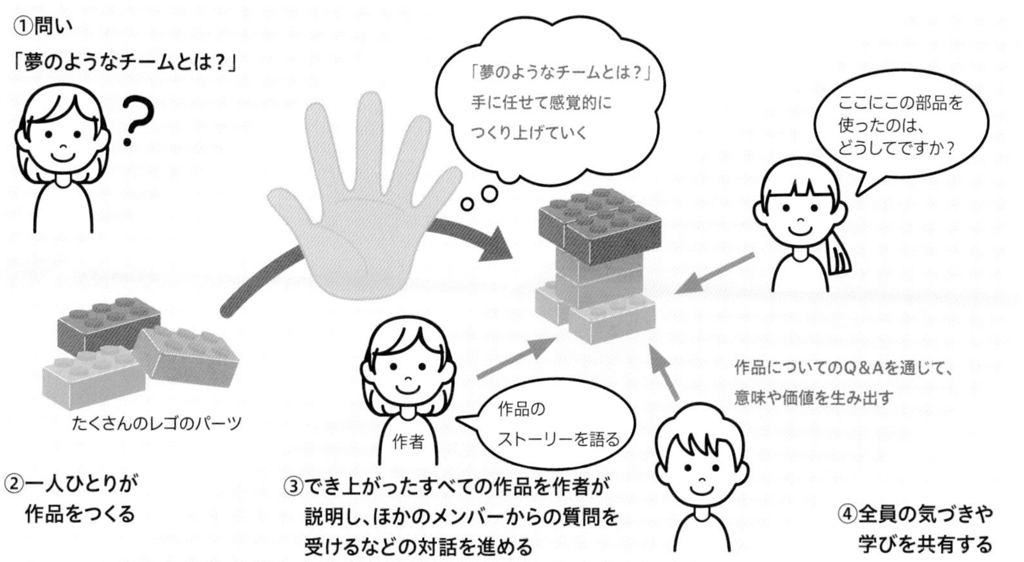

どう使う?

① 課題解決や相互理解などの目的に沿い、明快で自由度の高いオープンクエスチョン(答えが限定されない問い)をつくり、グループに提示します。

② 専用のレゴ®ブロックを使い、一人ひとりが自由に作品を組み立てる個人ワークに取り組みます。頭でイメージを固めてから手を動かすのではなく、感覚的に組み上げ、後から意味づけしていくことが大切。

③ 組み立てた作品の意味や背景、込められた想いを共有します。メンバー同士で質問し合いながら、作品への理解を深めていきます。

④ 全員がそれぞれの気づきや学びを共有します。目的に応じて、作品をテーブル上に配置して新たな意味を見いだしたり、専用の接続用のブロックを使って相互関係を可視化するなど、次のステップを踏みます。

Chapter 2

守る

AIDMA

アイドマ

体験設計

竹田哲也（株式会社アトラエ）

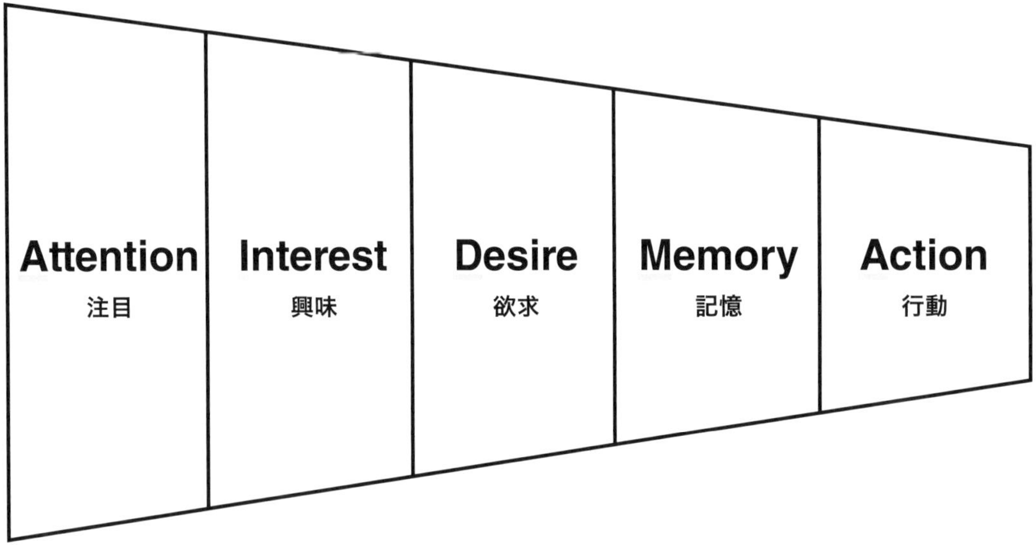

どんなもの？

AIDMA（アイドマ）は、ユーザーが製品を認知してから購買行動に至るまでの態度変容プロセスを、Attention（注意）、Interest（興味関心）、Desire（欲求）、Memory（記憶）、Action（行動）の5つで表したマーケティングのフレームワークです。製品やサービスを知り（Attention）、興味を持ち（Interest）、必要かどうか検討しながら欲求が高まる（Desire）。購入機会が訪れたときに思い出し（Memory）、最後は購買行動（Action）を起こす。というプロセスになります。

比較する場面の少ない低価格の商品などの場合は、Memory（記憶）を経ずに、即決で購買行動を起こすといわれています。商品やサービスの特性に応じて、Memoryの段階を考える必要があります。

何ができる？

- 高価な商品やサービスで、購買まで時間を必要とするケースに適しています。
- こだわりの強いユーザーをターゲットにしたいときに活用できます。
- 注目してから購買までの短期的なプロセスを明確にできます。

商品を認知してからECサイトで購入するまで

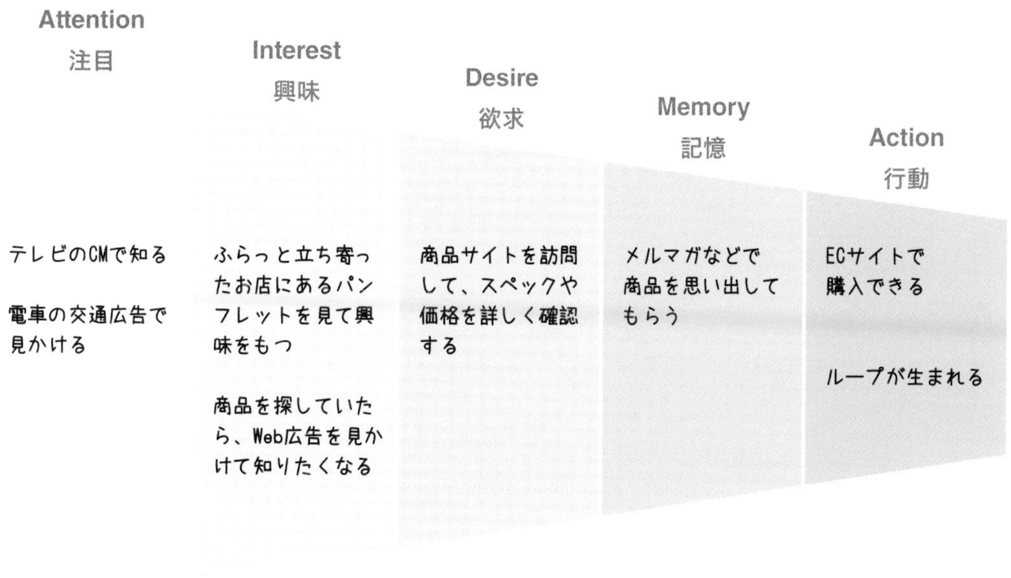

どう使う？

①現状の把握…各プロセスで、現在行なっている施策や実装されている機能を書き出します。

②課題の洗い出し…プロセスごとに現状の課題を箇条書きにします。

③解決施策の列挙…洗い出した課題を解決する新しい施策案を列挙していきます。

Chapter 2

守る

AISAS

アイサス

体験設計

竹田哲也（株式会社アトラエ）

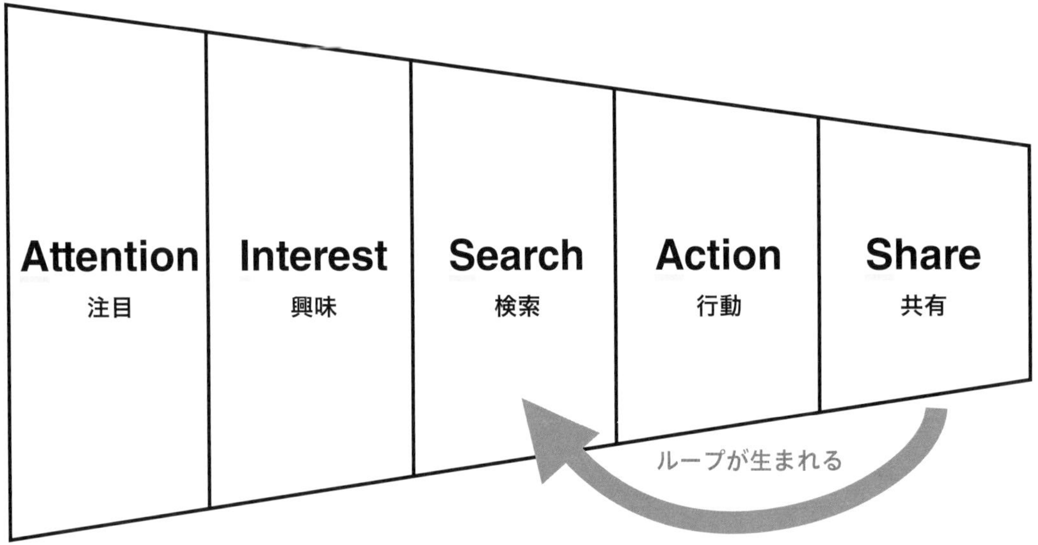

Attention（注意）を認知段階、Interest（興味関心）からSearch（検索）を感情段階、Action（行動）からShare（共有）を行動段階と区別します。AISASは電通が提唱する購買プロセスモデルで、同社の商標登録です。

どんなもの?

インターネット上のユーザーの購買行動プロセスを示したもの。ユーザーが製品やサービスを知って興味を持ったら、まずインターネットで検索して情報を集め、評判を確認し、メリットを感じたらECサイトや店頭で購入に至ります。そして、製品を利用した後、評価をSNSやWebサイトで発信・共有し、この共有が次の検索の情報や評判を生んでいきます。各プロセスに沿って課題を洗い出すことが、改善施策につながります。

すべての製品・サービスの購買プロセスで、検索（Search）が必要になるわけではありませんので、製品・サービスの特性に合わせて使い分けましょう。

何ができる？

- プロセスに沿ってユーザーの購買行動を分析し、課題や改善施策を探ります。
- SNSの登場により、従来の購買プロセスに共有(Share)が加わったのが特徴です。
- 発信・共有が検索(Search)のもとになり、購買サイクルが強化されます。

ECサイトでの購買プロセス

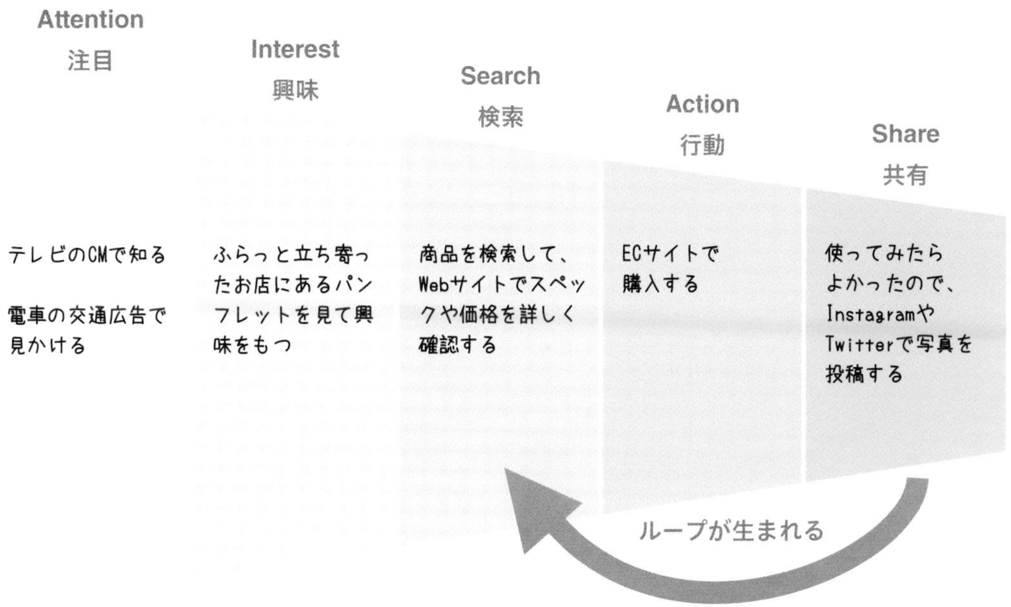

近年では、認知から購買までの間にユーザー自らが検索(Search)して情報を収集するプロセスが欠かせないものになっています。

どう使う？

①**購買プロセスの検証**…各プロセスに沿って、ユーザーの行動や現在行なっている施策、実装されている機能などを書き出します。

②**課題の洗い出し**…プロセスごとに現状の課題や問題点を箇条書きで書き出します。

③**改善施策の検討**…洗い出した課題を解決する、新しい施策案を列挙していきます。

Chapter 2
守る

AARRR
アー

体験設計

竹田哲也（株式会社アトラエ）

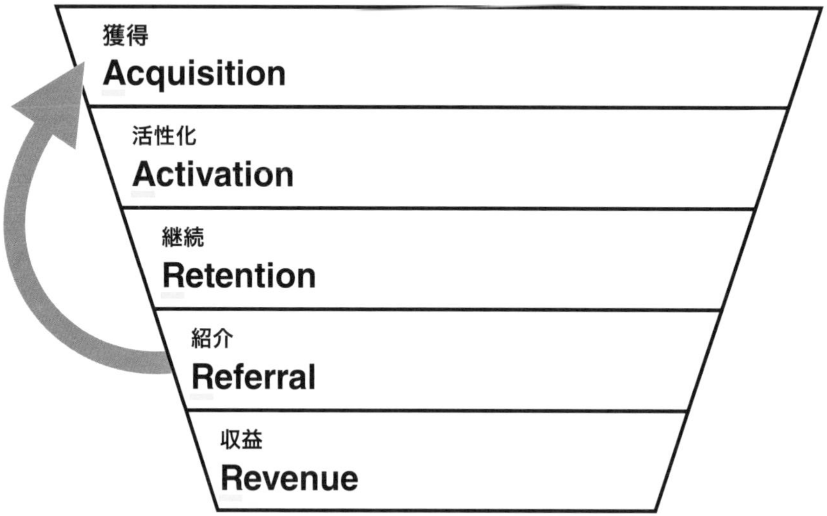

どんなもの?

AARRR（アー）は、顧客の行動を5つのステップに分類したグロースハックのフレームワークのひとつ。サービスを成長させていく上で、獲得と収益化にフォーカスしがちなマーケティングから脱却し、ユーザーの継続利用から収益に貢献するところまでを体系化したものです。各項目ごとに指標を立て、それぞれに合った施策を検討し、実行するところまでを整理でき、戦略立案につなげられます。

サービス全体を整理・分類するフレームワークのため、多岐に渡る課題が出てくる可能性があります。事前に5つの項目の優先度を定めて対処していかないと、課題がいつまでも解決しないことも。

何ができる?

- 各段階で状況を測る指標を設置・計測し、どこに課題があるかを明確にします。
- 各段階の課題が明確になるため、最適かつ効率的に成長戦略や施策を実行できます。
- サービスのフェーズを把握できるため、チーム内での課題共有が容易になります。

ECサイトのグロースハック

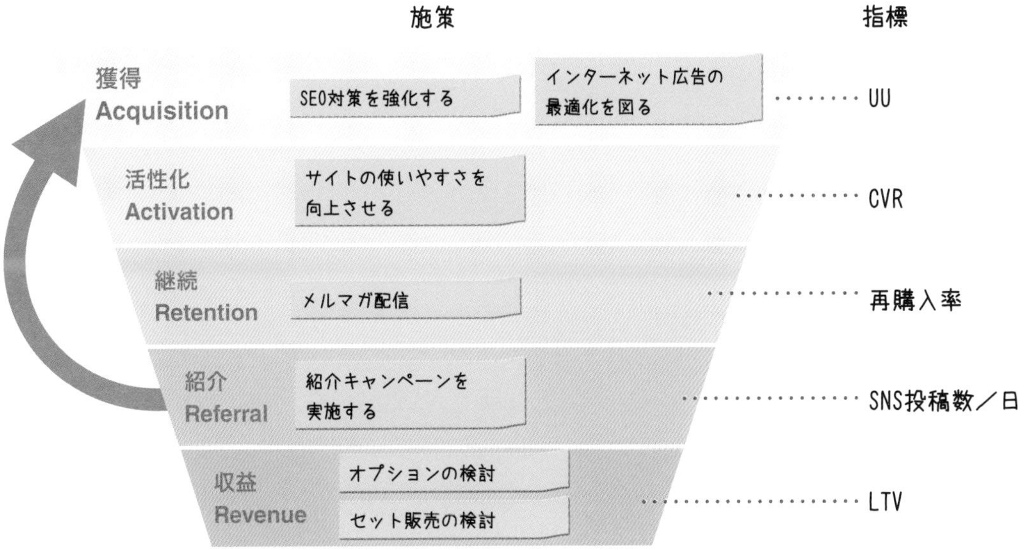

どう使う?

①洗い出し…サービスが提供する体験や画面遷移・機能を洗い出します。

②分類・整理…洗い出した内容を、5つの項目に分類し、整理します。

③指標の決定…整理した体験や画面遷移ごとに、状況や効果を測る指標を列挙し、重視する指標を決めます。

④計測…定点で指標を計測し、サービスの課題を見つけ出します。

⑤目標設定…対応策を議論・検討し、目標値を決めます。

Chapter 2

守る

PASONAの法則

パソナのほうそく

体験設計

宮木俊明（株式会社ネットマン）

ベースとなる5つの質問

Q1.商品：
ズバリどんな商品か？ 特徴を2つ、20秒以内で直感的にわかるように説明すると？

Q2.顧客：
20秒の説明だけで「なんとか売ってほしい」と懇願するのは、どんな人か？

Q3.自社：
ほかにも似たような会社がある中で、どうしてこれまで既存客に選ばれてきたのか？

Q4.共感：
顧客はどんな場面で眠れなくなるような悩みや怒り、欲求を感じているのか？ それを五感を使って描写すると？

Q5.証拠：
なぜ、問題を簡単に解消できるのか？ それを聞いた顧客はどんな疑いをもつか？ 猜疑心を解消する圧倒的な証拠は？

回答を以下の順番に再構成する

Problem（問題）：
顧客が直面している問題や欲求

Affinity（親近感）：
同じ痛みや願望を持っている描写

Solution（解決策）：
問題解決や欲求実現の方法を提示

Offer（提案）：
サンプルやお試し、価格、特典など

Narrowing Down（絞り込み）：
提案を受け取れる条件を挙げる

Action（行動）：
取ってほしい行動を具体的に挙げる

セールスやマーケティングだけでなく、社内稟議のためのプレゼンテーションなどにも応用できます。

どんなもの？

商品やサービスを販売する際の広告文を書くためのフレームワークです。商品、顧客、自社を深く理解する5つの質問から導かれる回答を、Probrem（問題）、Affinity（親近感）、Solution（解決策）、Offer（提案）の4つのブロックに整理します。さらに、Narrowing down（絞り込み）、Action（行動）をつけ加えて再構成することで、読み手に行動を促す力強い文章を生み出せます。

文章を生み出すプロセス全体を通して、「製品やサービスの存在意義」や「なぜそれを伝えたいか」といった大きな目的を発見・再確認することが大切です。

何ができる?

- 共感をベースに、読み手の行動につなげられます。
- 事業の存在意義を見つめ直し、深く理解することができます。
- 「誰に」「何を」「どの順番」で伝えると効果的なのかが整理できます。

プレゼンテーション・セミナーの企画

商品：プレゼンの恐怖から開放され、誰もが共感するような力強いプレゼンテーションの具体的な方法論を伝えるセミナー

顧客：人前で話すことに苦手意識があるが、それを避けては通れないビジネスパーソン

自社：「下手でもよい」。個性を活かし、聞き手から共感されるような行動を生み出すシンプルなメカニズムを伝授する。

共感：人前で話すことを想像するだけで、緊張で動悸がし、顔が赤くなり汗も止まらない。

証拠：もともと話がうまい人ではなく、「苦手意識が強かった人」2,000名以上を対象に、自信を持ってプレゼンテーションできるようになるまでのプロセスを分析し、200社以上に研修として提供している。

初公開「下手だからこそ伝わるプレゼン術」

Problem：「汗が出て、震えが止まらない…」人前で話さなければならないと決まっただけで動悸がするような方は少なくありません。でも、残念ながら働く以上はプレゼンはつきものです。

Affinity：そういう私も、もともとは同じでした。学生の頃から話すのが下手で汗っかきな上に、すぐ顔が赤くなる癖が気になり、人前を避ける消極的な人生を過ごしていました。

Solution：実はそんな私ですら、話が上手くなるどころか「下手なまま」でも人前で話すことを楽しめるようになり、今ではそれを仕事にできるようになった「プレゼン術」があるのです。
これまで200社以上の企業向けの研修として、2,000人以上の方の苦手意識を変えたきた、実績ある方法論。今回、より多くの方に知ってもらいたいと思い、初めて一般向けに公開します。ぜひアナタにも、恐怖から開放されて自由になり、これからの人生で「人前で話す」機会を楽しんでいただきたいのです。

Offer：最初で最後かもしれないこのセミナーですが、特別な価格でご提供するのには理由があります。実は、企業研修は新入社員を迎える4月が繁忙期。そこを外しての開催であるため、この価格でも元を取れるわけなのです。プロとして、決して内容には妥協していません。

Narrowing Down：そこでみなさまにお願いがあります。このセミナーに少しでもご興味がありましたら、○月○日までの「早割」期間中にお申し込みいただきたいのです。△月△日まででしたら、申し込み後でもキャンセルが可能ですし、早割は先着××人で終了です。

Action：今すぐこちらからお申し込みください。
※早割でお申し込みいただいた方に限定で、「プレゼン20のコツ」をまとめた小冊子も無料でプレゼントします。

どう使う?

① 5つの質問に順に答えます。「共感」では受け手が置かれている情景を思い浮かべ、それが以降の文中で解消されるかを考えると、メッセージ全体で一貫性が出ます。

② PASONAの順番で再構成します。Nと最後のAは、5つの質問の答えそのものではなく、流れを踏まえて書き加えます。

③ 既存顧客や社内の人間など、共有している情報が多い相手に向けたものであれば、Solutionから入るなどのやり方もあります。

④ 全体の文章を整えます。音読したり、自分以外の誰かに読んでもらうことも有効。大げさな表現を用いる必要はありませんが、予想外の事柄が書かれていると相手に興味を持ってもらえます。

⑤ 商品・サービスの購入を促すセールスレターであれば、タイトルのつけ方や申し込み方法なども、文章そのものと同じぐらい大切な要素になります。

Chapter 2

守る

ストーリーボード

Storyboard

体験設計

栄前田勝太郎（株式会社ゆめみ）

1	2
何が問題なのか	どのように解決するのか
3	4
どのように解決するのか	その結果どうなったのか

文字で書かれたコンセプトやシナリオをイラストなどでビジュアル化します。

どんなもの？

理想的な顧客体験を検討するためのフレームワーク。製品やサービスを通じたユーザーの体験を、時系列のストーリーで視覚的に表現していくものです。ストーリーボードを使って、ぼんやりしたアイデアを具体化・可視化すると、自分たちが実現しようとしている価値を共有したり、評価・改善したりできるようになります。

自分自身ではなくペルソナの行動・気持ちに沿ったものしましょう。また、ストーリーボードでは具体的な解決方法や実現方法ではなく、体験をベースに考えることが重要です。

何ができる?

- アイデアを素早く具体化・可視化できます。
- アイデアが第三者と共有しやすくなります。
- 顧客にとっての価値や実現性を、顧客目線で考えることできます。

ユーザー参加型イベントの例

ユーザーの利用文脈や環境、タイミングなど、あいまいな事柄に関して理解を深められます。

どう使う?

①課題やゴールの設定…まずは大まかな要点だけを文章にすると、全体像をイメージしやすくなります。最初に、登場人物が課題を抱えている現状を、その後に問題が解決した状態=「ゴール」を書き出します。

②解説する問題の定義…登場人物が問題を解決していくストーリーを描きます。最初のコマに、問題を抱えている現状を描きます。問題や課題、悩みなどが描かれているのがポイントになります。

③問題解決のプロセス…現状からゴールに到達するための「問題解決のプロセス」を描きます。少ないステップの中で考えるポイントは、「何か」を明確にして絞り込んで描くことです。

④ストーリーを整える…全体を描き終えたら、ストーリーの内容を整理します。自分が誰かに説明するときに引っかかる箇所があればテキストで補足するなど、情報を具体化して伝わりやすくします。

Chapter 2

守る

シナリオ・プランニング

Scenario Planning

体験設計

宮木俊明(株式会社ネットマン)

ドライビングフォースのテーマとして扱うものには、政治、経済、社会、技術、天然資源、人口動態、国際関係、法律、環境などのカテゴリーがあります。PEST分析も活用できます(→42ページ)。

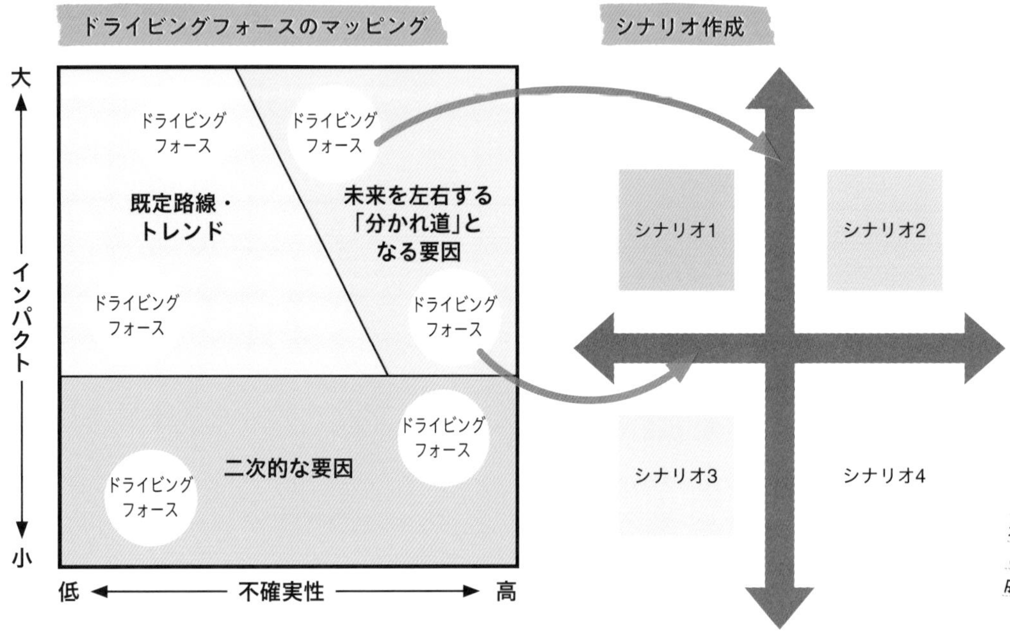

2つのドライビングフォースを選択し、それぞれが進行した場合と停滞した場合とでマトリクスを作成します。

どんなもの?

未来を動かすドライビングフォース(原動力)を特定し、そこから起こりうる複数のシナリオをストーリーとして描き出すことで視野を広げ、主体的に未来をつくり上げていく手法です。不確実な未来の姿を起点にして考えること(バックキャスティング)で、現状の積み上げやこれまでの延長線上にある考え方(フォアキャスティング)では到達し得ないアクションを見いだしていきます。

シナリオ・プランニングは複数名で実施しましょう。複数の多様な視点から質の高いドライビングフォースが列挙され、後工程のシナリオ作成でも力を発揮します。

何ができる?

- ドライビングフォースを整理しシナリオをつくり出す過程で、幅広く活発な議論を生み出されます。
- 複数の具体的な将来シナリオにもとづいてアクションプランを描けます。
- 組織全体に共通言語をもたらし、未来を基点とした絶え間ない進化を牽引します。

テーマ:2050年 日本に病院は必要か？

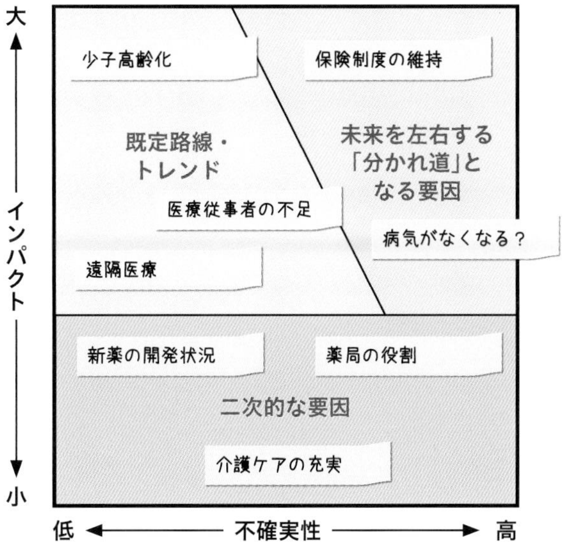

どう使う?

①**テーマの設定**…テーマは地域や組織全体の未来予測から、特定の製品やプロジェクト、あるいは特定の問題の解決策といったものまであります。左の例のように多少刺激のあるテーマのほうが集中力が高まり創意工夫につながるでしょう。

②**情報収集**…可能な限り多くの情報を収集します。書籍やインターネットなどからだけでなく、有識者や課題を抱える当事者へのインタビューも有効です。

③**ドライビングフォースの特定**…収集された情報にもとづき、ドライビングフォースを可能な限り多く列挙し、不確実性とインパクトの2軸で評価してマッピングします。図の例では限定された記載になっていますが、1回のワークショップで100個程度のドライビングフォースが挙がることも決して珍しくありません。

簡単なシナリオ例

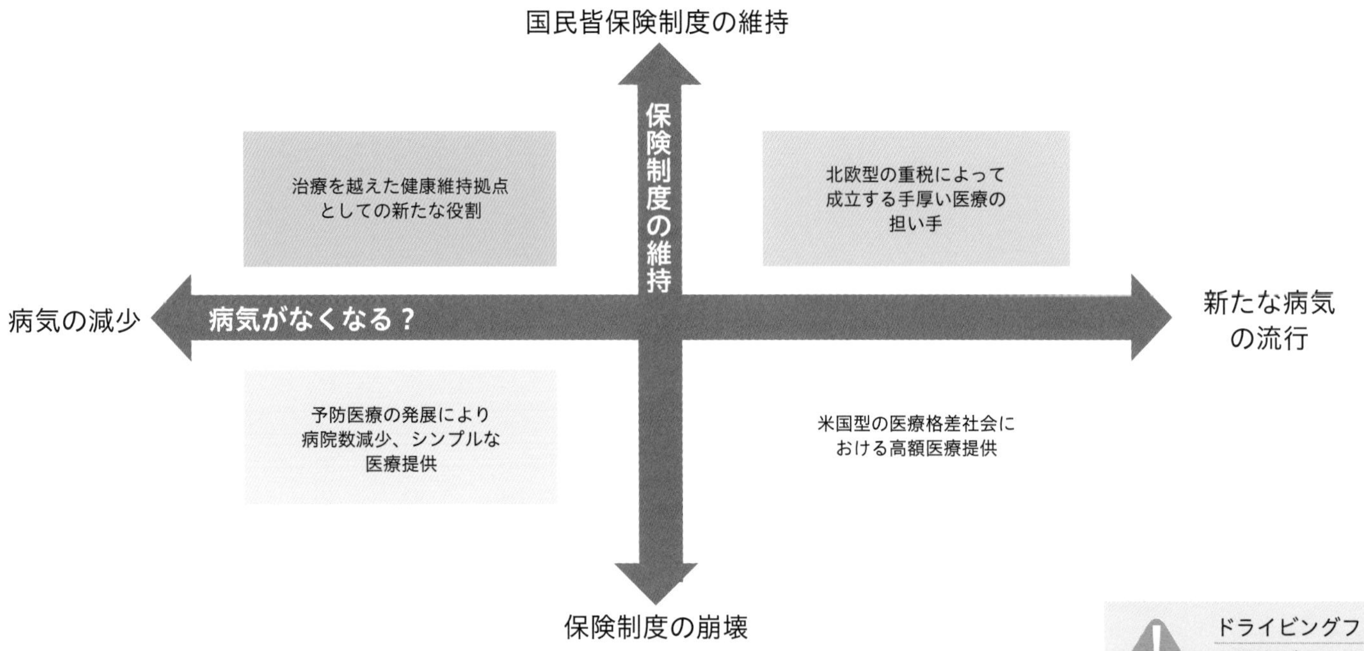

前ページでマッピングしたものからドライビングフォースを2つ選出し、マトリクスを作成後に簡単なシナリオを検討したものです。

ドライビングフォースの選出では、「2つの要素がそれぞれ独立している」ことも大切です。連動性が高いと、似たようなシナリオができてしまうため、その場合は別のドライビングフォースを選び直す必要があります。

どう使う？

④**ドライビングフォースの選出**…未来を左右する「分かれ道」となるドライビングフォースとして、「保険制度の維持」と「病気がなくなる？」の2つを選出しました。インパクトが大きく不確実性の高いものから選びますが、複数候補があるなら、インパクトよりも不確実性を重視することが多いです。

⑤**シナリオ作成：軸の作成**…それぞれが進行した場合・停滞した場合で対極の軸を作り、4つの象限に一つずつ、合計4つの異なるシナリオを作成します。一人ではなく複数名でアイデアを出し、選出された要因が極端に進んだ場合を想定しながら、イメージを膨らませます。

⑥**ストーリーの肉づけ**…さまざまなステークホルダーから見た場合、あるいは一人の主人公の視点で語ったとき、どのような世界なのか。イメージを広げながら、さらにストーリーとして肉づけしていきます。

各シナリオにタイトルをつけアクションプランを見いだす

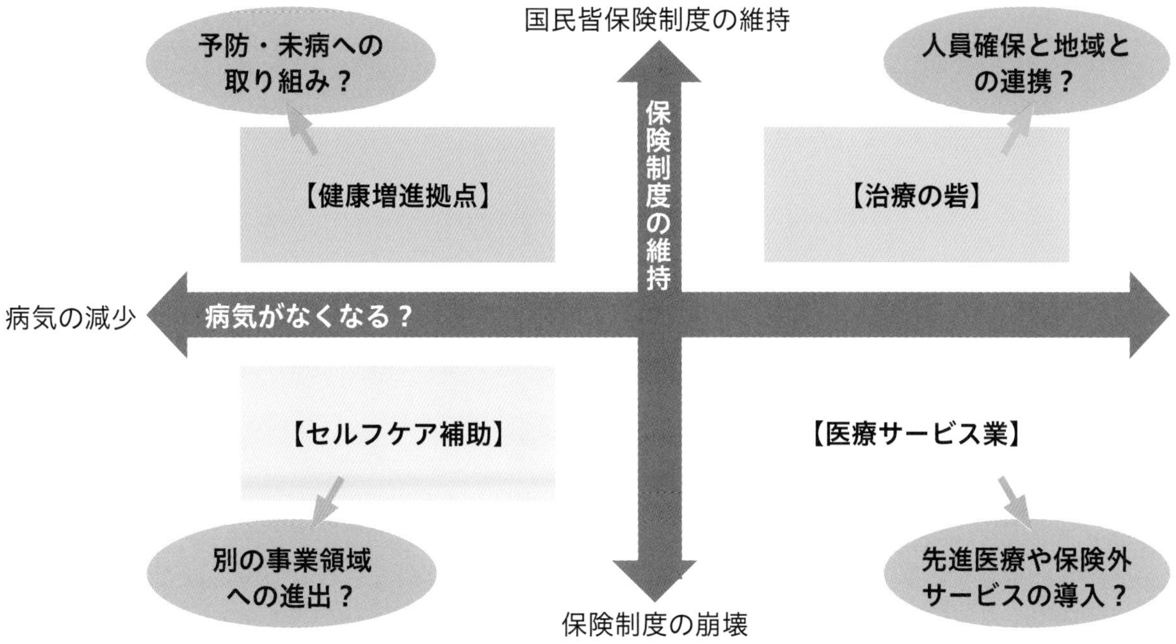

シナリオには図やイラストを用いることも有効です。

シナリオは、未来の情景描写だけでなく、現在から未来に至るストーリーも含めて作成すると効果的です。また、ワークショップの中では、時間の許す限り、全参加者が4つすべてのシナリオ作成に関与できるようにすると、多様な視点が盛り込まれるだけでなく、無用な競争意識を排除して妥当性を高めることにも役立つでしょう。

どう使う？

⑦**シナリオの修正**…作成したシナリオについて専門家やステークホルダーからフィードバックを受け、内容を踏まえて修正しましょう。必要に応じて各シナリオにわかりやすいタイトルをつけるとよいでしょう（上の図では【健康増進拠点】などがタイトル）。

⑧**アクションプランを検討**…各シナリオに対する戦略オプション、アクションプランを検討します。それぞれのシナリオへの対応策を挙げていき、包括的な戦略案をまとめたり、優先順位を検討したりするといいでしょう。

⑨**定期的な見直し**…4つのシナリオは等確率ではないにしろ、いずれの方向にも進む可能性があります。戦略をつくって終わりではなく、ドライビングフォースの進行あるいは停滞の予兆を観察し、定期的に見直すことが大切です。

Chapter 2

守る

バリュープロポジションキャンバス

The Value Proposition Canvas

戦略設計

宮木俊明(株式会社ネットマン)

バリューマップ　　顧客プロフィール

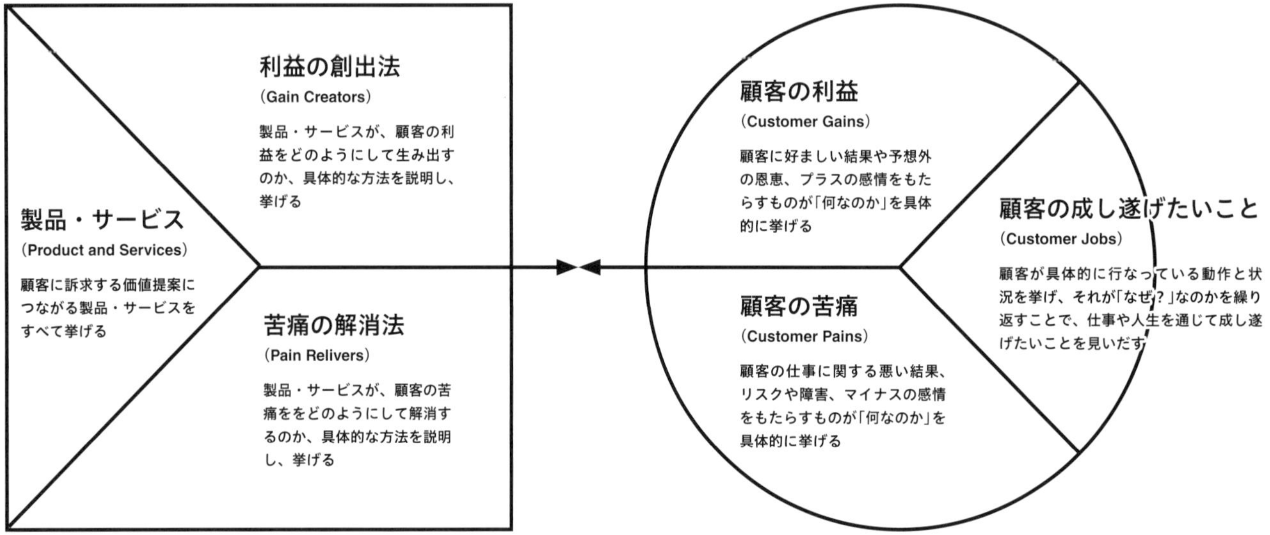

The Value Proposition Canvas
© Strategyzer AG（https://www.strategyzer.com）, Designed by Strategyzer AG

バリューマップ(図左)と顧客プロフィール(図右)は、後述するビジネスモデルキャンバスの「価値提案」と「顧客セグメント」に対応してます(→82ページ)。ビジネスモデルキャンバスに組み込んで使用するとより効果的です。

どんなもの?

顧客の求めるものを詳しく探求し、顧客がほしがる製品やサービスを、反復的にデザイン・検証するためのツールです。顧客と事業者側のズレを解消し、「顧客から選ばれる理由：価値提案(Value Proposition)」を進化させ続けるプロセスを視覚化して、効率よく進めることができます。価値創造のパターンを理解すると見通しがクリアになるだけでなく、共通言語として取り入れることで関係者の方向性を一致させることにも役立ちます。

実際に活用するときはシートなどに直接書き込まず、付箋を用いてアウトプットしていくとよいでしょう。

何ができる?

- 顧客の重要な課題や要求を詳細に可視化できます。
- 顧客を引きつけるような価値提案をデザインできます。
- 価値提案が顧客の重要な問題を解決し、顧客に「ほしがられる」ことを確認できます。

同じ製品・サービスであっても、すべての顧客に同じ価値を提供しているわけではありません。また、同じ顧客であっても直面している状況によって何を重視するかは異なります。このため、バリューマップからはいったん離れ、特定の顧客が置かれている特定の状況をありありと思い浮かべてみます。その顧客が「真に成し遂げたいこと」を、実際の現場の観察や傾聴を通じて見極めていくプロセスが非常に重要です。

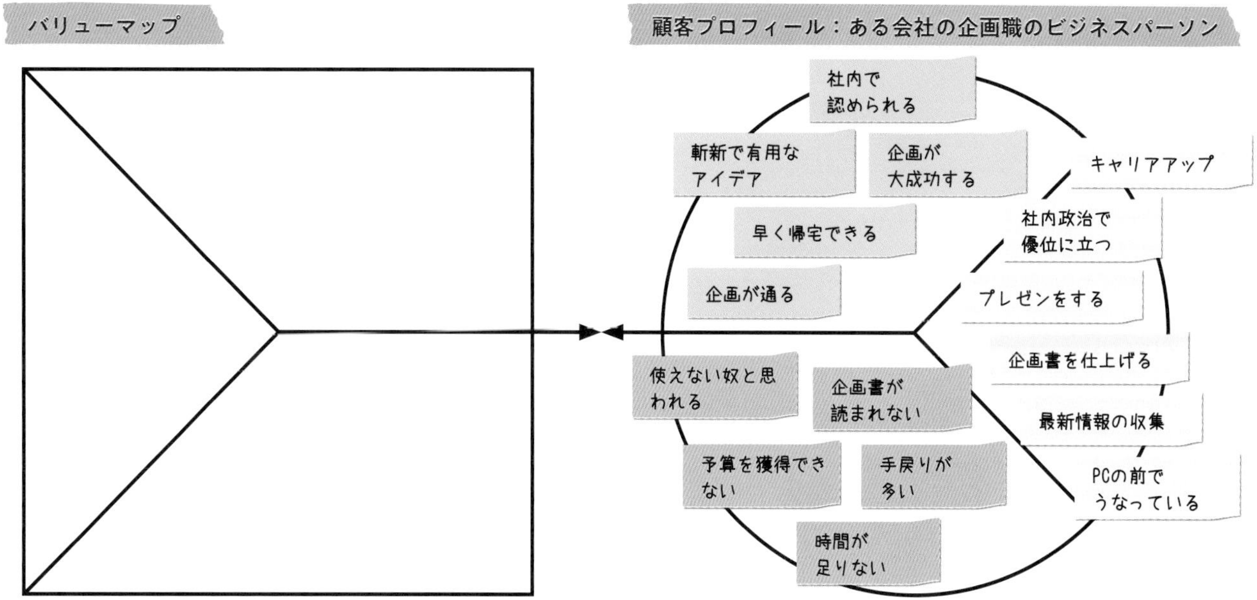

①**顧客セグメントを選出する**…顧客セグメント（共通する属性を持ったグループ）を選出します。実際のインタビューや観察の結果を書く場合と、書く場合があります。特定個人について書いても問題ありませんが、逆に複数の顧客セグメントは混ぜないでください。

②**ジョブを書き出す**…具体的な任務やタスクもあれば、社会的なもの（ステータスの向上など）や心理的な側面を満たすもの（安心感や満足感など）もあります。それらがどのような環境・場面で発生しているかも特定するとよいでしょう。

③**ペインとゲインを書き出す**…ジョブを通じて、避けたい結果をペイン（Pains）に、望ましい結果をゲイン（Gains）に書き出します。

④**優先順位をつける**…ジョブ、ペイン、ゲイン、それぞれの中で、重要度や深刻度で優先順位をつけます。

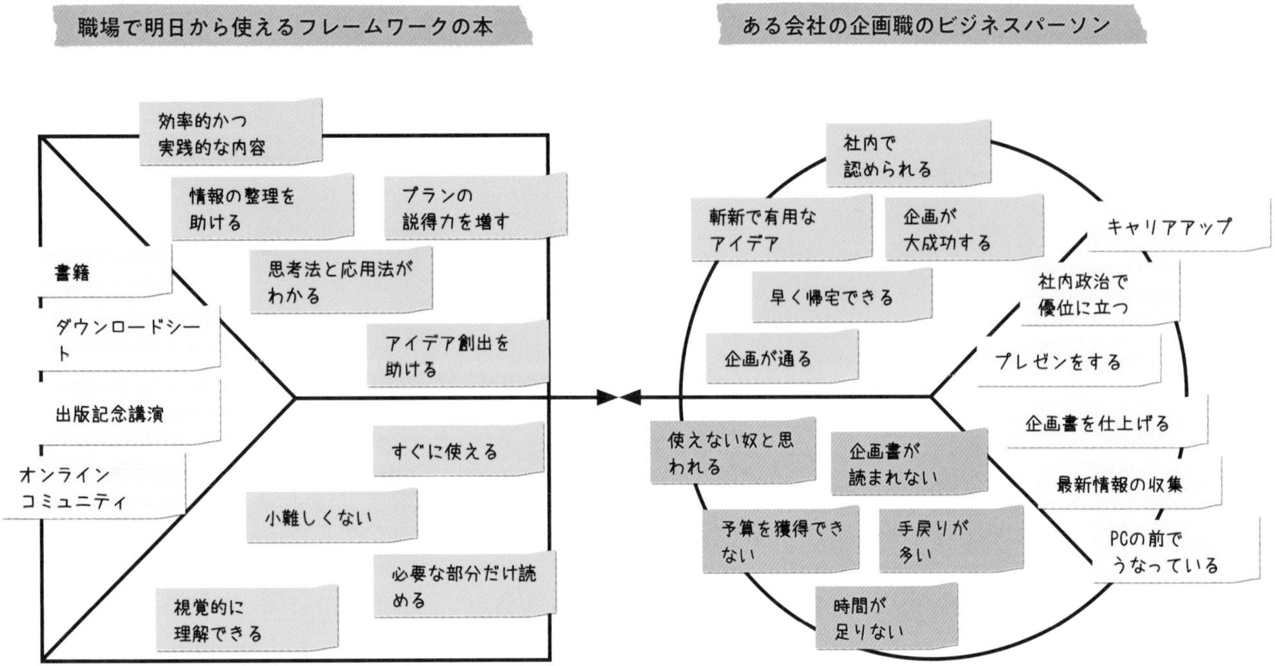

製品・サービス自体に絶対的な価値があるわけではなく、顧客の役に立つことで価値は生まれます。顧客プロフィール上のペインやゲインと関係がない要素を載せないためにも、必ず顧客プロフィールをつくってからバリューマップに取り掛かってください。

どう使う?

⑤**製品サービスを書き出す**…完成した顧客プロフィールに描かれている顧客セグメントに対して、価値を創造するような製品・サービスを書き出します。既存のものもあれば、新しいアイデアを用いることもあるでしょう。

⑥**ペインリリーバーとゲインクリエーターを書き出す**…新しいアイデアがまだ定まっていない場合など、先にペインリリーバー（顧客のペインを取り除くもの）やゲインクリエイター（顧客のゲインを満たすもの）を書き出し、それを足がかりにして製品サービスを具体化する方法もあります。それぞれ製品・サービスそのものではなく、それが生み出す価値を書きます。

⑦**優先順位をつける**…製品・サービス、ペインリリーバー、ゲインクリエイターそれぞれの中で、顧客から見た重要度で優先順位をつけます。

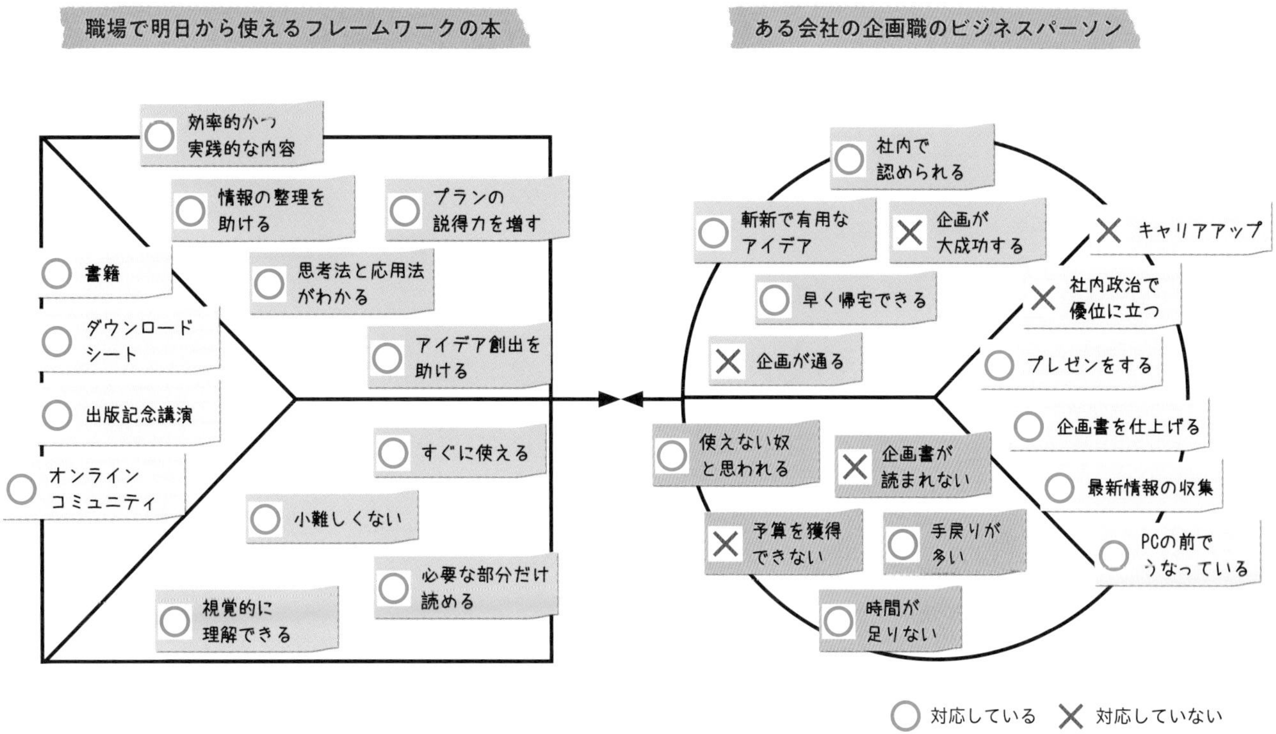

次のような場合は別々のキャンバスを作成しましょう。

・企業や家族で、購入の意思決定や利用に複数の関係者がいる
　→関係者ごとにつくる
・同一顧客が同一の製品・サービスを利用する場合でも、利用状況が異なる（同じ飲食店でも、一人で行く、家族で行く、会社の懇親会で利用するなど）
　→状況ごとにつくる

どう使う？

- 完成した顧客プロフィールとバリューマップを突き合わせ、ペインリリーバーとゲインクリエーターの一つひとつが顧客のジョブ、ペイン、ゲインに対応しているかを確認します。すべてのペインやゲインに対応していなくても問題ありません。重要なものに対応しているかを見ます。
- 新しい製品・サービスの場合は特に、理屈の上で課題と解決方法が対応しているかだけでなく、市場で受け入れられるか（顧客に選ばれるか）、最終的にはそれによって利益が生まれるのか（ビジネスモデルとして成立するのか）を順次テストし、ブラッシュアップしていきます。ビジネスモデルキャンバスと組み合わせて使用しましょう（→82ページ）。

Chapter 2

守る

ポジショニングマップ

Perceptual Mapping

戦略設計

栄前田勝太郎(株式会社ゆめみ)

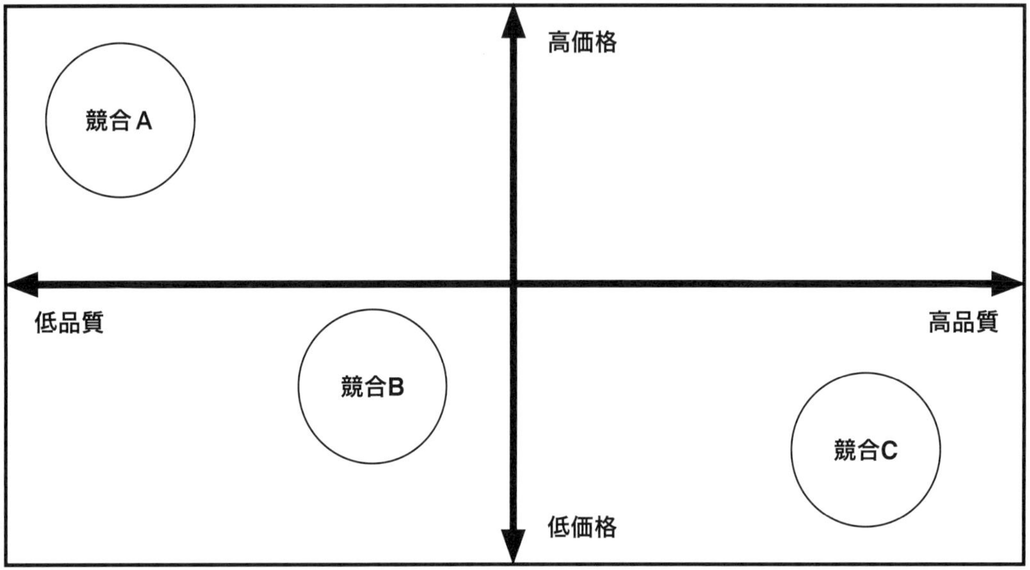

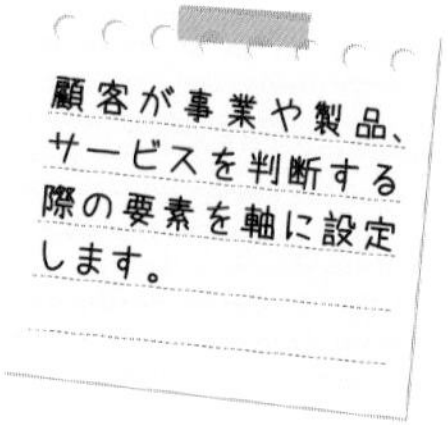

どんなもの?

ターゲットとなる顧客層にとっての自社商品やサービスの独自性、つまり競合と比べたときの差別化ポイントを明確にすることを「ポジショニング」といいます。このポジショニングを可視化するためのフレームワークがポジショニングマップです。顧客が事業や製品、サービスを認識したり判断したりする際の要素を2つの軸に設定し、マトリクスを作成した上で、競合各社の情報を書き出して整理していきます。

既存の差別化軸だけに限らず、競合がまだ注目していない新しい差別軸を考えることも大切です。こちら側が伝えたい魅力に捉えわれず、顧客が何を魅力と感じているかに注目しましょう。

何ができる?

- 競合とは異なる自社の立ち位置を明確にすることができます。
- ターゲットに必要とされるカテゴリーであるかを確認できます。
- 空いているポジションが、「なぜ空いているか」を考えるきっかけになります。

価格と品質を軸にマッピング

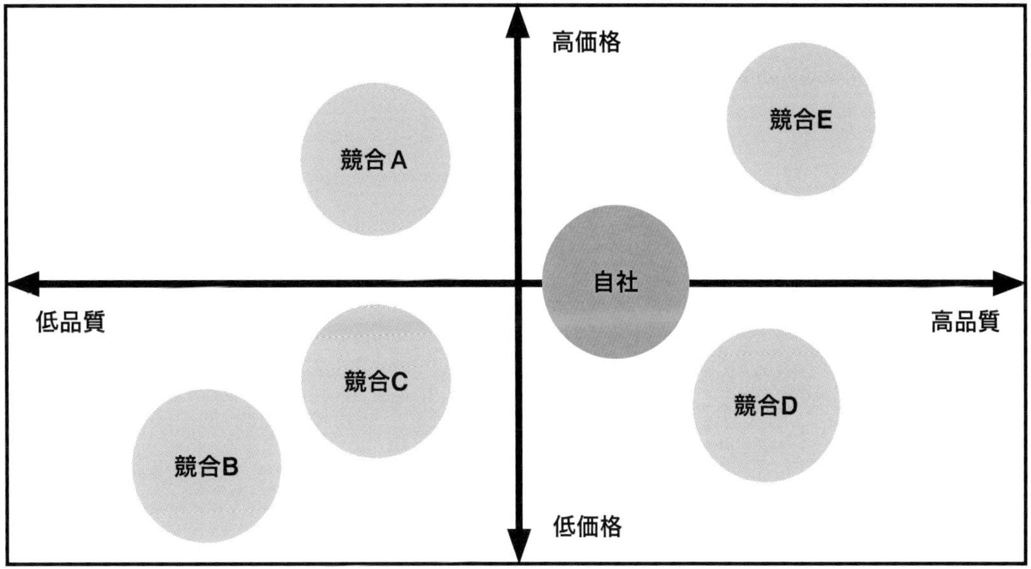

例えば「品質」と「コスト」のように2つの軸の関係性が高すぎると、製品やサービスを右上から左下に並ぶだけになります。できれば2つの軸の相関性を事前に調べておくとよいでしょう。

どう使う?

①**選択の決定要因から軸を選ぶ**…ポジショニングする際は、顧客が市場をどのように捉えているか把握し、強い要因を2つ選びます。顧客の購買や選択の決定要因となっているものを軸とします。

②**空いているポジションを狙う**…ポジショニングマップを作成するときは、隙間の空いているところに自社の商品・サービスを位置づけます。意識的に競合が取りにくいポジションを選ぶことで、競合と重複しないポジションを獲得し、競争優位性を確立しやすくなります。

③**自分たちの強みを活かす**…有効な軸を見つけたとしても、その軸上で自分たちが強みを発揮できなければポジションを取ることはできません。まずは、自分たちの強みが軸になっている必要があります。

Chapter 2

守る

ビジネスモデルキャンバス

The Business Model Canvas

戦略設計

宮木俊明（株式会社ネットマン）

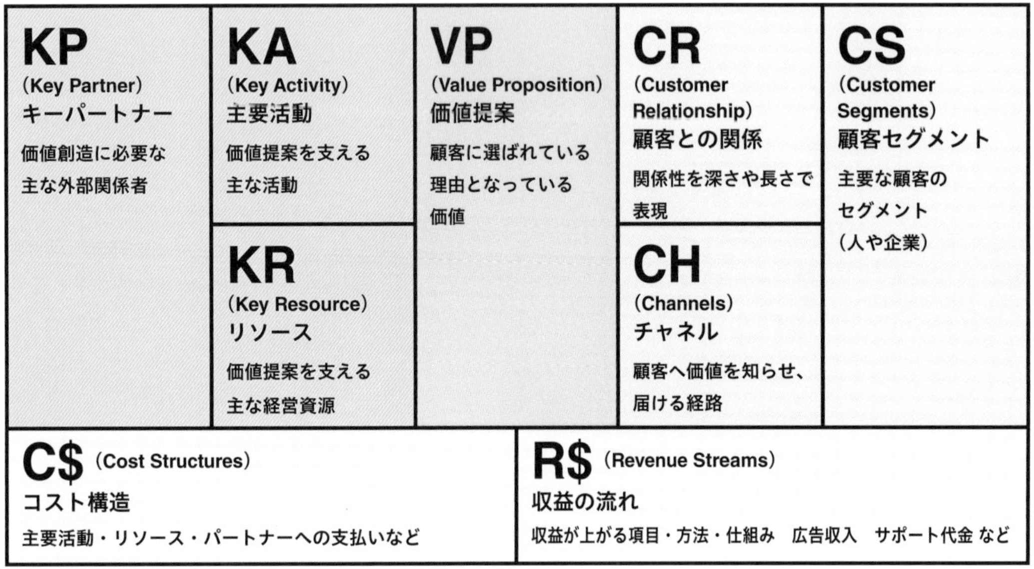

ビジネスモデルキャンバスでは隣り合うブロックに関係性があります。左側がエンジニアリング領域（オレンジ部分）、右側がマーケティング領域（緑色の部分）、下部がファイナンス領域（水色の部分）です。

どんなもの？

ビジネスモデルを9つのブロックで表現し、「どのようにして価値を生み出し、どのようにして顧客に届けるか」を、論理的かつ構造的に可視化するためのツールです。ビジネスモデルに必要な要素を1枚の絵にすべて描き出せるだけでなく、個々の要素間の関係性もシンプルに、自由に表現できます。そのため、多様な関係者間で共通言語として用いることができます。

！ チェックリストとしての使い方に留めてしまうと、情報は整理できたが、次のアクションがわからない状況に陥ります。

何ができる?

- ビジネスモデルに必要なすべての要素や、要素同士の関係性を可視化できます。
- 異なるマネジメント領域を1枚のマップ上で俯瞰的に捉えることができます。
- 新しいビジネスモデルをデザインし、戦略立案に活用できます。

ブロックごとのキーワード例

右の図では各ブロックにどんなキーワードが入るか、例を記入してみました。

どう使う?

①**付箋を使おう**…まずは思いついた要素を書き出してみながら試行錯誤する作業になるので、付箋を使うと便利です。キャンバスが完成して、ほかの人に説明する際にも、別に用意した空白のキャンバスに、付箋を1枚ずつ貼り替えながら説明できます。

②**必要要素を整理・分類する**…まず、9つのブロックをチェックリスト的に活用しながら、必要な情報を整理・分析します。構成要素の抜け漏れがないことを確認すると同時に、どの要素を・どのブロックに収めるか、共同作業で決めながら過程で認識合わせをします。

③**記載方法を検討する**…あらゆる要素を漏れなく記載するのではなく、「主要なもの」に絞って、かつ「キーワードの記載」程度に留めると、見やすく伝わりやすいキャンバスになります。

フリマアプリのビジネスモデルキャンバス①

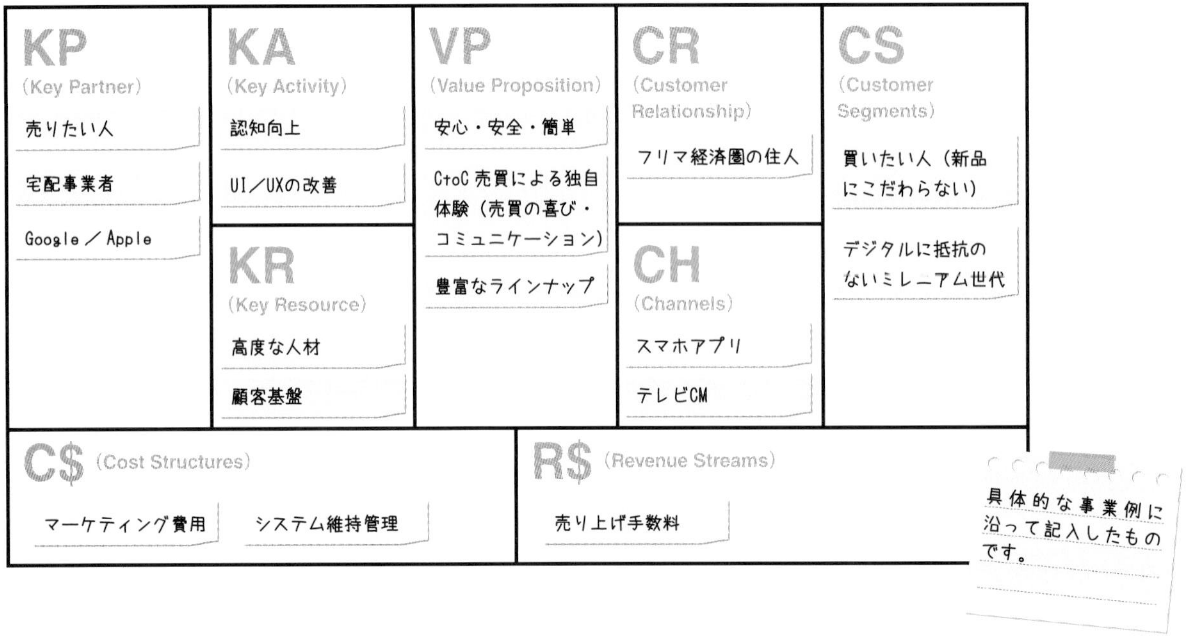

どう使う？

- **他者に説明してみる**…9つのブロックに描かれる「ビジネスモデルの構成要素」が全体をどのように支えるかを、一連のストーリーとして語ることを「ストーリーテリング」といいます。ストーリーテリングはどのブロックからでも始めることができますが、VPやCSから始めるとわかりやすいでしょう。
- **ブロック間のつながりを考える**…「CSに対して、CHを通じてVPを提供し、その結果CRが育まれている。それによって……」といった具合に、隣り合うブロック同士の関係性にも言及しながら説明しましょう。
- **貼り替え・入れ替え・追加してみる**…例えば、CSに「事業会社」を加えたとすると、事業会社に提供されているVPには「効率的なマーケティング」などが追加されるかもしれません。また、CHに「駅前の店舗」などを加えると、「地代家賃を回収できるだけの収益モデルが見いだせるか？」、「ビジネスモデル全体では、どのよう変化が起こりうるか？」といった思考実験を紙上で行なえます。

フリマアプリのビジネスモデルキャンバス②

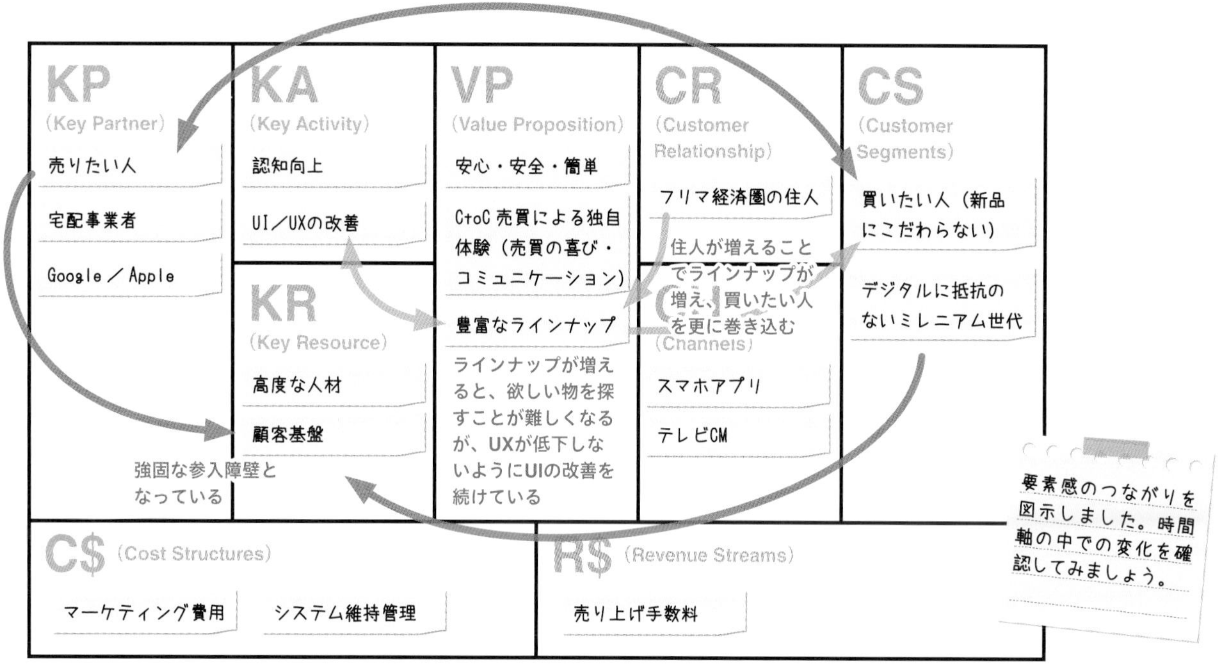

どう使う?

- **ビジネスのプロセスやフローを理解する**…個々の構成要素が全体の中ではどのように機能するか、シミュレーションした結果を矢印などを使って図示していくと、価値の流れを可視化して理解できます。話の筋道が合っているか、成長ストーリーが描けているか、あるいは収支が合うのかといった、有用性・持続可能性・実現可能性の検証にも用いられます。
- **新たなビジネスモデルをデザインする**…新たなビジネスアイデアの仮説検証として、「キャンバスをつくってみる⇄実際にテストしてみる」を繰り返ししながら、あるいは複数のパターンを描き分けながら、ブラッシュアップをして行く活用方法もあります。机上の空論とならないように、想定顧客へのテスト結果を反映させることが重要です。
- **リーンキャンバスとのちがい**…リーンキャンバス(→86ページ)は、スタートアップが考慮すべき要素を9つに分類した有用なフレームワークで、ビジネスモデルキャンバスの右側「マーケティング領域」の解像度を高めたものともいえます。そのため、一歩踏み込んだ整理ができる一方、ビジネスモデルキャンバスが備えているブロックごとの配置の意味やビジネスモデルの全体を示す機能が失われている点を考慮しながら、目的に合ったほうを活用するとよいでしょう。

Chapter 2

守る

リーンキャンバス

Lean Canvas

戦略設計

栄前田勝太郎(株式会社ゆめみ)

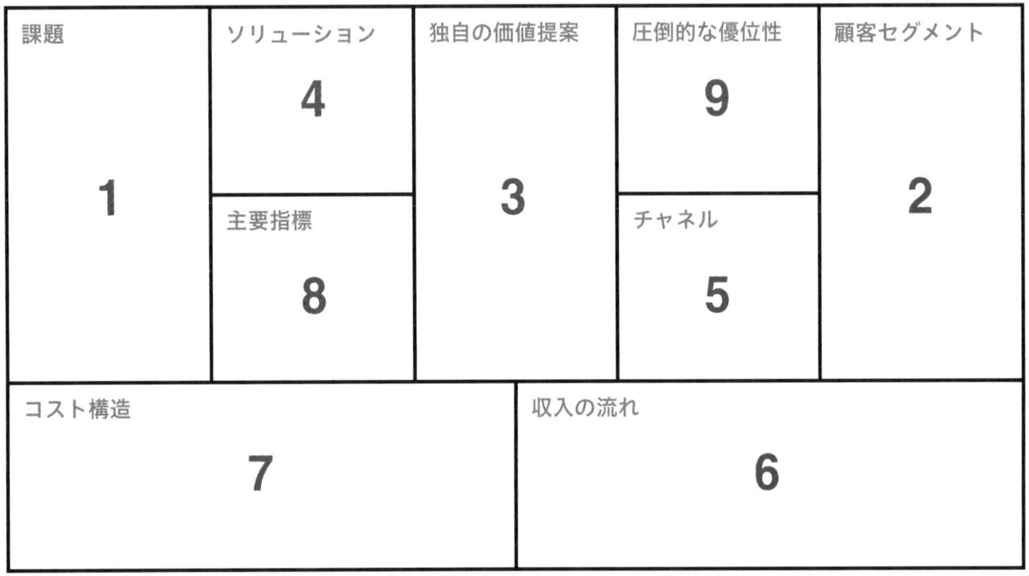

リーン(lean)には「無駄がない、効率的な」の意味があります。

どんなもの?

9つの要素から事業モデルを整理・検討するフレームワークです。ビジネスモデルの構造を検証し、問題点を洗い出すとともに、社内などで共有することでビジネスの考え方を浸透させていくことができるツールです。リーンキャンバスではビジネスの課題や価値といった点に着目するため、まだ方向性が明確ではない、比較的新しい事業やスタートアップに有効です。

リーンキャンバスで大切なのは、時間をかけすぎない点です。細部まで考えすぎないようにしながら、スピードを意識してシンプルに考えてみます。

何ができる?

- 本質が見えやすく、問題点や解決策を生み出すきっかけになります。
- 短時間で仮説を検証し、素早くアップデートすることができます。
- 実現していくべき圧倒的な優位性を考察できます。

人材系サービスの新規事業開発

課題
- サービスが認知されていないため、集客できていない
- 無形商材であり、Webサイトでの訴求の仕方が難しい
- 新規顧客やサービス利用者を増やしていきたい

ソリューション
- 領域特化したハイエンド人材をプロジェクト単位で紹介する

主要指標
- Webサイトからの問い合わせ
- メディアサービスのリアクション

独自の価値提案
- これまでの人材サービス事業のネットワークと、特定領域に特化した専門性をもったエージェントが揃っている

【コンセプト】
新しいチャレンジを、気軽に始めることができる

圧倒的な優位性
- 既存サービスとの連携、および企業のニーズ把握ができている点

チャネル
- Webサイトおよびメディアサービス
- SNS

顧客セグメント

【企業】
- 新規事業開発
- 商品開発
- サービスデザイン
- 社外のリソースを求めている

【個人】
- 複業したい
- 稼ぎたい
- 新しいことにチャレンジしたい

コスト構造
- 事業開発費用：自社
- 外部スタッフの人件費：〇〇〇万
- Webサイトの構築費：〇〇〇万
- 記事広告費用：〇〇〇万

収入の流れ
- 企業と制約した求職者の月額報酬の10%相当額を企業から得る

課題と顧客セグメントを固めたら、残りの項目は一気に埋めます。アウトプットしていく過程で、どこかで考えが留まってしまう要素があれば、それこそがサービスにおいて検証しなければいけない要素といえるでしょう。

どう使う?

①課題と顧客セグメントを考える…9つの項目の中で、最も大事なのは課題と顧客セグメントです。課題が存在しない、その課題を持つ顧客セグメントが存在しない状態では、そもそもビジネスとして成立しません。

②残りの項目を一気に埋める…時間を決めて、時間内で書き上げます。必ずしも正解があるわけではないので、まずは15分くらいを目処にすべての項目を埋めてみるといいでしょう。

③空欄があっても気にしない…キャンバスはアップデートを繰り返すものです。今考えていることと現時点でわかっていることをとりあえずすべて書き出し、空欄部分は後のプロセスで対応すれば問題ありません。

④圧倒的な優位性をじっくり考える…新しいビジネスが成功するかどうかは、多くの場合ここにかかっています。競合と比べたときの自社の強みは何か。この点をしっかり、じっくり検討するのがポイントです。

Chapter 2
守る

クロスSWOT

クロススワット／クロススウォット

戦略設計

宮木俊明（株式会社ネットマン）

	Opportunities（機会）	Threats（脅威）
Strengths（強み）	強み×機会 積極戦略	強み×脅威 差別化戦略
Weaknesses（弱み）	弱み×機会 改善戦略	弱み×脅威 防衛戦略

分析する目的と達するべき目標を明確にした上で使用しましょう。

どんなもの？

クロスSWOTは、SWOT分析（→40ページ）によって見いだされた、強み（Strengths）、弱み（Weaknesses）、機会（Opportunities）、脅威（Threats）の4つの要素を用いて戦略を導き出すフレームワークです。図のようなマトリクスを作成し、積極戦略、差別化戦略、改善戦略、防衛戦略の4種の戦略を導き出し、優先順位をつけて説得力のあるアクションプランに落とし込みます。

⚠ 分析対象となる事業やサービスの、どの側面についての議論すべきなのか、事前の認識合わせができていないと、焦点が定まらずに議論があいまいになります。

何ができる?

- プラスとマイナスの両面が考慮され、取りうる戦略をバランスよく導き出せます。
- 分析だけで終わらず、戦略立案からアクションプランの策定が可能になります。
- 重点領域を絞り込み、投資判断をする際などに説得力が増します。

あるディスカウントストアの分析例

	O（機会） 「モノからコトへ」の大きな流れの中で、必要な物を買い揃える場所から新たな体験価値を提供する場への転換が、小売業界にも求められている。	T（脅威） 国内消費と人口減少、特に若年層人口とその消費意欲の減退が見られる中、新規参入の驚異が常に存在している。
S（強み） 日用品から高級品まで扱う幅広いラインナップ。現場への大胆な権限移譲により、圧縮陳列や独自POPなどに磨きがかかり、外国人旅行客を含めた顧客が買い物以外の目的でも訪れる。	**強み×機会　積極戦略** 「探索～発見」という楽しみを向上させるプライベートブランド商品などの拡充。滞在時間を延ばすフードコートやアミューズメントスペースの併設などにより、体験価値を向上する。また、海外進出を含め、店舗を積極的に展開する	**強み×脅威　差別化戦略** 地産品を独自POPで売り出すなど、地域特性を生かした店舗運営を実践し、既存店の改良と未開拓地域への出店を進める
W（弱み） 顧客は若年層が中心であり、限定的である。また、現場への権限移譲の裏返しで、店舗ごとに価格・サービスのムラがある。	**弱み×機会　改善戦略** 生鮮食品などの取り扱いコーナーを併設することで、スーパーマーケットやコンビニと差別化を図りながらも、若年層以外の取り込みを狙う	**弱み×脅威　防衛戦略** 若者の消費動向を把握し、トレンド商品を確実に陳列し続けるための市場調査を徹底する

どう使う?

①**前段階**…SWOT分析を行ないます(→40ページ)。

②**戦略の立案**…埋まった4つのマスを用いてクロスSWOTを実行し、4つの戦略を生み出していきます。上図の例では文章化していますが、箇条書きのまま実施することもあります。

③**積極的戦略に注目**…「S（強み）× O（機会）」に最も有効な打ち手が見いだされるケースが多く、最重要ポイントとなります。また、S（強み）× O（機会）の施策によって、弱みを補い脅威から身を守れる、「攻撃が最大の防御」と言えるような結論も往々にしてあり得ます。

Chapter
2
守る

Will Can Must

ウィル・キャン・マスト

自己理解

竹田哲也（株式会社アトラエ）

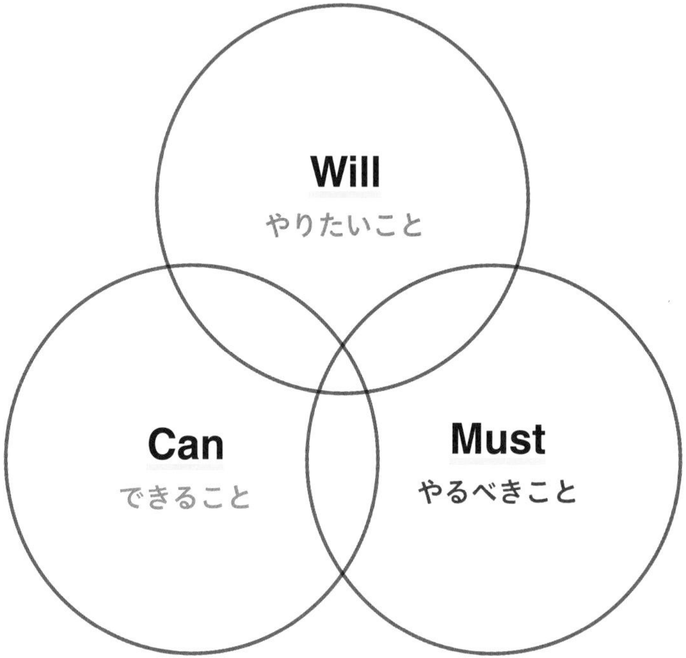

円が重なる部分に入る内容は満足感を得られていることです。さらに、3つすべてが重なる部分に入る内容はやりがいを感じているものになります。

どんなもの？

Will（やりたいこと）、Can（できること）、Must（やるべきこと）の3つとそれぞれが重なる枠を用いて自己分析を行ない、キャリアの棚卸しするフレームワークです。自身のキャリアについて、自己理解がなかなか進まなかったり、何を勉強したらいいのかわからず不安になったりなど、不透明なときに活用すると自身のキャリアの軸や大事なことが見つかります。

Will（やりたいこと）では「できない理由」を置いておき、自分に素直になって書き出します。また、複数人で相互に質問をしながら進めると、一人とは違った気づきが得られて効果的です。

何ができる？

- 転職活動中や異動前後に、キャリアの棚卸しを行なえます。
- 就職活動時の自己分析に活用できます。
- 学習計画を立てたり、目標を設定したりする上でも効果的です。

家族のいるミドルマネージャーの自己分析

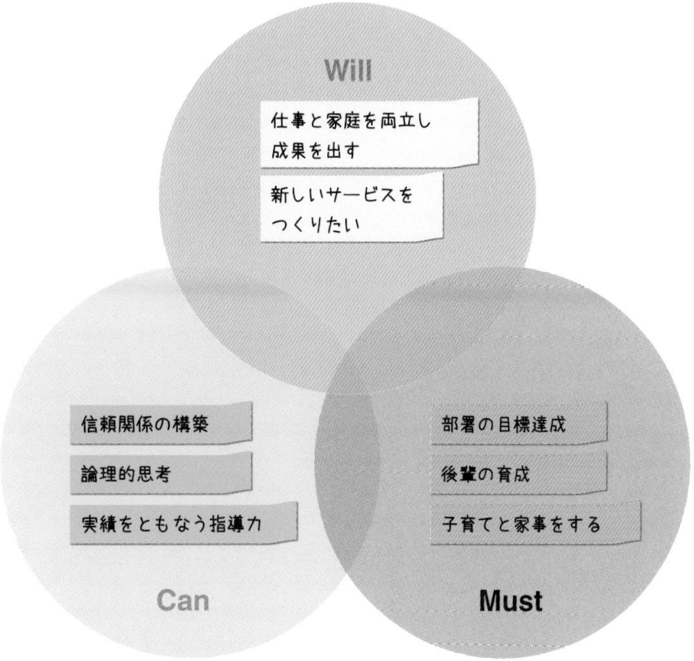

どう使う？

①**Will**…「自分は何がやりたいのか？」など、将来像を書き出します。

②**Can**…次に、Canの枠に自分が今までの経験を通して身につけた強み（能力・姿勢・性格など）を書き出します。

③**Must**…Mustの枠に、周囲から求められていること、期待されていることや、職場や家庭での役割を書き出します。

④**分析**…2つの要素や3つすべてが重なる部分には、何があるかを分析します。分析した結果をもとに、自身の目標や今後のキャリアの方向性を定め、行動を決めて実行していきます。

Chapter 2

守る

ジョハリの窓

Johari Window

自己理解

宮木俊明(株式会社ネットマン)

		自分	
		知っている	知らない
他人	知っている	開放の窓 Open Window	盲点の窓 Blind Window
	知らない	秘密の窓 Hidden Window	未知の窓 Dark Windows

- 性格・能力に関する項目の例

発想力、行動力、表現力、対話力、指導力、情報力、向上心、親切心、戦略的、情熱的、社交的、献身的、楽観的、感情的、責任感、正義感、自信家、冷静、頑固、根気、柔軟、真面目、慎重、大胆ほか

どんなもの?

自分自身と周囲との関係性を利用した自己分析を行なうことで、コミュニケーションの円滑化に役立てるフレームワークです。「自分が知っている／知らない」「他人が知っている／知らない」の2つの軸からなるマトリクスで、個人の特性を「開放の窓」「盲点の窓」「秘密の窓」「未知の窓」の4つに枠で分析し、自己への理解や周囲との相互理解を深めていきます。

周囲からのフィードバックを聞き入れることが大切なため、使用に際してはある程度の信頼関係が前提となります。分析を通じて自己開示の重要性も理解できますが、それを強要するのは本末転倒です。

何ができる？

- 内的自己認識（自分で自分ことを深く理解する力）が深まります。
- 外的自己認識（周りが自分をどう見ているかを知る力）が深まります。
- 相互理解が深まり、コミュニケーションの円滑化や信頼関係の向上につながります。

あるシステムエンジニアの分析例

		自分：知っている	自分：知らない
他人	知っている	職務を着実にこなしながら、物事を効率的に進める	責任感が強く、ときに感情的に振る舞うことがある
他人	知らない	発想力があり、創造的な課題解決のアイデアを持っている	その他の要素

どう使う？

① 通常はグループで実施します。自由記述で行なう場合もあれば、性格・能力に関する項目をあらかじめ用意して選択するなど、さまざまな診断方法や表現方法と組み合わせて使用することもできます。

② 自分が記述した項目と周囲が記述した項目の一致／不一致を見ながら、4つの枠を埋めたうえで、「いかにして開放の窓を広げるか」の観点から、コミュニケーションや相互理解に重要な事柄を考察します。

③ チームや組織の状況に合わせて、個人のアクションプランを設定するのはもちろん、自己の内省を共有したり、相互にフィードバックし合う機会を取り入れたりといった、仕組みづくりに役立てていきます。

Chapter 2

守る

Being Doing Having

ビーイング・ドゥーイング・ハヴィング

自己理解

宮木俊明（株式会社ネットマン）

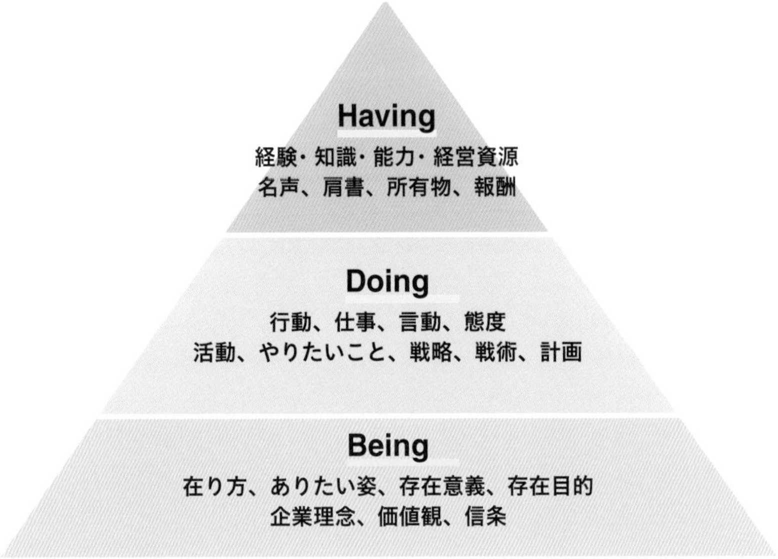

DoingやHavingは目に見えるはっきりしたものであることが多く、Beingはそこに目を向けない限りあえて言語化されることが少ないものです。Beingは数ある行動の中から「なぜその行動を選ぶのか」という価値観であり、選択基準と言い換えることもできます。

どんなもの？

個人や組織をBeing（存在意義・在り方）、Doing（行動・仕事）、Having（所有物・報酬）の3層に分けて整理し、理解を深めていくフレームワーク。変化の激しい時代では、特定のHavingを期待したDoingでは期待通りの結果を得られないことが多々あります。そのため近年は、Beingにもとづき Doingを考察する、Beingを考えるためにDoingを振り返るといったやり方が多分野で応用されています。

！ 事業環境や生活環境が変化すると、何が最適な行動なのか判断が難しいことも多くなりますが、Beingがはっきりしていると、行動を変えることにも迷いが少なくなります。

何ができる?

- 行動(Doing)を決定する軸(Being)を見つけ、自己に対する認識を深めます。
- 結果(Having)や手段(Doing)と目的を区別できるようになり、視座が広がります。
- 環境の変化に際しても、しなやかに行動を変容できます。

あるマーケティング担当者の事例

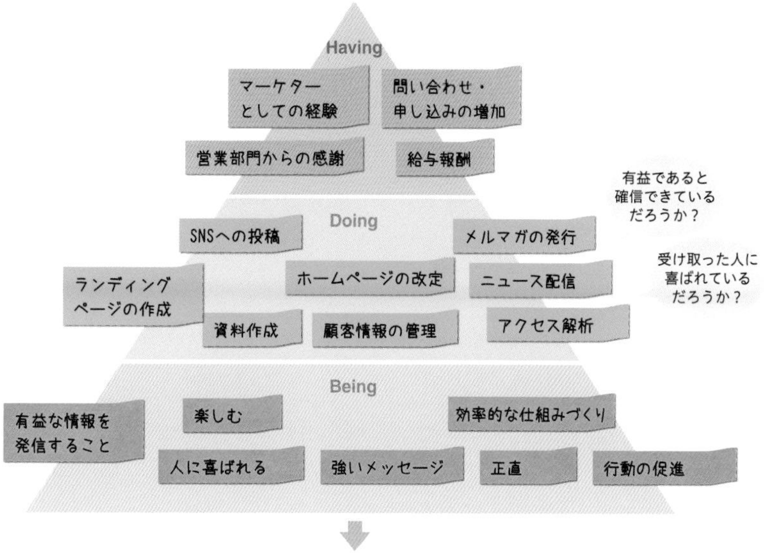

Beingの文章例:有益であると確信した情報や提案を、それを必要としている多くの人に正確かつ効率的に伝え、新たな行動を楽しんでもらうことを通じて最適化された社会の実現に貢献する

どう使う?

①対象とする事業や活動を選択します。会社、事業部、個人そのものについて考えることもできますが、ある程度領域を絞り込んだほうが取り組みやすいでしょう。

②Being、Doing、Havingを埋めていきます。Beingが見えていなかったり、言語化が難しかったりすることもありますが、Doingの質や量を変えながら試行錯誤し、それを振り返る中で見いだしていきましょう。

③それぞれの要素の関係性を見ていきます。例えば、一つひとつのDoingがBeingに結びついているか、Beingを達成するためにできる新たなDoingはないか、HavingのためだけのDoingになってないか、などの観点があります。

Chapter
2
守る

Need / Wantマトリクス

Need / Want Matrix

自己理解

宮木俊明（株式会社ネットマン）

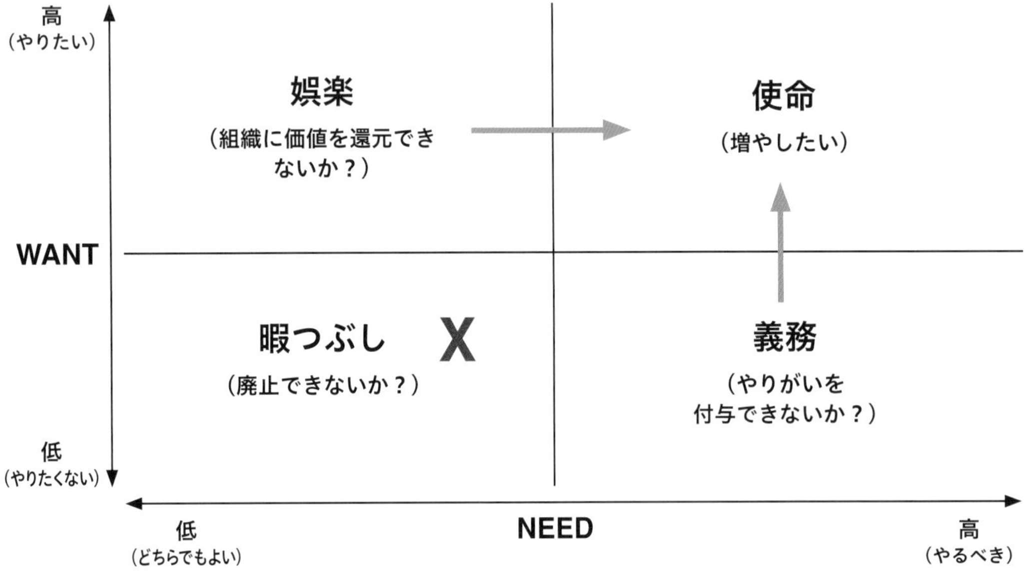

ペイオフマトリクス（→36ページ）と似ていますが、Need/Wantマトリクスのほうがより長期的に人材を育成していく視点に立っているのが特徴です。

どんなもの？

Need / Wantマトリクスは、業務内容や役割・タスクをNeed（社会や組織からの要請）と、Want（担当者レベルでのモチベーション・欲求）の2軸からなるマトリクス上に分類し、優先順位や役割分担、今後の方向性などを検討していくフレームワークです。右上にマッピングされる業務や役割ができるだけ増えるように人材配置や役割分担を考えていきます。

Wantの観点では、本音ベースでの真の「やりたい」を見いだせるかどうかがポイントになります。Needの観点では「外注化できないか」といった判断も、業務の見直しには有効です。

何ができる?

- 組織内の各メンバーに割り振られた業務や役割を整理できます。
- 個人のモチベーションと組織内の重要性の相関を可視化できます。
- 組織と個人の関係性の中で、役割や業務の見直しを図れます。

ある営業事務職の分析例

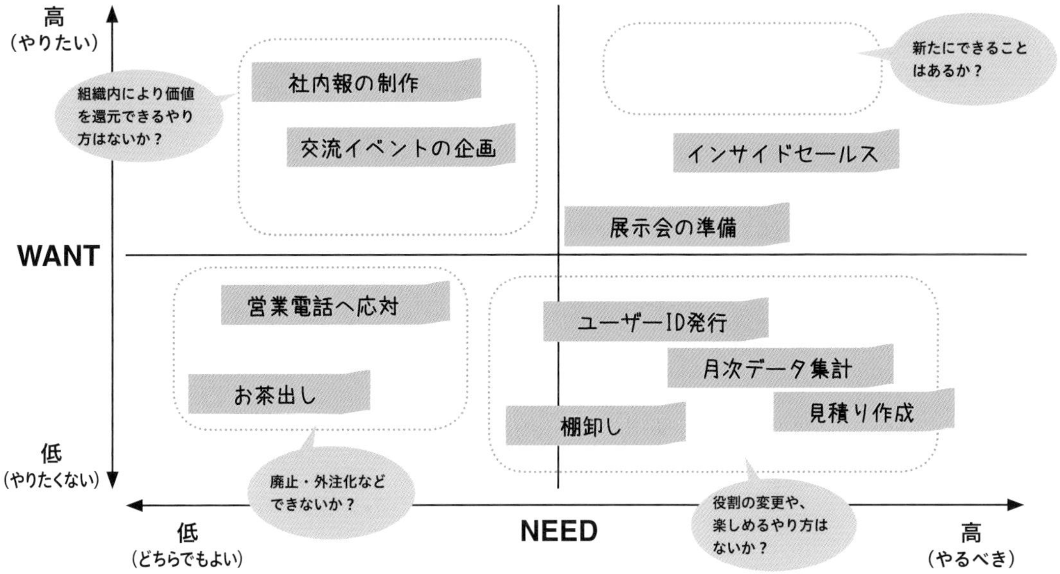

どう使う?

①**業務・役割を書き出す**…現状取り組んでいる業務や役割を書き出します。日々のタスクだけでなく、季節限定の業務や、中長期的に期待する役割について、メンバー個人単位で見ていきます。

②**マトリクスに配置**…書き出した要素をマトリクス上に配置して整理します。この際、どの位置に何を配置するか、上司と部下、あるいはチームメンバーで話し合うことで認識を一致させることが重要です。

③**優先順位や分担の見直し**…マトリクスに整理した上で、最終的に右上のNeedもWantも高い業務や役割が多くなるよう話し合います。注力していく優先順位を決めたり、業務の廃止や分担を見直したり、やり方を工夫するなどして、今後の方向性を検討します。

Chapter 2
守る

ミッション・ビジョン・バリュー

Mission Vision Value

目標設定

竹田哲也（株式会社アトラエ）

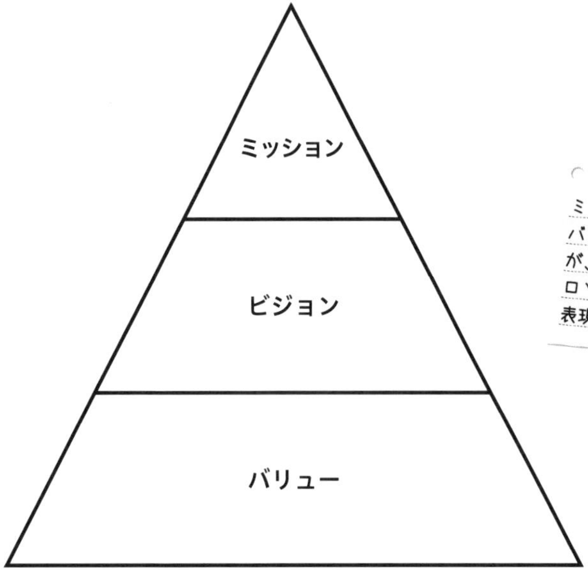

ミッション・ビジョン・バリューとありますが、経営理念やフィロソフィーなど別の表現もあります。

どんなもの？

企業の経営の柱になる3つの要素を可視化・共有し、戦略立案や組織の課題解決に臨む際の基準や立脚点になるものです。ミッションは、企業や組織の使命や存在意義を表す最も重要な項目です。ビジョンは将来的に実現を目指す姿、バリューは組織内で共通する価値や価値基準を指します。3つは個別の存在するものではなく、一貫した軸で連なるよう言語化することが重要です。

ミッション・ビジョン・バリューのすべてが企業・組織を表現するものですから、3つが一貫した軸で連動していないと社内・社外で伝わりにくくなり、組織への愛着や仕事のモチベーショにつながりません。

何ができる?

- 企業の存在理由を言語化することが、企業への愛着を育むことにつなげます。
- 就職・転職の応募者に、企業の存在理由や事業内容が明確に伝わります。
- 社員の共感や納得感を醸成し、働く上でのモチベーションを向上させます。

ECプラットフォーム開発企業の場合

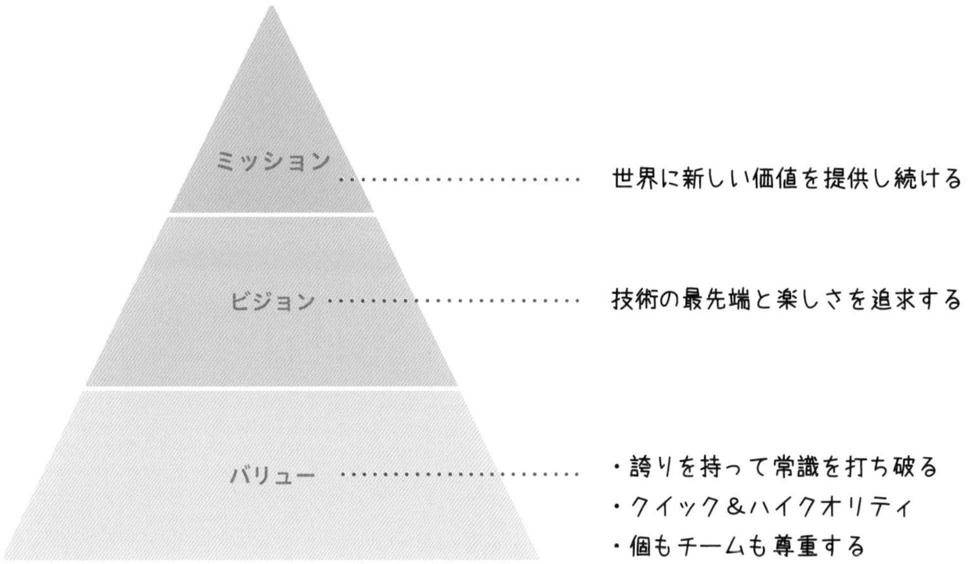

どう使う?

- バリューを体現した社員を賞賛する仕組みをつくり、評価します。
- ミッションをもとに会社を説明できる内容をつくり、採用サイトや面接の場で伝えます。
- ミッション・ビジョン・バリューを企業サイトに掲載し、面接時に不明点などの質疑応答をします。

Chapter 2
守る

OKR
Objectives and Key Results

目標設定

竹田哲也（株式会社アトラエ）

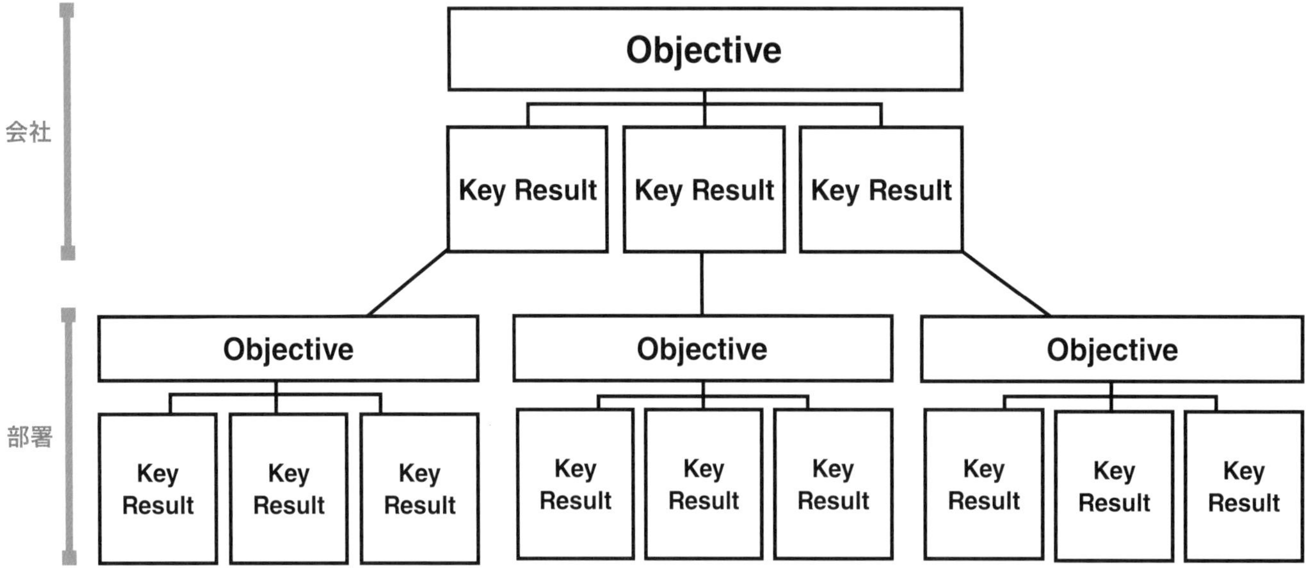

OKR（オーケーアール）は目標と成果指標（Objectives and Key Results）の頭文字をとった略語です。

どんなもの？

ストレッチゴールと呼ばれる高い目標（Objectives）と、それを達成するための到達度を測る成果指標（Key Results）を用いた目標管理のフレームワークです。達成率が100%になる目標では設定レベルが低く、60～70%の達成率になるような野心的な目標を設定するのがポイント。会社全体のOKRから従業員個々人のOKRまで紐づけ、全従業員が確認できるよう公開します。

⚠ どのような仕事に注力しており、どのような影響や貢献があったかを評価するものであり、個人や組織のすべてを評価する手段ではないため、到達度をそのまま個人の評価や査定には使えません。

何ができる?

- 目標と成果指標を定めることで、従業員のパフォーマンス向上を図るものです。
- 短期・定期的なスパンで、到達度を用いて成果指標を評価します。
- 会社全体から各個人まで、すべて公開・共有される透明性の高いものです。

ECプラットフォームを例にしたOKR

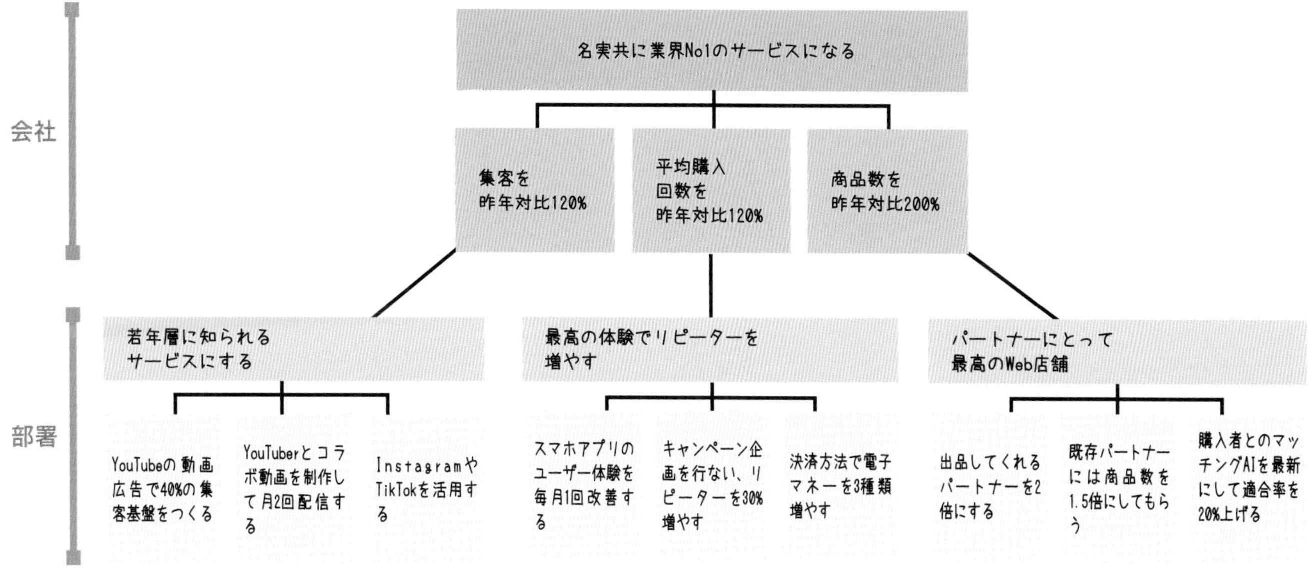

どう使う?

①会社全体の定性的な目標と、3つほどの成果指標を決めます。

②各部署では、自分と関係のある会社の成果指標から、自部署の定性的な目標と3つほどの成果指標を決めます。

③各従業員も同じように上位のOKRを分解しながら、目標と成果指標を設定をしていきます。

④週の始めに、Check inという会議で今週のやることを宣言し、週の終わりには、Win sessionという会議で進捗や成果を発表して、賞賛し合いながら進めていきます。月に1度など、短期・定期的なスパンで、達成度を用いて成果指標を評価します。

Chapter 2

守る

未来思考

Future-oriented

目標設定

宮木俊明（株式会社ネットマン）

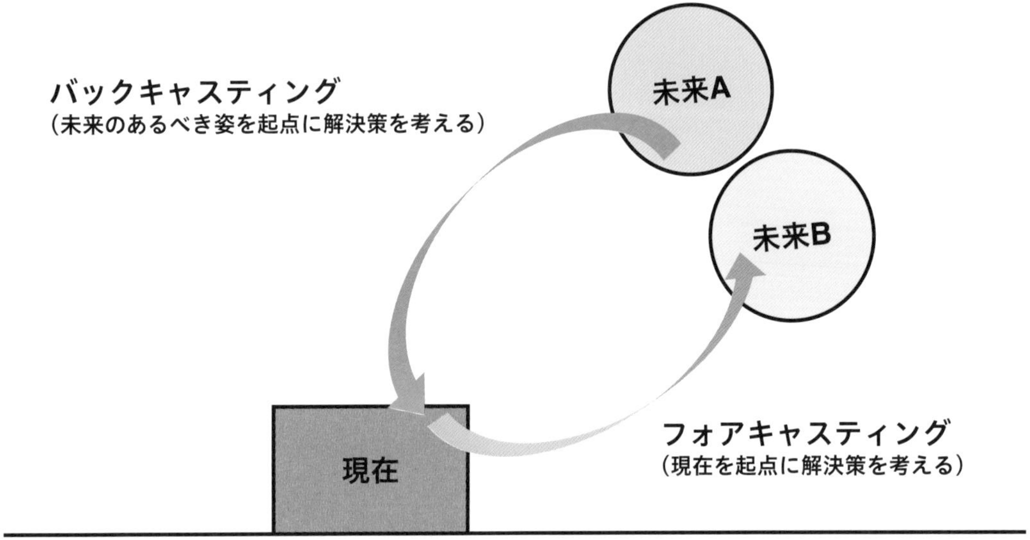

フォアキャスティング：現在の傾向を延長し、その先に想定される未来を予測する考え方。
バックキャスティング：望ましい未来の姿を実現するために、必要な問題解決を探る考え方。

どんなもの？

未来思考とは未来に対する考え方のこと。フォアキャスティングとバックキャスティングの2つを使いこなすためのフレームワークです。フォアキャスティングは現実的な改善点に、バックキャスティングは創造的なアイデアにつながりやすい特徴があり、それぞれ発見できる課題も異なるため、状況に応じて使い分けたり、組み合わせたりしていく必要があります。

壮大な未来に向かう第一歩として、小さくても「自らのアクション」を設定しましょう。未来のあるべき姿と現状とのギャップが生まれる要因を、外部環境だけに求める他責的な姿勢では必要なアクションは見いだせません。

何ができる？

- これまでの延長線上にある未来を予測し、あるべき姿に到達できるかを探ります。
- あるべき未来と現状とのギャップを確認し、問題点が洗い出すことができます。
- 問題点から課題を抽出し、戦略やアクションプランを策定できます。

離職者をゼロにする採用戦略

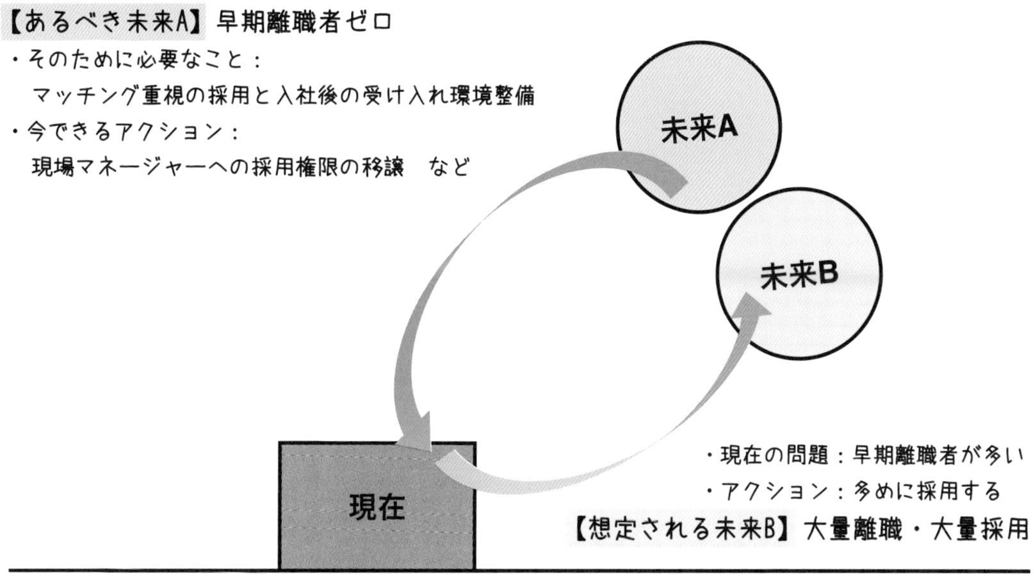

どう使う？

① 個人、あるいは組織や社会の理想的な未来を設定します。中長期で考えることが多いため、具体的な期限と基準を設けるのが望ましいですが、数値化が難しければ、できるだけ詳細に状況を描写します。

② 現在進行中のアクションの延長線上に想定される未来を想定します。それが未来のあるべき姿（理想的な未来）と異なる場合に、「新たなアクション」の必要性を強く訴えることができます。

③ 現在からあるべき姿に向かうために、そのギャップを生んでいる要因を洗い出し、根本原因を取り除くためのアクションを設定します。簡単にできる小さなものから取り組むことも大切です。

Chapter 2
守る

KPT

Keep, Proble, Try

ふりかえり

栄前田勝太郎（株式会社ゆめみ）

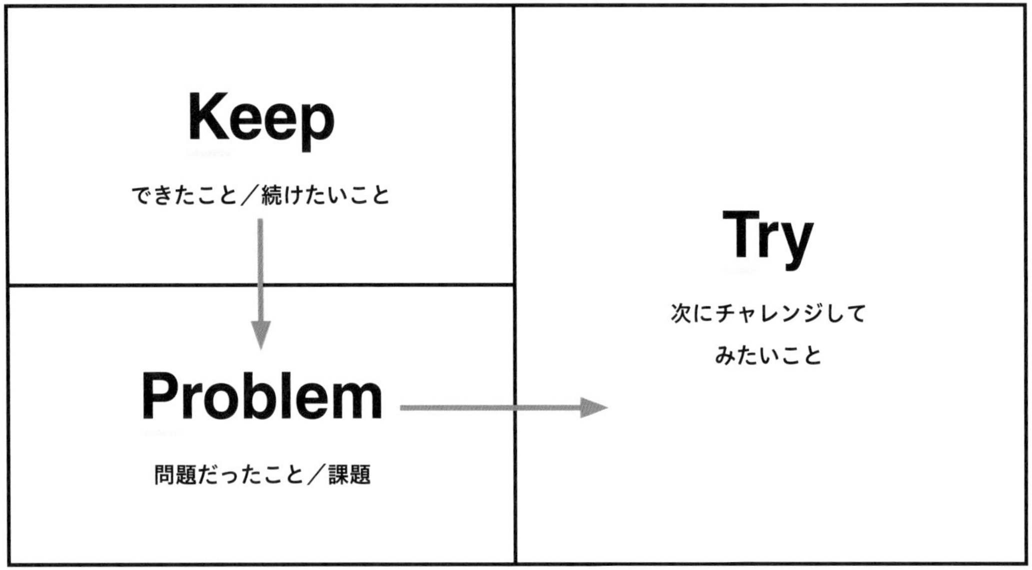

結果ではなくプロセスや進め方に目を向け、個人が考えていることをチームで共有していく場面で用います。

どんなもの？

「Keep（継続すること）」、「Problem（改善すること）」、「Try（新たに挑戦すること）」の3つの要素から、仕事やプロジェクトを振り返るフレームワークです。結果ではなくプロセスや進め方に目を向け、個人が考えていることをチームで共有していく場面で用います。KPTを使うときには、仕事の内容やプロジェクトの進捗には触れずに、あくまでも「進め方」にフォーカスします。

Tryはざっくりしたものではなく、具体的なアクションを書き出すことが大切。例えば「営業を強化する」ではなく、「○○の新規アポイントを1カ月当たり10件増やす」など、実行可能な粒度まで落とし込みます。

何ができる？

- 仕事やプロジェクトの「進め方」を確認し、見直しを図ることができます。
- 個人が感じる課題や「気づき」をチームのメンバー間で共有できます。
- 「ふりかえり」をチームに習慣化させます。

ミーティングの有効な進め方

Keep / Problem	Try
Keep ・前日までにアジェンダを出す ・ホワイトボードを活用する ・時間内に終わらせる	**Try** ・資料を事前共有する ・進行役を交代で担う ・時間管理を徹底する ・議事録をミーティングの時間内に作成・確認する
Problem ・アジェンダを確認する時間がない ・特定の人だけが発言する ・次のアクションが不明確	

どう使う？

①準備…KPTはチームで行ないます。人数は6人くらいまでに留め、1時間から1時間半ぐらいで実施するのよいでしょう。

②「Keep」の前に思い出す…KeepやProblemをいきなり考え出さずに、対象の仕事やプロジェクトで「個人やチームがどんな経験をしたか」を共有することが大切です。

③「Keep」から考える…問題が多く挙がると参加者のモチベーションが下がるので、Keepを考える時間をしっかり取ったあとProblemを考えるようにするとよいでしょう。

④Tryを議論し、具体化する…参加者全員でTryを考えます。このときProblemを解決できるように考えていきましょう。

Chapter 2
守る

YWT
ワイ・ダブリュー・ティー

ふりかえり

竹田哲也（株式会社アトラエ）

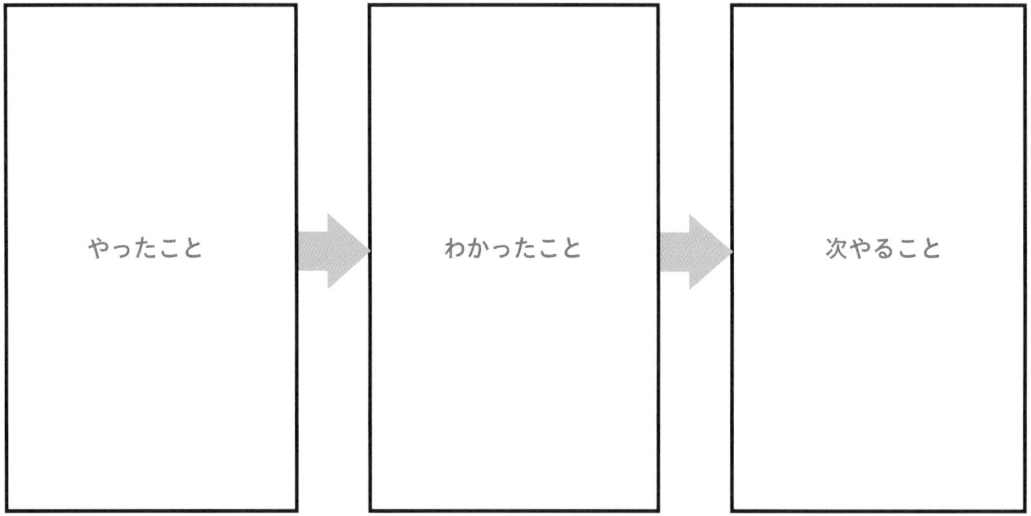

YWTという名称はやったこと（Y）、わかったこと（W）、次にやること（T）、3つの項目のローマ字表記の頭文字をとったものです。

どんなもの？

「ふりかえり」の手法として用いられるフレームワークのひとつ。やったこと（Y）、わかったこと（W）、次にやること（T）の順でふりかえりを行ない、それぞれを箇条書きで列挙していくことで、気づきを得ていきます。今週のふりかえり、今月のふりかえりなど一定期間ごとに、一人あるいはチーム全員で行なって全体のパフォーマンスを向上させ、次のアクションにつなげていきます。

人的リソースに関わる課題は必ず出てきますが、そこで思考を止めずに、もう一段深く「では、なぜ時間が足りなくなったのか？」などを問い直し、関連する原因も洗い出すと解決につながる可能性が広がります。

何ができる?

- よかった点・課題点を洗い出し、学んだことを振り返ると学習しやすくなります。
- Tで列挙したことを、次回のふりかえりの際に、実行したかどうか確認しながらふりかえりを繰り返すと効率が上がっていきます。

企業向けサービスの例

やったこと		わかったこと		次やること
広告の画像を変更した	→	広告の反応は変わらない	→	申し込みしてくれた方たちにヒアリングを行ない、広告の訴求内容を再設計する
申し込みフォームの項目を減らした		申し込みの数は先月と比べて30%以上増えた		申し込みのあった当日に電話をするよう、業務フローを見直す
申し込みがあった翌日に電話をするようにした		申し込み後の電話の反応はイマイチ。覚えていないと言われることもあった。		電話で話す内容をブラッシュアップする

複数人でふりかえりを行なう際は、課題の起因となった人を責めたり攻撃したりせずに、事象に目を向けると、解決手段が見つかりやすくなります。

どう使う?

①やったこと(Y)…振り返る期間の中で実施した業務や施策を列挙。
②わかったこと(W)…よい点、改善点、気づきなどを書き出します。
③次にやること(T)…Wで挙がったよい点や気づきを活かし、課題を改善する「次にやること」の案を出します。
④次につなげる…最後に、Tで挙がった案の中から、実際に取り組むことを決めます。

Chapter 2 守る

Fun Done Learn

ファン・ダン・ラーン

ふりかえり

竹田哲也（株式会社アトラエ）

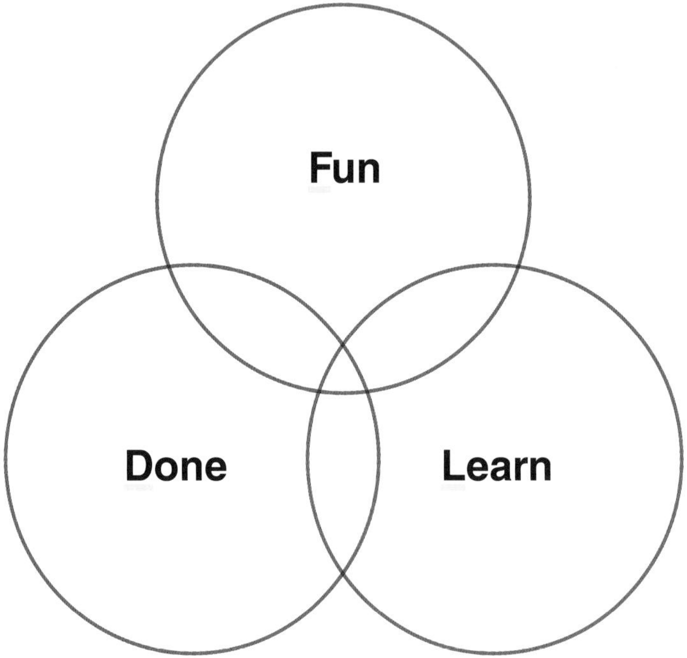

チームの複数メンバーで、3つの円に当てはまる項目を付箋に書き出すなどして、対話しながら行なうとよいでしょう。

どんなもの？

Fun Done Learnは、Fun（楽しんだこと）、Done（やったこと）、Learn（学んだこと）の3つの軸と、それらが重なることを列挙しながら、「ふりかえり」を行なう手法です。「楽んだこと」に目を向けて対話を重ねることで、チームが前向きになります。また、「学んだこと」に目を向けると、チームが前進していくためのよいアイデアやアクションが生まれやすくなります。

⚠ 言葉の厳密性や付箋の位置の正しさよりも、付箋を媒介にしてチームで対話することが重要です。

何ができる？

- ふりかえり手法の中でも、シンプルな構造のフレームワークです。
- 「楽しさ」に目を向けると、ふりかえりの内容をチーム内で肯定しながら共有できます。
- 「学び」に目を向け知識を共有することで、アイデアが生まれやすくなります。

ある企業向けのサービスの場合

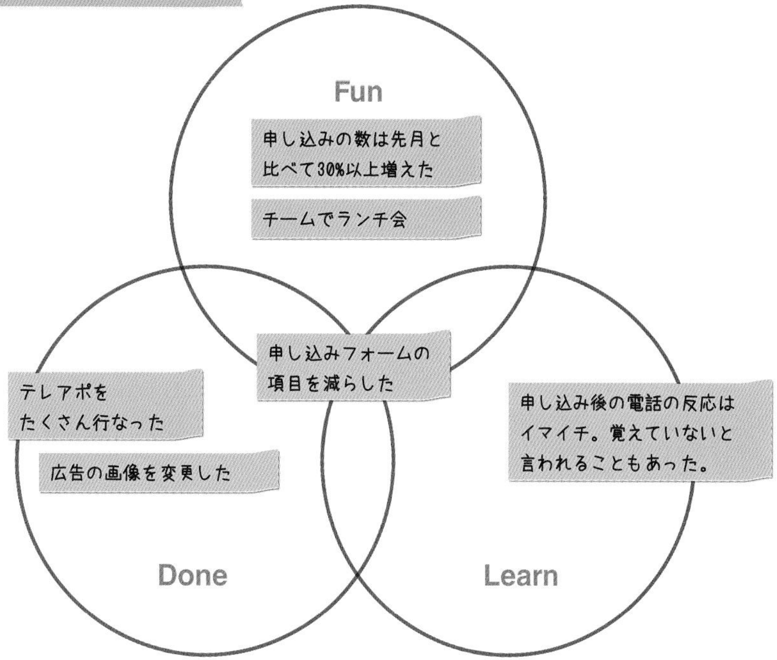

どう使う？

①チーム内で実施したことを付箋に書き出します。

②書き出した内容が3つの円のどれに該当するかを考えながら、付箋を置いていきます。

③付箋を置いたら、全員でふりかえりを行ないます。

④ふりかえりを行なったあとは、次にやること・やるべきことを書き出して共有します。

PDCAサイクル

ピーディーシーエーさいくる

宮木俊明（株式会社ネットマン）

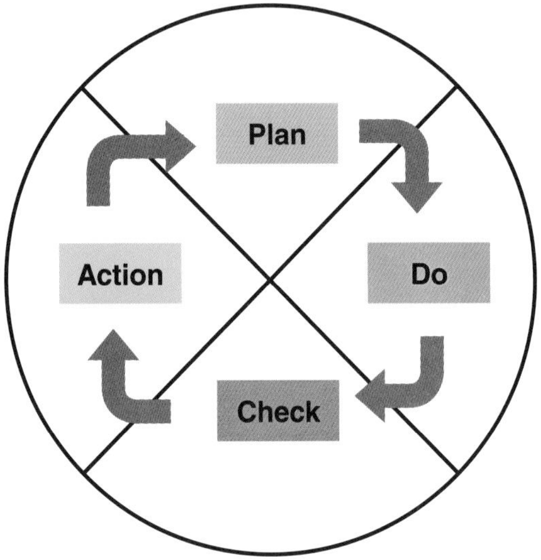

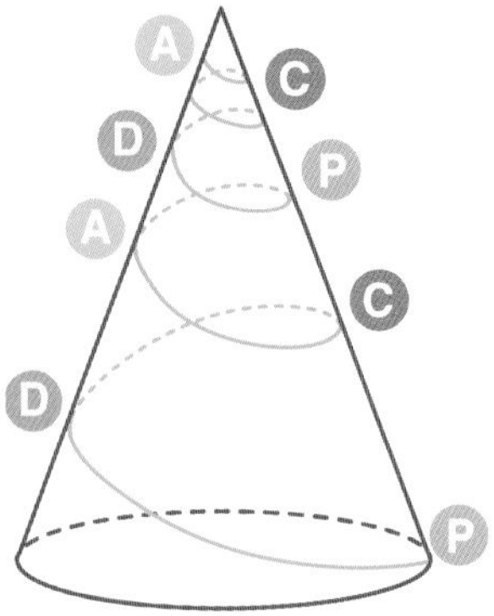

Planに時間をかけすぎず、状況の応じて仮り決めして素早く行動に移すことを重視します。また、Checkが枝葉の効率化や犯人探しに終始してしまうと弊害が多くなります。目的に向かって新たな行動を見いだすための評価であることが重要です。

どんなもの?

業務改善や目標達成のためのフレームワーク。Plan（計画）、Do（実行）、Check（評価）、Action（改善）の4つのステップを循環的に繰り返し「成長し続ける」ための手法として、ビジネスや教育、スポーツなどのあらゆる活動の中で活用されています。必ずしもPlanから始める必要はなく、前例がないものはDoから、前例が豊富なものはCheckから始めるなどの応用も可能です。

行動計画が具体的でなく無理があるため、サイクルが回らない例が多くあります。簡単で確実に実行可能な行動を計画し、ふりかえりにつなげることが大切です。

何ができる?

- 計画倒れや、やりっ放しを防ぎ、マネジメントの品質を高めます。
- 継続的な改善行動が定着・習慣化するため、人材育成につながります。
- サイクルを回し続けることで、目標を達成することができます。

企画職のビジネスパーソンの事例

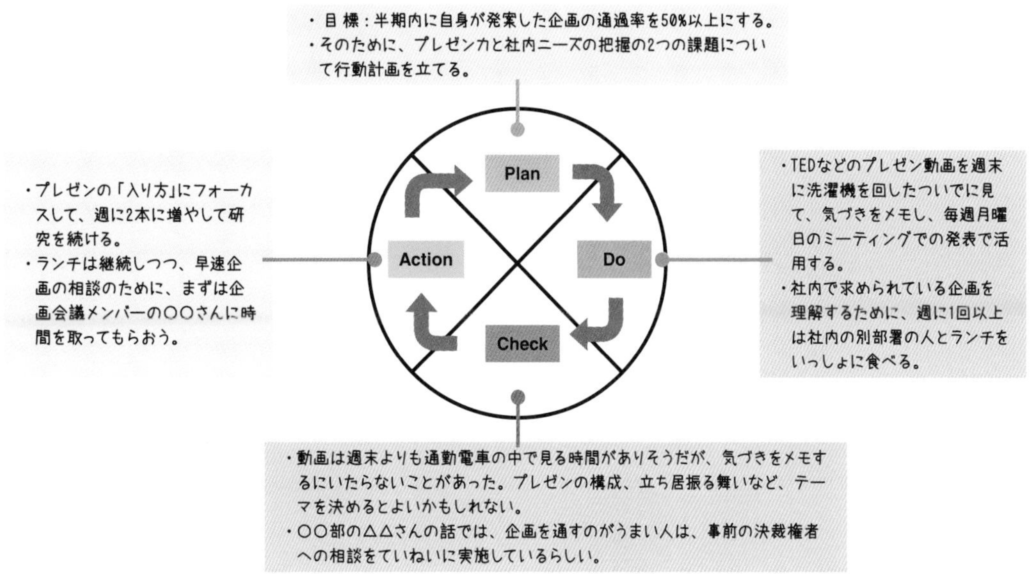

「一人では続けるのが難しい」「視野が限定的になる」といった弱点を補う「F (Feedback)」を取り入れたPDCFAや、PDCAを回す目的を見失いがちという弱点を補うために「G (Goal)」を取り入れたG-PDCAなどもあります。

どう使う?

①Plan…まずは、あるべき姿と現状との差を生んでいる諸問題の中から「本質の課題」を見つけ出します。その上で「いつまでに何をするか」、論理的に目標を設定し、行動計画を立案しましょう。

②Do…定められた行動計画を確実に実行していきます。また、この後のふりかえりにつなげるため、記録を残しておくことも大切です。

③Check…行動の結果とその要因を振り返ります。マイナス面だけでなくプラス面にも着目し、行動だけでなくそもそもの目標設定が妥当だったかも見直します。

④Action…ふりかえりの結果から行動計画の追加修正を行ない、必要に応じて目標を再設定します。

Chapter 2

守る

OODA Loop

ウーダ・ループ

サイクル

宮木俊明（株式会社ネットマン）

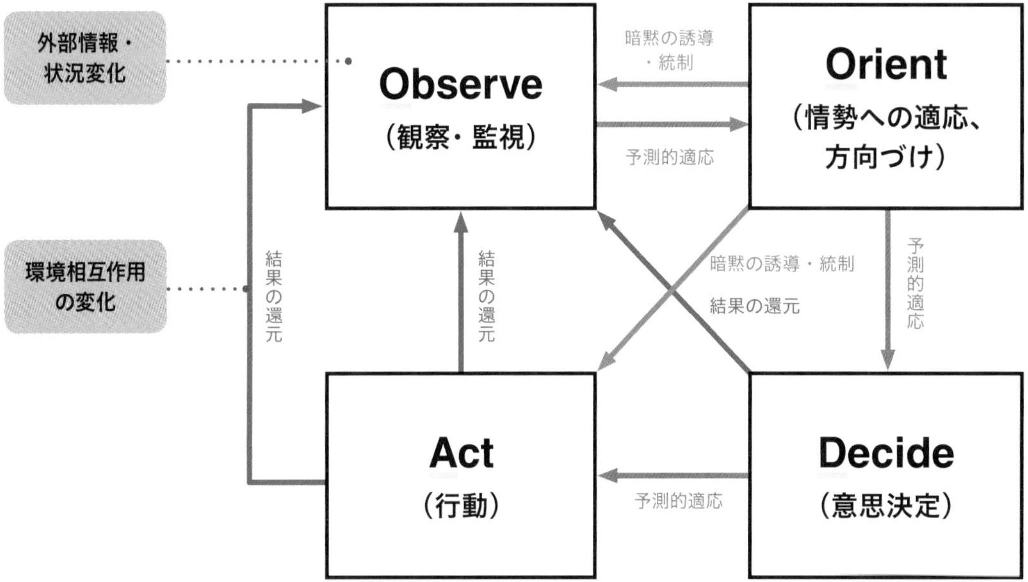

意思決定をモデル化したフレームワークであり、O→O→D→Aとステップバイステップで進めていくことが目的ではありません。直感的（暗黙的）に行動されるのが理想です。

どんなもの？

Observe（観察・監視）、Orient（情勢への適応、方向づけ）、Decide（意思決定）、Act（行動）と、Loop（観察・監視段階へのフィードバック）からなる意思決定と状況判断のモデルです。各段階においてエラーが生じた場合には、常に最初のOに戻るフィードバックループがあり、情勢が刻一刻と変化する場面に適応していくことを重視しています。

OODAは、組織内での直感的な意思決定を支持し合える信頼関係の醸成に役立ちます。ボトムアップ型でスピード重視の組織開発に向かうための、シミュレーションやふりかえりを目的に活用するといいでしょう。

何ができる？

- 予見的な行動や直感的な判断を取り入れて、躊躇なく意思決定を行なうスキルを身につけます。
- 行動結果を迅速に把握でき、次の意思決定に役立てていけます。
- 状況に合わせて、柔軟かつ迅速な対応ができるメンタルモデルを構築できます。

ある企業の「営業活動のオンライン化」に対する意思決定の事例

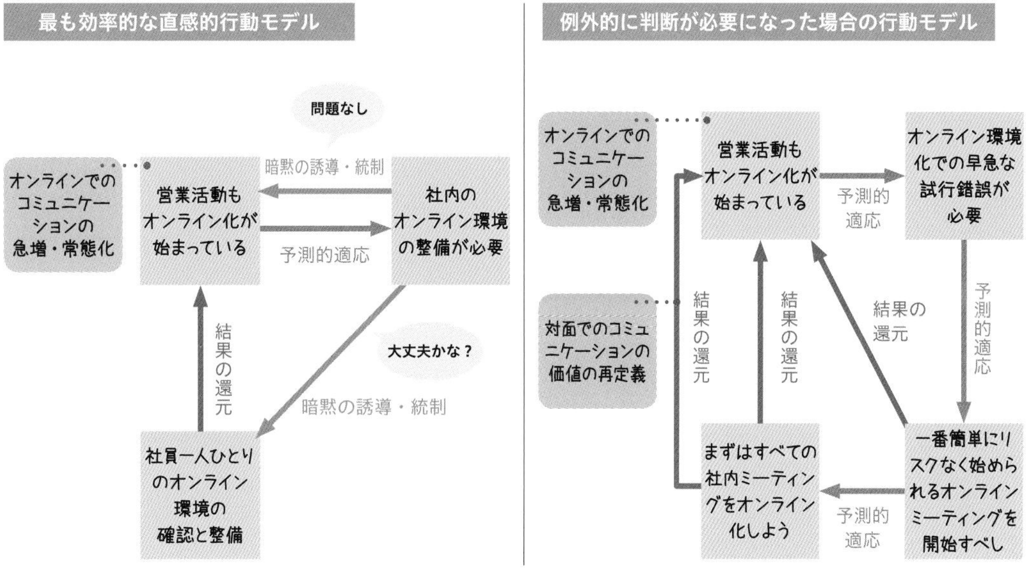

どう使う？

- O…観察された環境変化に対するシミュレーション、あるいは過去の対応への「ふりかえり」として、観察結果を規定します。
- O…直感的に即Aへ、あるいは元のOに進みますが、いずれも難しい場合にDへと進みます。これらの「方向づけ」の背景にどのような組織文化や戦略があるのかを確認します。
- D…どのような意思決定ができそうか、あるいはなされたのかを振り返ります。図の例に示したようなスピード重視の行動だけでなく、「あえてオフラインでできることはないか？」といった予想外の動きを取り入れることも大切。そのためには組織内に判断基準を浸透させることが重要です。
- A…その行動による環境や観察結果への影響を確認し、今後も適切な判断・決定がなされるよう組織開発に活かします。

Chapter 2

守る

コルブの経験学習サイクル

Kolb's cycle of experiential learning

サイクル

宮木俊明（株式会社ネットマン）

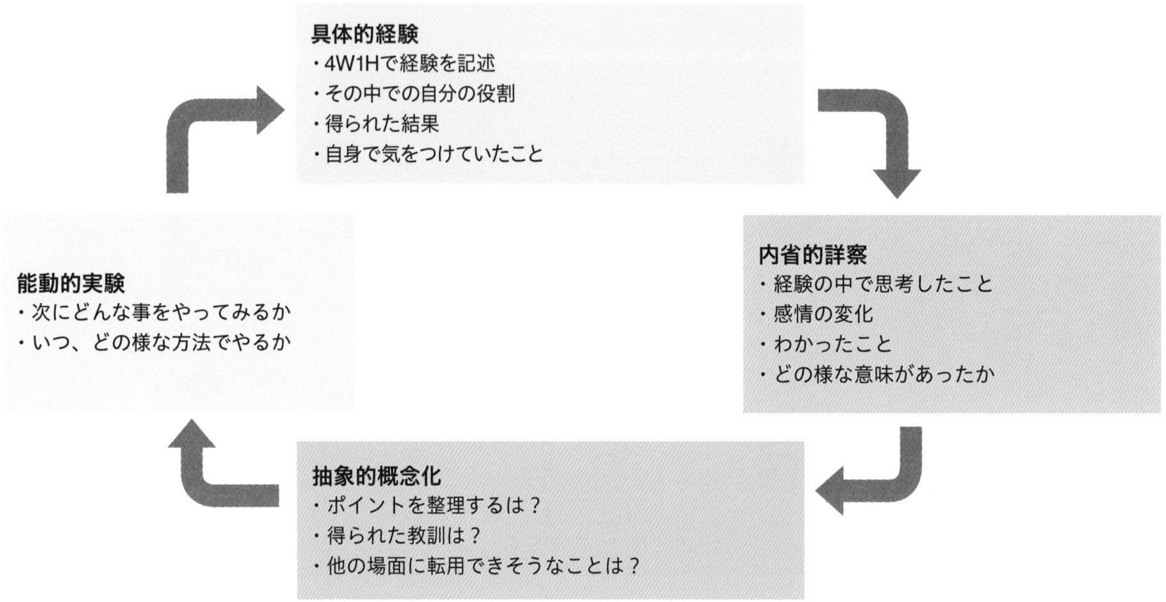

どんなもの?

過去に体験した物事を単なる経験に終わらせず、詳細にふりかえり、自身の学びへと昇華させ、次のアクションにつなげていくための考え方です。刻々と変化する現場の経験から学んだ事柄をさまざまな場面で活かしていきます。PDCAサイクル（→110ページ）のCheck→Actionの部分を細分化したもの、あるいはほかの場面へ転用を試みるものと捉えることもできます。

経験学習サイクルでは自分自身と向き合い、自分のために思考や言動を本音で振り返る「内省」が大切になります。内省することで行動変容を通じた成長につながります。

何ができる？

- 経験を振り返ることで、自分のものにできます。
- 変化する状況に適応し、自ら最適な行動を見いだすことにつながります。
- 内省を文章化することで、チームや組織内で共有できます。

オンラインセミナーでの「気づき」をオフラインセミナーに転用した例

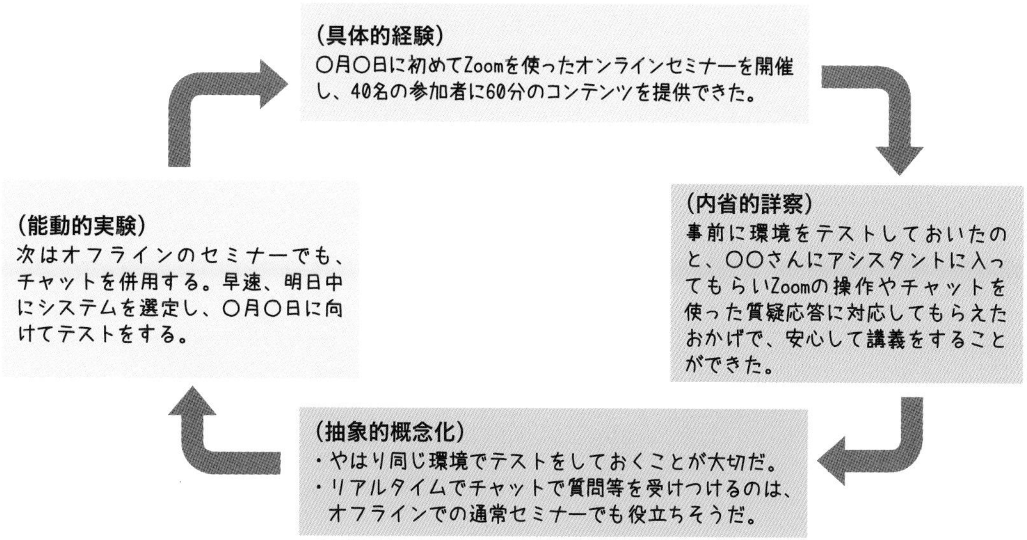

どう使う？

①**経験の選択**…日々の経験の中から、振り返るべき事象を選びます。経験学習の弱点になりうる「忘却」を防ぐためにも、何らかの形で記録を残しておくことが大切です。

②**ふりかえり**…経験の中の思考や感情の変化を内省します。すでに知っていたことではなく、経験によって起こった変化を振り返ります。

③**教訓を得る**…ほかの場面でも転用して活かせるよう要点をまとめます。経験からの学びを文章化するとともに、いわゆる「ダメ出し」に終始せず、よかった点にも注目しましょう。

④**行動の実践**…得られた教訓を能動的に次の行動につなげます。具体的なタイミングや行動内容を決めるのがコツです。

Chapter 2

守る

ロジカル思考

Logical Thinking

思考法

宮木俊明（株式会社ネットマン）

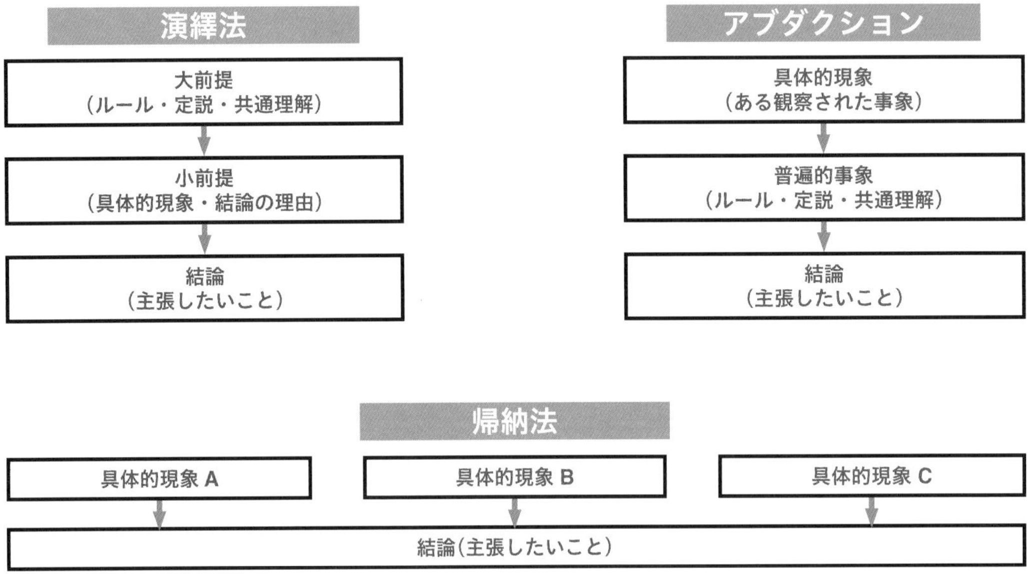

本書で紹介しているフレームワークの多くもロジカル思考をベースにして活用します。

どんなもの?

物事を体系的かつ矛盾なく説明する考え方や方法のことです。ロジカル思考では、何らかの問題に直面したとき、発生している現象を分解・整理して、そこから得られる仮説を正確な情報や分析結果によって裏づけ、説得力のある結論を導き出します。ここでは結論の導き方の代表的なものとして、演繹法、帰納法、アブダクションの3つを紹介します。

既存の情報を分析する手法のため、改善・改良に適しています。イノベーティブな領域のように、大胆なアイデア発想やスピードが求められる状況ではあまり効力を発揮しないこともあります。

何ができる?

- コミュニケーション上、わかりやすく説得力のある説明ができます。
- 無理・無駄・ムラを減らし、効率性や行動の再現性を高めます。
- 物事を全体からバランスよく多角的に捉えられるようになります。

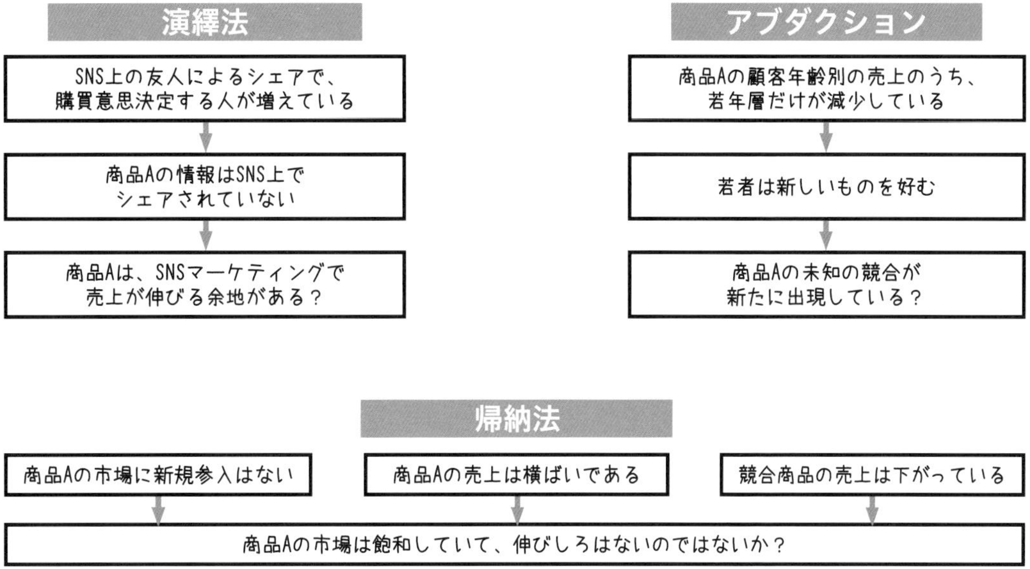

どう使う?

- 演繹法…大前提となる一般的なルールや定説、あるいは共通理解に、具体的な現象を当てはめることで、結論や主張を見いだすアプローチです。大前提が普遍的なものなのか、具体的事象にも当てはまるのか、疑う思考も大切になります。
- 帰納法…複数の具体的な事象を並べ、共通のルールや規則性などを導き出すアプローチです。並列する現象は多いほど説得力が増しますが、解釈が何通りでも見いだせることがあり、想像力を要する場合もあります。
- アブダクション…観察された不可解な現象について、その現象を説明するために最も適切な仮説を導き出すアプローチです。ときとして常識には反するが「そう考えたほうが論理的である」といったルールを当てはめることで結論につなげます。

Chapter 2
守る

デザイン思考

Design Thinking

思考法

竹田哲也（株式会社アトラエ）

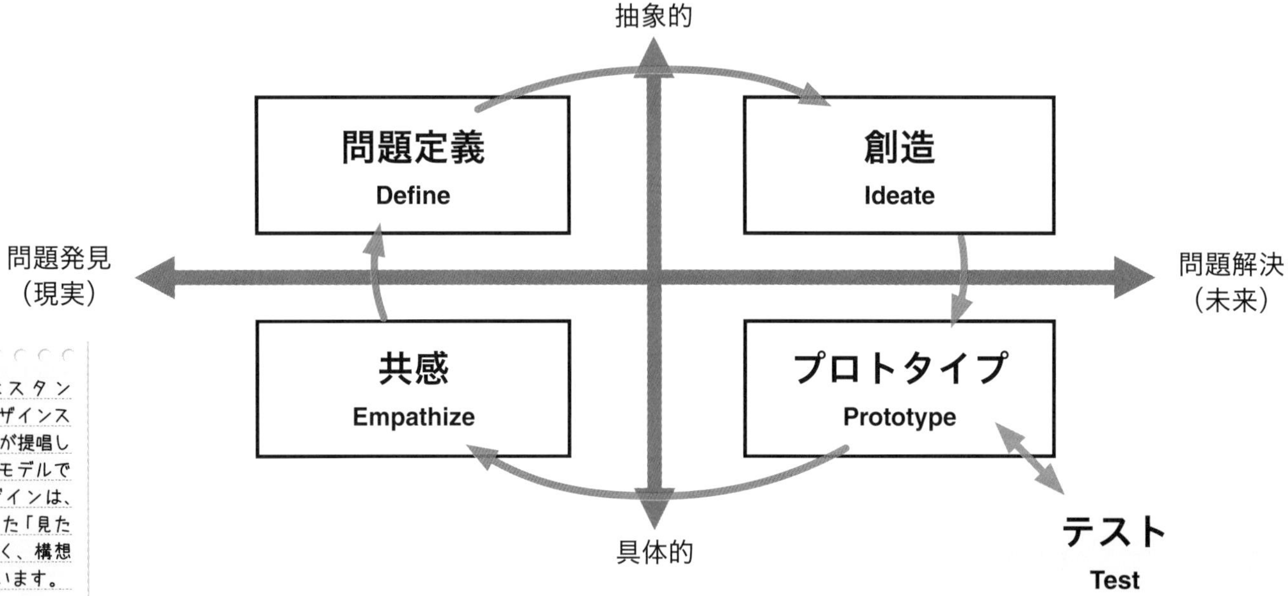

デザイン思考はスタンフォード大学のデザインスクール「d. school」が提唱した思考のプロセスモデルです。ここでのデザインは、色やカタチといった「見た目」のことではなく、構想や設計を意味しています。

どんなもの？

デザイン思考とは、ユーザーを深く理解してから解決すべき問題を特定し、「アイデア出し→プロトタイプ作成→テスト」という、デザイン的な一連のプロセスでソリューション（解決策）を導き出す考え方や手法を指します。重要なのは、人間（ユーザー）中心で課題を捉え、素早く製品やサービスのプロトタイプ作成とテストを繰り返すことです。

一連のプロセスを厳守することだけに固執せず、柔軟に変えたり行ったり来たりしながら、プロトタイプ作成とテストの回数を重ねるのがポイントです。

何ができる？

- 早くたくさん失敗することで、ユーザーも気づいていない問題を発見できます。
- 時代の変化に負けない素早いサイクルで、プロジェクトなどを推進できます。
- 画期的な解決方法を見つけるより、「誰の・どんな問題を解決するか？」がカギです。

Webサービスの例

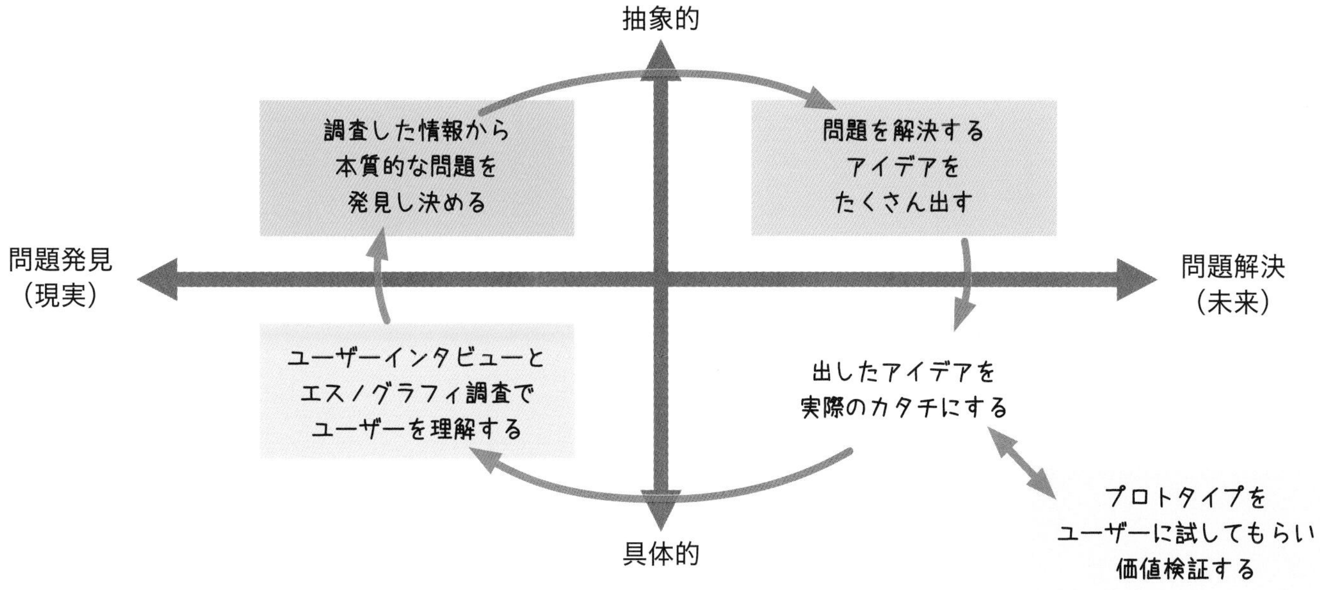

どう使う？

①共感（Empathize）…いろいろな調査手法を用いてユーザーに共感し、ユーザーを徹底的に理解します。

②定義（Define）…①で調べたユーザーの情報をもとに、真のニーズを洗い出し、解決すべき問題を定義します。

③アイデア出し・選定…②で定義した問題をどのようにして解決するか、チームでアイデアを出し合い、具体化するものを絞り込んでいきます。

④試作・検証…③で絞り込んだアイデアをあまり時間をかけすぎずに試作し、検証できるように具現化します。

⑤テスト…具現化した試作品（プロトタイプ）を想定するユーザーに使ってもらい、検証します。こうして見つかった課題を潰すために改善を繰り返します。

Chapter 2

守る

クリティカル思考

Critical Thinking

思考法

栄前田勝太郎（株式会社ゆめみ）

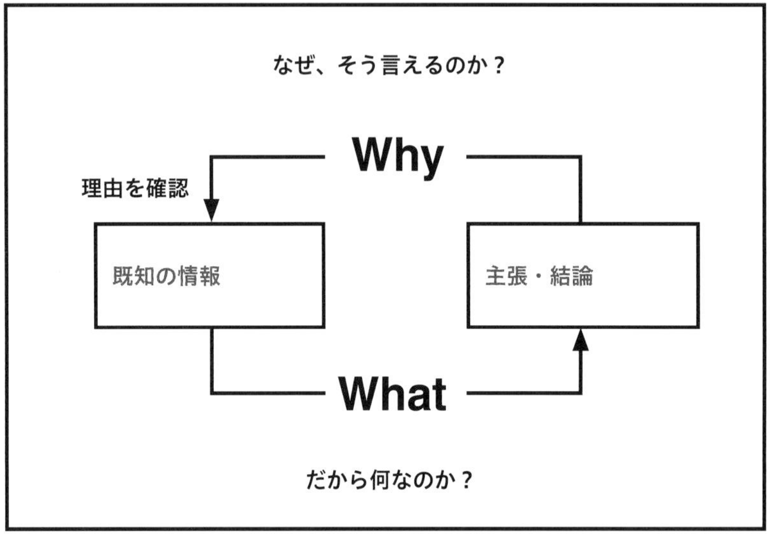

どんなもの?

目の前にある事象や情報を鵜呑みにせず、まず「それは本当に正しいのか？」と疑問を持ち、じっくり考察した上で結論を出す思考法を指します。クリティカル思考の目的は、その時点での「最適解」を導き出すことです。事象や情報、それに対する自分の意見や外的な意見、それらすべてを疑問を持ちながら客観的に捉えることで、自分自身が十分に納得した上で判断でき、より最適な結論にたどり着けます。

クリティカル思考で考えを深めるときは、目的との関係性を常に念頭に置きましょう。目的を越えて広げすぎると際限がなくなります。

何ができる?

- 物事の本質に近い最適な結論にたどり着くことができます。
- 自分自身も十分納得して判断を下せる状況をつくり出せます。
- 議論の方向性をまちがったときの方向転換が容易です。

テーマ：デザインチームの稼働率と売り上げ

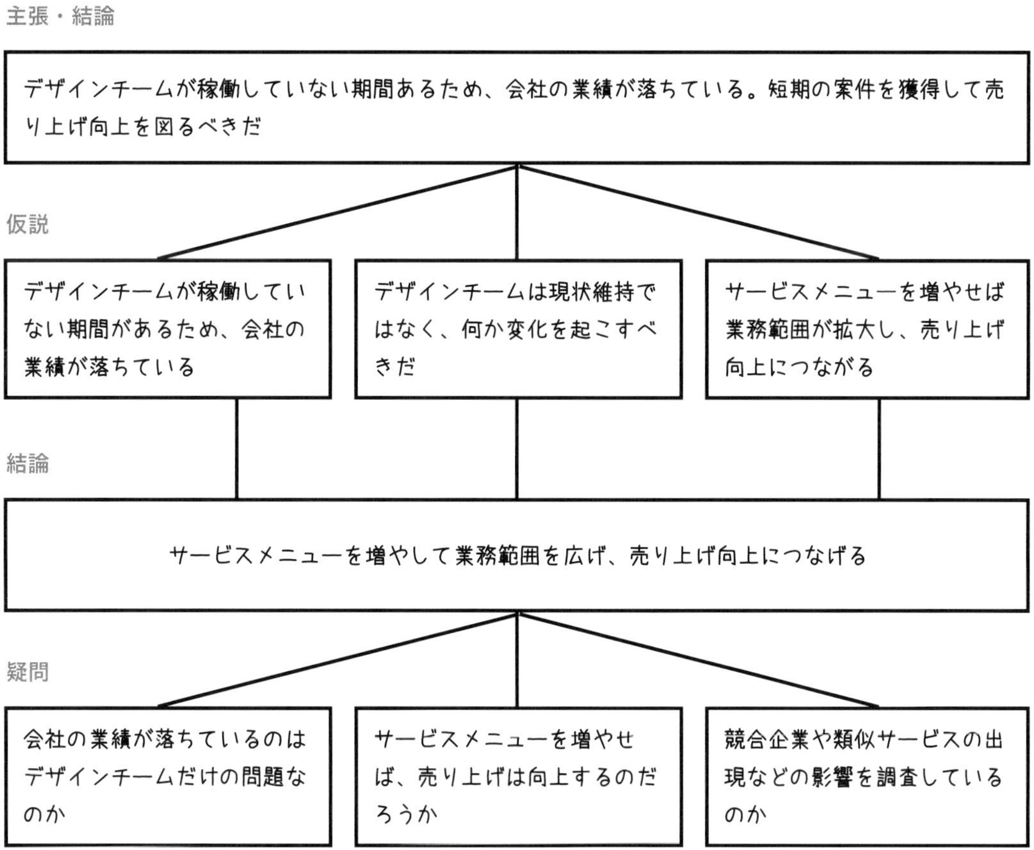

どう使う?

① 思考を始める前に、その「目的」を考えましょう。目の前の事象ばかりに捉われず、「そもそも、その目的で合っているか？」と疑問を持つことで、その後の議論や検討がより意味のあるものになります。

② 次に現状を把握します。人には「思考の癖がある」ことを認識し、個人の考えや思い込み、予想などに振り回されないようにしながら、現状の把握に努めます。

③ あらゆることをそのまま受け取るのではなく、前提を疑い、「なぜ？」「本当に？」と、疑問を投げかけます。事象を深掘りする習慣をつけると、物事の本質を見極める目が自然と養われます。

④ クリティカル思考で重要なのは「問い続ける」こと。目の前の問題を解決するために思考し、行動したなら「本当に最善の方法だったか」、「どこかに間違いはなかったか」を考えることも大切です。

Chapter 2
守る

アナロジー思考
Analogy Thinking

思考法

栄前田勝太郎（株式会社ゆめみ）

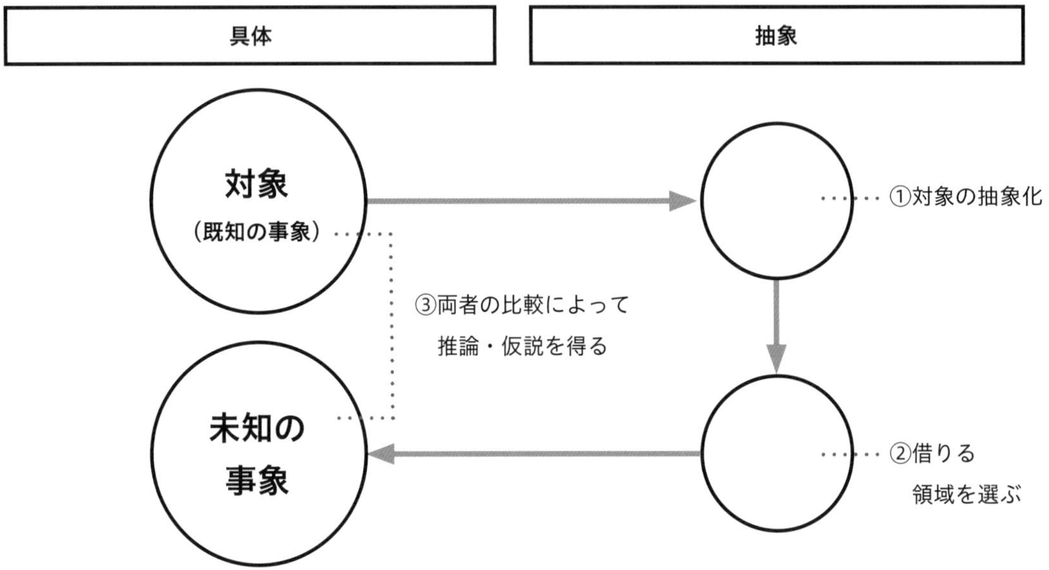

どんなもの?

アナロジー思考は複雑な事象に潜む本質的構造を見抜き、それを別の分野に応用する思考法を指します。2つ以上の物事の間にある類似性に着目し、考えている課題に応用するもので、似ている物事から他の物事を推測する方法ともいえます。Aの意味合いをBへと、類似性にもとづいて適用する手法ですが、他の領域から「借りてくる」ことに価値があります。

> ⚠ アナロジー思考の考え方で、まったく新しい概念や技術などを既存のものに無理やり当てはめようとすると、結果的に間違った解釈や過小評価につながりかねません。

何ができる？

- 構造を見抜くという本質的な理解から、新しい発想やアイデアを得られます。
- 一見すると難解なことも理解がしやすくなります。
- 相手にとって理解しやすい説明ができ、コミュニケーションや情報共有がスムーズになります。

テーマ：ホテルの収益の低迷

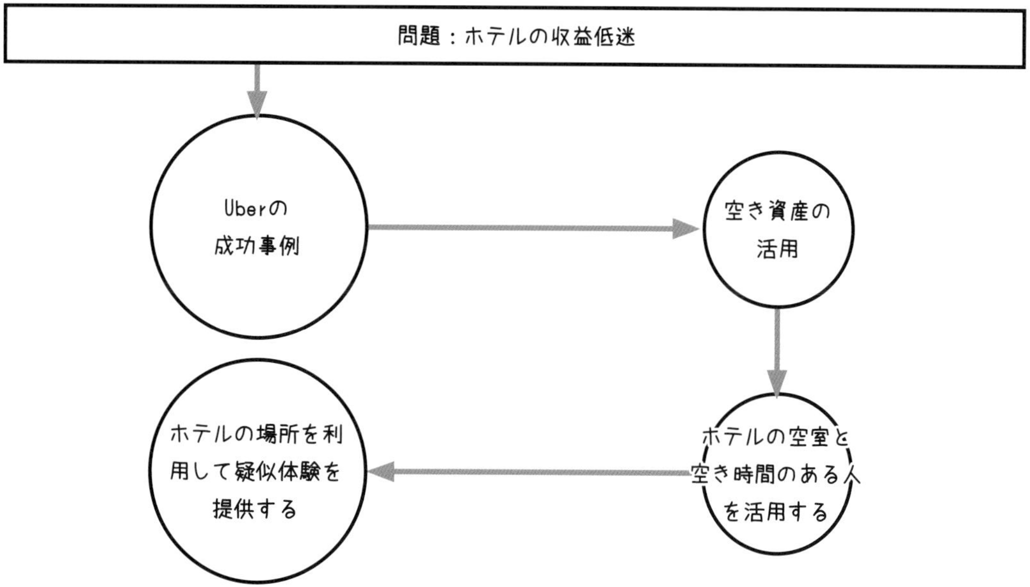

どう使う？

①**解決したい問題を設定**…アナロジー思考を用いて解決したい問題を明確にします。多くの場合、問題は複数の要因から構成されていますが、その中からより大きな要因を選ぶとよいでしょう。

②**参考となりそうな成功事例を探す**…問題を解決するにあたり、参考になりそうな事例を探しましょう。解決したい問題からなるべく遠い領域を参考にすると、新しい視点が生まれやすくなります。

③**成功事例を分析し、仮説を立てる**…その事例が成功している理由を分析し、パターン認識して、仮説を立てます。似ていると思った成功事例から何かしらを借りてくるのです。

④**仮説を使って問題を解く**…仮説を解決したい問題に応用して、借りてきたものを当てはめてみます。他の領域からヒントをもらうことで新しい視点が得られるのが、アナロジー思考のメリットです。

Chapter 2

守る

ゴールデンサークル

Golden Circle

思考法

宮木俊明（株式会社ネットマン）

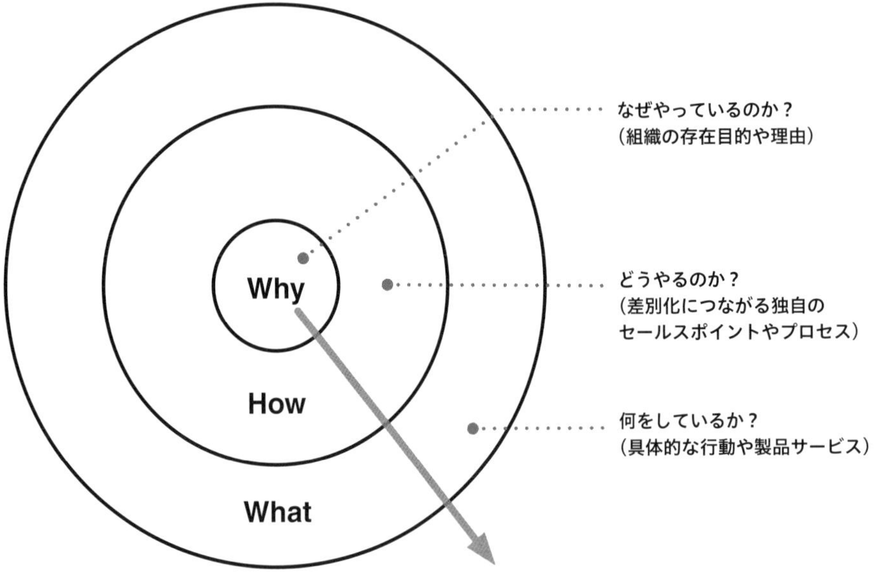

Why、How、Whatの3層で構成されたフレームワーク。普通の説明の流れは、Whatから始まることが多いのですが、逆にWhatを最後にします。

どんなもの？

優れた企業やリーダーがどのように人を動かしているのか、その共通パターンを示したものです。購入、決済、参加などの意思決定を促し、新たな行動を導くためにはWhy→How→Whatの3層でメッセージを整理し、この順番で説明するのが効果的であるとされています。これにより「事実やデータを伝えたのに、なぜか納得感が得られない」状況を避けることができます。

セールスやマーケティングはもちろん、人材育成や教育などの本質的な対話から新たな行動を促す場面で有効です。一方、業務連絡や報道記事など、事実を正確に伝えたい場合には効果的ではありません。

何ができる?

- 価値観を共有し、共感・共鳴を呼ぶ強いメッセージを発信できます。
- メッセージの受け手に、伝えたい物事の本質を捉えることができます。
- メッセージの受け手に新たな行動を促すことができます。

あるコーヒーチェーンの場合

Whatは誰でも知っていることですが、How、そしてWhyを言語化できている人は少数です。

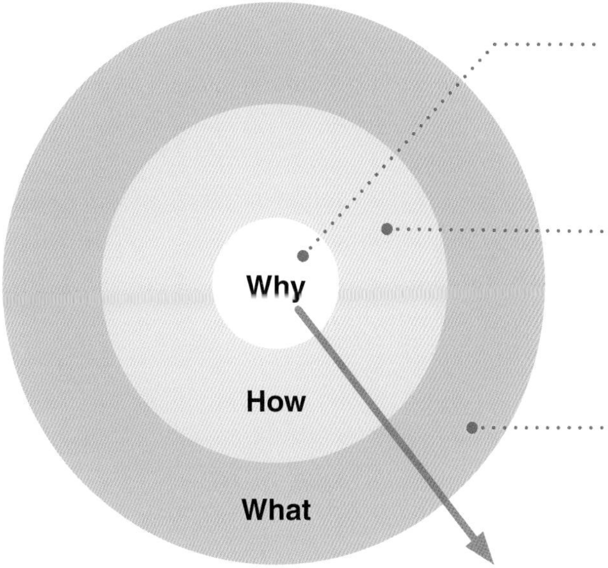

Why：
私たちは人と人との交流こそが豊かさの源泉であると信じています。

How：
それを実現するのは、一人でも誰かといっしょでも、気軽にくつろいだりおしゃべりしたりできる、家庭とも職場とも異なる第三の場所です。

What：
そこには気の利いた音楽が流れ、暖かいスタッフが本格的で質の高いコーヒーをご提供するためにお待ちしております。ぜひ一度ご来店いただけますか？

どう使う?

①**伝えたい要素を列挙**…「誰に・何をしてもらう」ためのメッセージなのか、焦点を絞り、伝えたい要素を列挙していきます。

②**Why→How→Whatに整理**…列挙した要素を3つに分けると、Whyに該当するものがなかったりHowが不十分であったりして、Whatばかりになるケースが多いでしょう。例えば「利益の」というのはWhyではなく結果です。「なぜHowを選択しているのか」、「何のために存在しているのか」など、目的を問われたときの答えがWhyになります。

③**Why→How→Whatの順番でメッセージを作成**…Whatで説明される合理的・分析的なメッセージよりも先に、HowやWhyで説明される感情・信頼・忠誠心を呼び覚ますメッセージを伝えることが大切です。通常と説明の順序が異なるため、言い回しにも工夫が必要なケースも出てきます。

column

フレームワークで人生を豊かにする

宮木俊明（株式会社ネットマン）

ビジネス以外の課題解決にも有効

ビジネスフレームワークはその名の通り、ビジネスの現場で用いられているものですが、実は一般にイメージされる「ビジネス」の場面以外でも、人生のさまざまな課題解決に役立ちます。

「ビジネスの本質」を筆者なりの言葉で突き詰めてみると、「喜ばしいことを増幅したり、痛ましいことを減少させることを通じて、価値を交換ないしは交歓する活動を継続させようとする営み」と表現できます。このような営みはビジネスだけに限らず、行政、学校、医療、地域活動などのほか、スポーツや趣味の活動、さらには家庭や生活なども含まれるはずです。

フレームワークはこうした営みの中で起こる多様な課題を、合理的に、あるいは創造的に解決していくのに役立ちます。例えば、お互いに目的を確認し合ったり、プロセスを可視化したり、「ふりかえり」を共有したりする際に有用です。慣れてくるとわざわざ紙に書き出さなくとも、仕事以外の場でもフレームワークを頭の中で想起しながら、確認や提案へとつながる効果的な発言ができます。

大人も子供も効果的に使える

フレームワークを扱う上で最も大切なのは目的を持つことです。フレームワークを用いて何を成し遂げたいのか？　なぜ目の前の課題を解決したいのか？　こうした問いは、究極的には目の前の事象を通じて「自分がどうありたいのか？」を考えることになります。

逆にこの目的さえあれば、フレームワークは子供でも効果的に使えます。筆者は、大人と子供がいっしょになって生きる力を学び合う「親子の休日革命」という活動を主催してきました。活動の中で、対象を自分事として捉え、「その価値や意味を表現したい」という目的が見えると、子供でもうまく使えるようになることを実感しています 図1 。

ぜひ一度、ビジネス以外の場でも課題解決にフレームワークを取り入れてみてください。

図1　5才の子供がアウトプットした例（お風呂に入れるお手伝い大作戦）

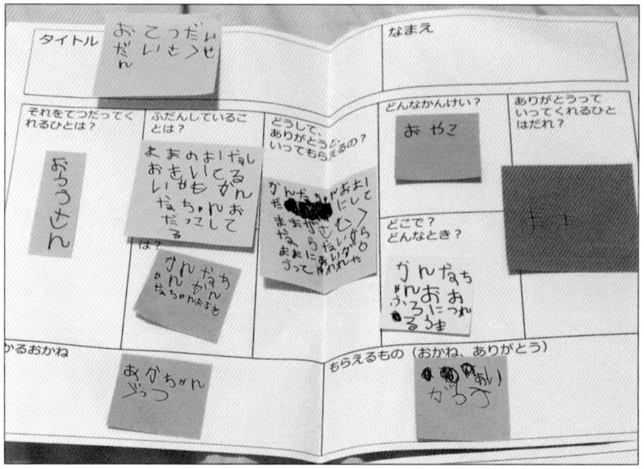

ビジネスモデルキャンバスを使って、お母さんが先にお風呂に入っている状態でのお手伝いを書き出した

Chapter 3

破る

「型」をカスタマイズする

フレームワークを使う“本当の醍醐味”は、あなたが頭の中で考えるコト・モノに最適な形で枠組みを変えていくことにあります。フレームワークの取り扱いに慣れたら、ぜひカスタマイズにチャレンジしてみましょう！

Chapter 3

破る

フレームワークをカスタマイズしてみよう

フレームワークを使っていると、「いま整理しようとしている情報やアイデア」と既存のフレームワークの型が合わない場合が出てきます。
そんなときは、 フレームワークの型を足したり引いたりしてカスタマイズしましょう。

竹田哲也(株式会社アトラエ)

なぜ、カスタマイズするのか

ひとつの物事はたくさんの情報で構成されており、多様な見方が可能です。言語化が可能な情報もあれば、色や形などの非言語でないと伝わらないものもあります。こうした情報の整理にフレームワークという既存の型を利用すれば、「どう整理するか」に頭をリソースを使わずに済むため、アイデアや戦略を前進させることに多くの時間を割けます。

フレームワークは物事の特徴を際立たせ捉えやすくするものですから、意図して、ある面の情報だけにフォーカスするようになっています。ですから、フレームワークを使って「情報を整理する」ということは、物事の多様な見方の中から、どこを切り取りどう捉えるかを絞り込み、同時に「見ない情報」を選択することでもあります。

そのため「整理しようとしている情報やアイデア」と既存のフレームワークの軸が多少ズレている場合があり、既存の枠組みに無理に当てはめると必要な情報が抜け落ちてしまいます 図1。

図1 既存の枠では分類できない情報が出てくる

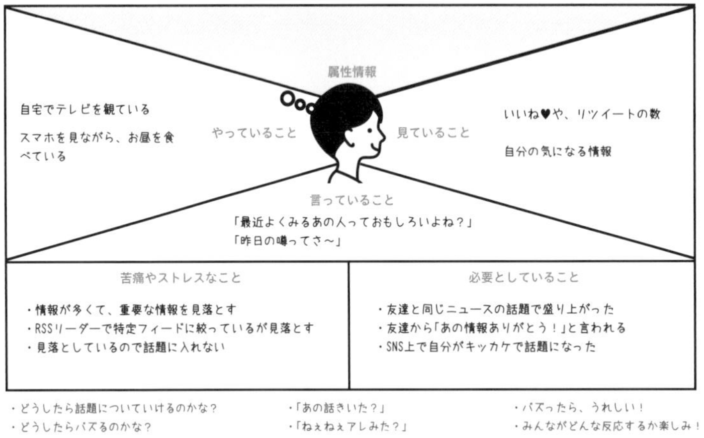

赤い文字で示したものが、既存の枠に当てはまらない情報。また、属性情報に当てはまる情報がひとつも存在していない

そんなとき、型にハマらない情報を削ぎ落としたりせず、フレームワークをカスタマイズしましょう。型を足したり引いたりしながら情報を整理していくと、物事を的確に捉えられます。

Point すべてを可視化するものはない

フレームワークを使うことは、物事の多様な側面のうち、ある面にスポットライトを当てるようなものです。ある部分の特徴を際立たせる一方、あえて「見ない情報」を選択することでもあります。世の中にあるどのフレームワークも「物事のすべての面を可視化」することはできません。

カスタマイズの勘所と注意点

カスタマイズにあたっては、はじめに「型ありき」ではなく情報やアイデアありきで考えます。手元に、あるいは頭の中に集まっている情報やアイデアを俯瞰して抽象的に捉えると適切な「軸」が見えてきます。そして、フレームワークにある既存の軸とオリジナルの軸がうまく合うよう、項目を変えたり加えたりするのがカスタマイズの勘所です。

新しい項目や変更した項目が既存のほかの項目とうまく関連づき、論理的に破綻せず説明ができるか、違和感のある突拍子もない項目がポツンと入っていないかなどを確認しながらカスタマイズするといいでしょう。

軸そのものを加えることもできますが、フレームワークは平面のマトリクスや図で表すのが基本です。3つ以上の軸で立体的に表現しようとすると複雑になり、情報を整理できても理解しにくいものになってしまいます。複雑性が増したら、軸を減らしたり項目を減らして情報量を減らしましょう 図2。

図2 カスタマイズの注意点

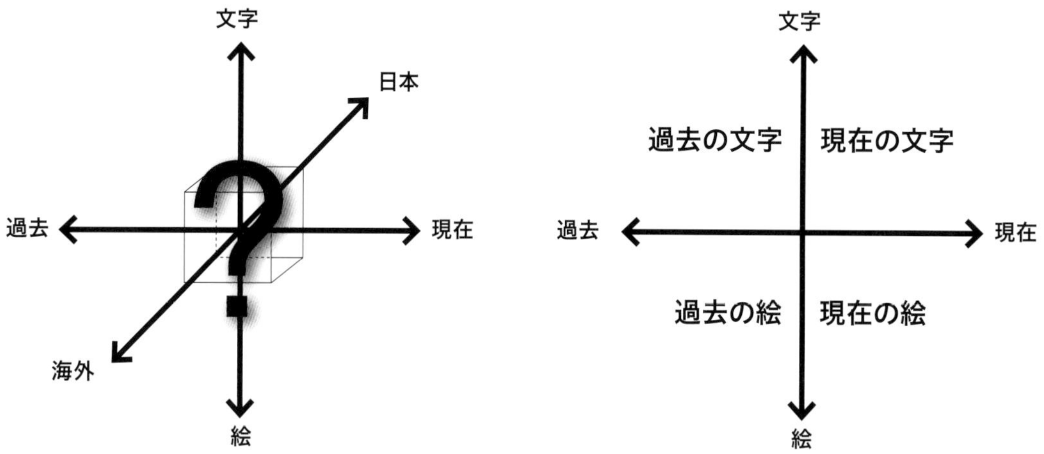

左図のように、整理するフレームワークを構成する軸が三次元、四次元になると複雑性が増し、情報整理には向かない。
右図のように、軸を減らすと考慮する要素も減る。フレームワークがシンプルになるので、マスに何を記入すればいいかわかりやすくなる

Chapter 3
破る

共感マップをカスタマイズする

新規サービスの検討時など、ユーザーリサーチを行ないユーザーへの理解を深める際に有用なフレームワークのひとつが共感マップ（→48ページ）です。
ユーザーリサーチから入手した情報を整理してみましょう。

竹田哲也（株式会社アトラエ）

テーマ　ユーザーの言動や感情から具体的な人物像を探る

シチュエーション

- あなたは、新しいサービスを立ち上げる担当者です。「ニュースメディアの新しいユーザーを獲得する」というミッションを担っています。
- ニュースをあまり見ていないユーザーを集めてリサーチを行なった結果、右にまとめたようなユーザーの特徴がわかってきました。

ユーザーの特徴

リサーチの結果からわかったユーザーの特徴です。

【言動】
- 「最近よくみるあの人っておもしろいよね」
- 「あの話きいた？」
- 「ねぇねぇアレみた？」
- 自宅でテレビを観ている
- スマホを見ながら、お昼を食べている　など

【出来事】
- 友達と同じニュースで話が盛り上がった
- SNS上で自分がキッカケで話題になった
- 情報が多くて重要な情報を見落とす　など

【思考・感情】
- どうしたら話題についていけるのかな？
- どうしたらバズるのかな？
- バズったら、うれしい！
- みんながどんな反応するか楽しみ！　など

ステップ 1

既存のフレームワークに情報を入れてみる

リサーチから集めたユーザーの特徴を、下のような共感マップに分類してみます。付箋を使うと、配置場所の入れ替えやあとから見返しての修正がしやすいです。

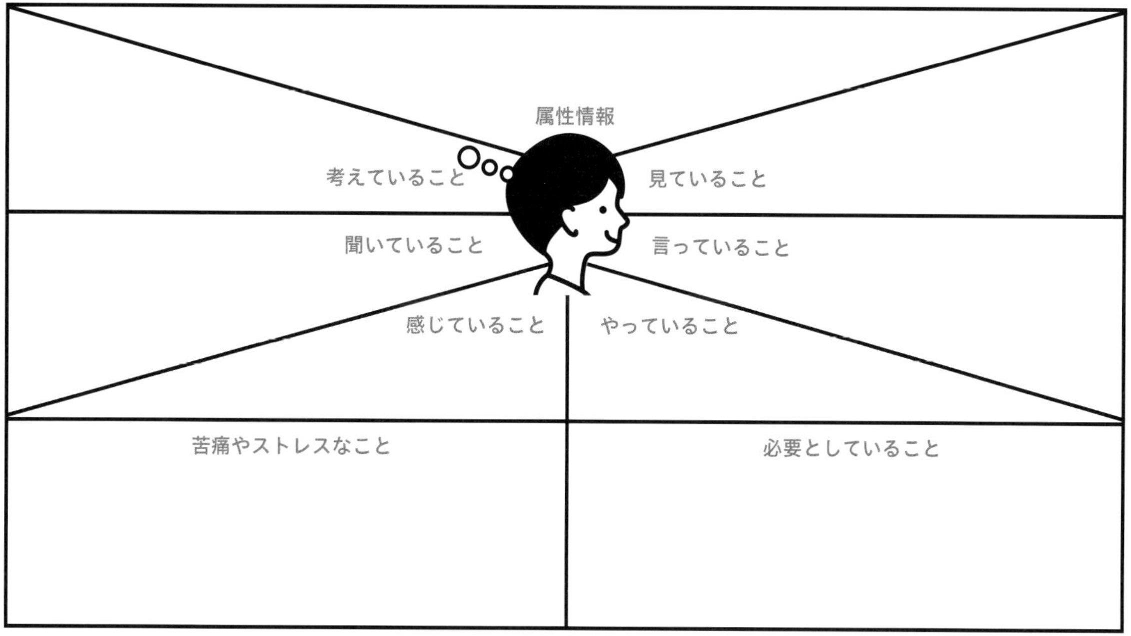

ヒント

- 仮説は交えずに、リサーチの結果わかった「客観的な事実や情報」だけを、共感マップ上の該当する項目に一つずつ入れてみましょう。

解説

下の図のようになりました。共感マップはユーザーをより深く知るうえで有用です。1枚のマップ上に情報をまとめてみると、ユーザーがどんなことに不満や喜びを感じ、そうした感情がなぜ生まれるのかといった、年齢や性別などのデモグラフィックデータだけではわからない具体的な人物像が浮かび上がります。

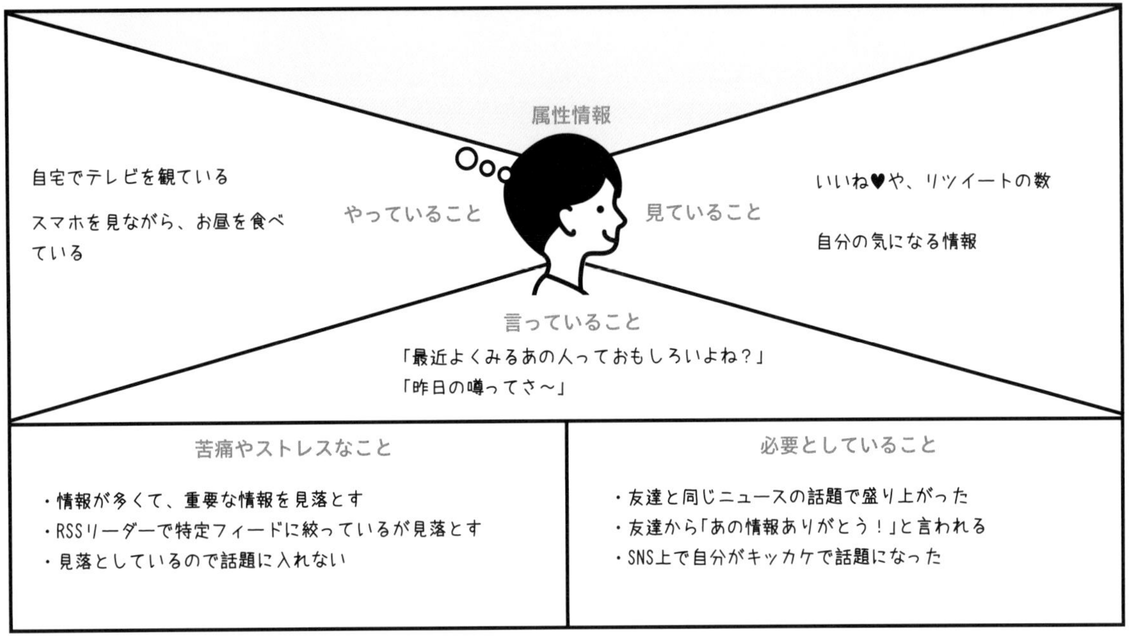

・どうしたら話題についていけるのかな？
・どうしたらバズるのかな？

・「あの話きいた？」
・「ねぇねぇアレみた？」

・バズったら、うれしい！
・みんながどんな反応するか楽しみ！

ヒント

・左のように整理してみると既存の項目のスムーズに当てはまる情報と、うまく分類できない情報が見えてきます。うまく収まる項目がなければ、いったん分類せずにおきましょう。

既存の項目に無理矢理当てはめたり、情報が空欄になっている項目を埋めるような仮説を立てるのではなく、フレームワークを少しカスタマイズすると情報がうまく整理できます。

ステップ 2

共感マップの項目を見直してみる

次に、既存の項目にうまく収まらなかった情報を整理できるよう考えてみます。使われていない項目を別の項目に変えてみましょう。

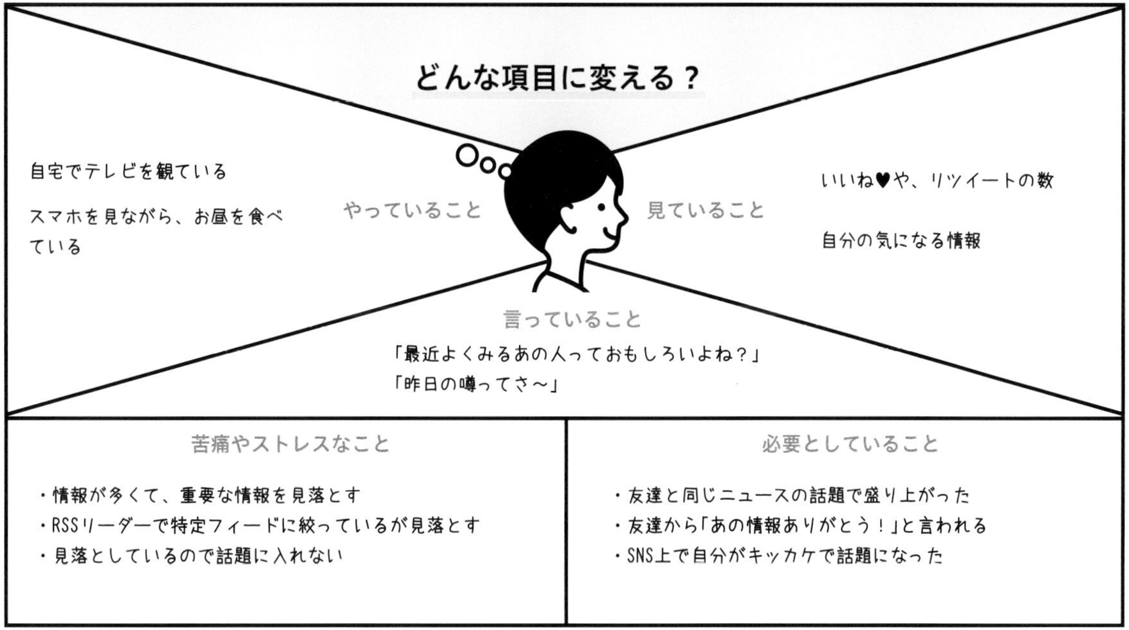

ヒント

- 既存項目にはうまく収まらなかった情報を少し俯瞰して眺めてみましょう。項目同士で共通する特徴を探しながら、いくつかに分類して項目名をつけてみると、カスタマイズの方向性が見えてきます。

3つに分類するとどんな項目になる？

・どうしたら話題についていけるのかな？
・どうしたらバズるのかな？

・「あの話きいた？」
・「ねぇねぇアレみた？」

・バズったら、うれしい！
・みんながどんな反応するか楽しみ！

解説

空欄だった「属性情報」を「なりたい姿」という項目に変えました。また、既存項目「考えていること」「聞いていること」「感じていること」の3項目を加えました。あえて共感マップの基本形をなるべく変えずに、具体的なユーザー像をイメージできる項目名を使って整理したのがポイントです。

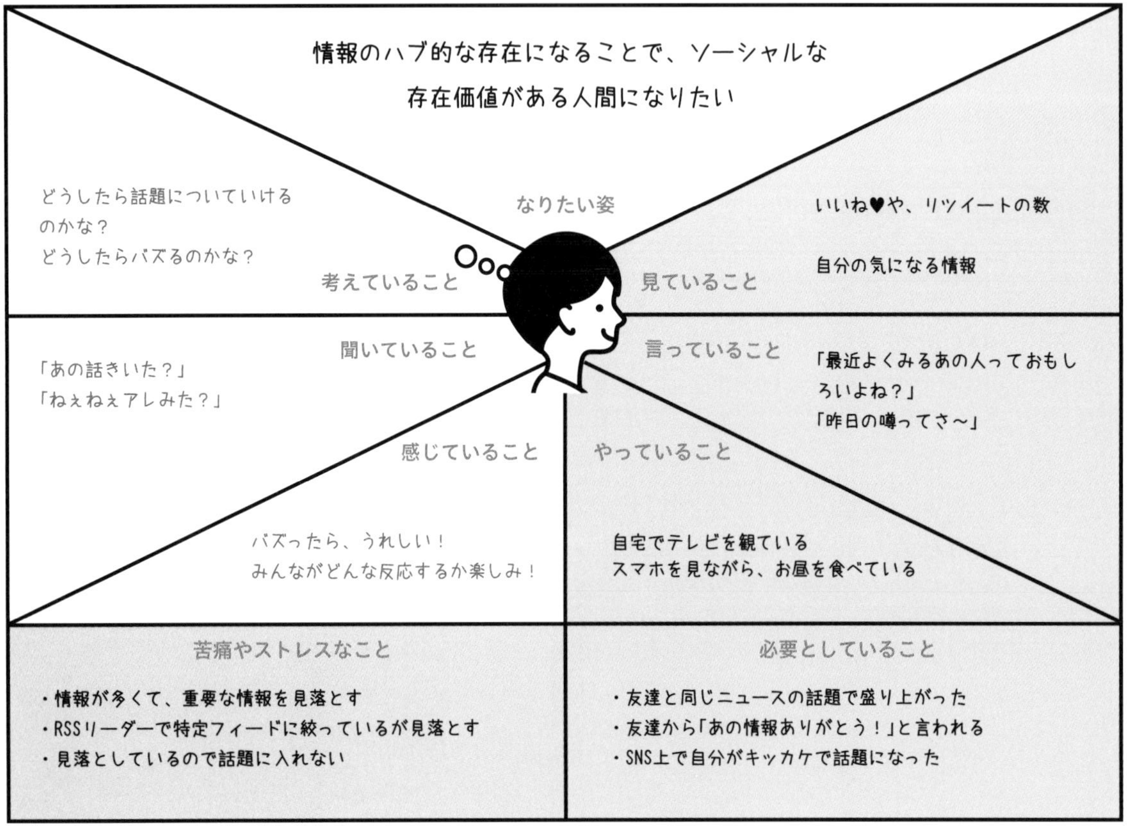

ヒント

- 年齢、性別、職業、年収などに代表されるデモグラフィックデータは便利な反面、思い浮かべるユーザーの人物像を歪める要因にもなります。
- 新規サービスの開発やアイデア創出であれば、デモグラフィックデータのない具体的なユーザー像をもとに進めるのが効果的です。

ターゲティング・プロモーションなどの施策上、ユーザー属性を特定したければ、左のように整理したものから、いくつかのターゲティング情報に落とし込み、プロモーションを行なうと効果的です。

このほかの
カスタマイズ例

シンプルにした共感マップ（ニュースアプリの場合）

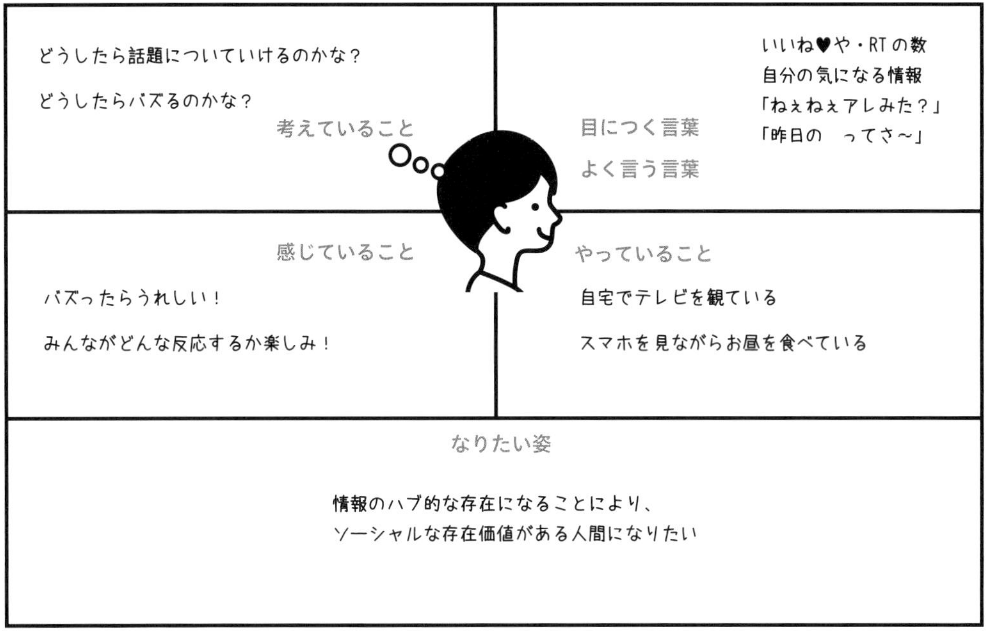

顧客の理解は必要だが、それ以上にプロジェクトを進めるスピードを重視したいケースでは、共感マップの項目をプロジェクトにとって重要なものだけに絞ってもよいでしょう。スピーディーにユーザーを捉えるために、左の例のように項目を絞り整理しても効果的です。顧客の情報を必要最小限の項目だけでも整理してチームに共有すると、メンバー間で顧客の人物像を共通言語化できます。

Chapter
3
破る

AARRRをカスタマイズする

AARRR（→66ページ）は、サービスのグロース（成長）における
ユーザーの行動モデルを段階的に示したフレームワークです。
どの段階に課題が存在するかを見つけ出し、課題解決や成長戦略につなげます。

竹田哲也（株式会社アトラエ）

テーマ ユーザーの体験を整理する

シチュエーション

- あなたは、サービスの顧客数を増やし、成長させる役割を担っています。
- ここでのミッションは「BtoBのSaaSをグロースさせる」です。
- 右ようなのAARRRの概念図を使いやすいフレームワークに変えながら、情報を整理して、課題や施策を考えてみましょう。

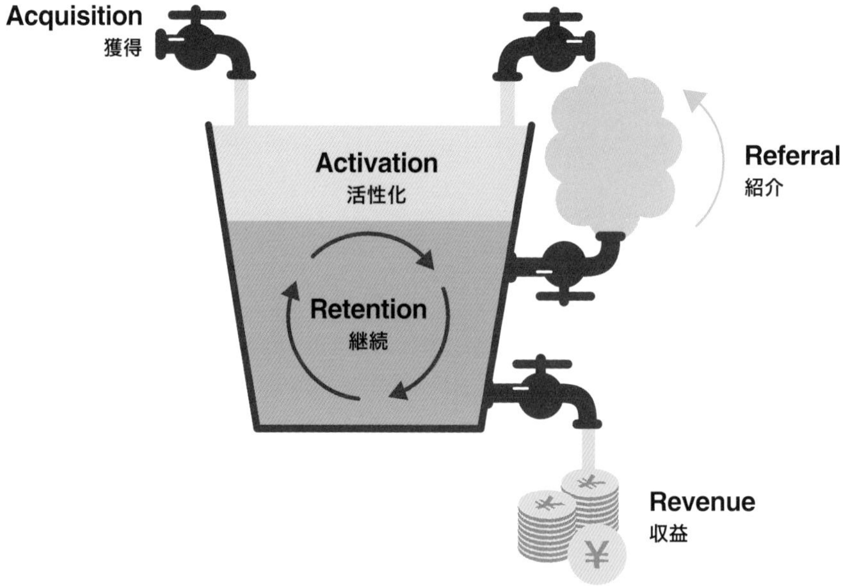

ステップ 1 ユーザーの行動ステップを洗い出す

ユーザーがサービスをはじめて知るところから利用を経て、解約するところまでのステップを洗い出したものが下の図です。これらの情報をAARRRをフレームワークで整理してみましょう。

ヒント

- サービスと出会い、利用を開始し、支払い・解約するといった、ユーザーの一連の行動を時間軸に沿って細かく洗い出します。
- 付箋を使って書き出していくと、後から項目の並べ替えなどが容易になります。

解説

ユーザーの一連の体験を、AARRRのフレームワークに当てはめて整理したものが下の図です。サービス全体を俯瞰して捉えることができます。ユーザーの体験、一つひとつがAARRRの5段階のどこに紐づいているかを可視化でき、足りない部分も見えてくるでしょう。

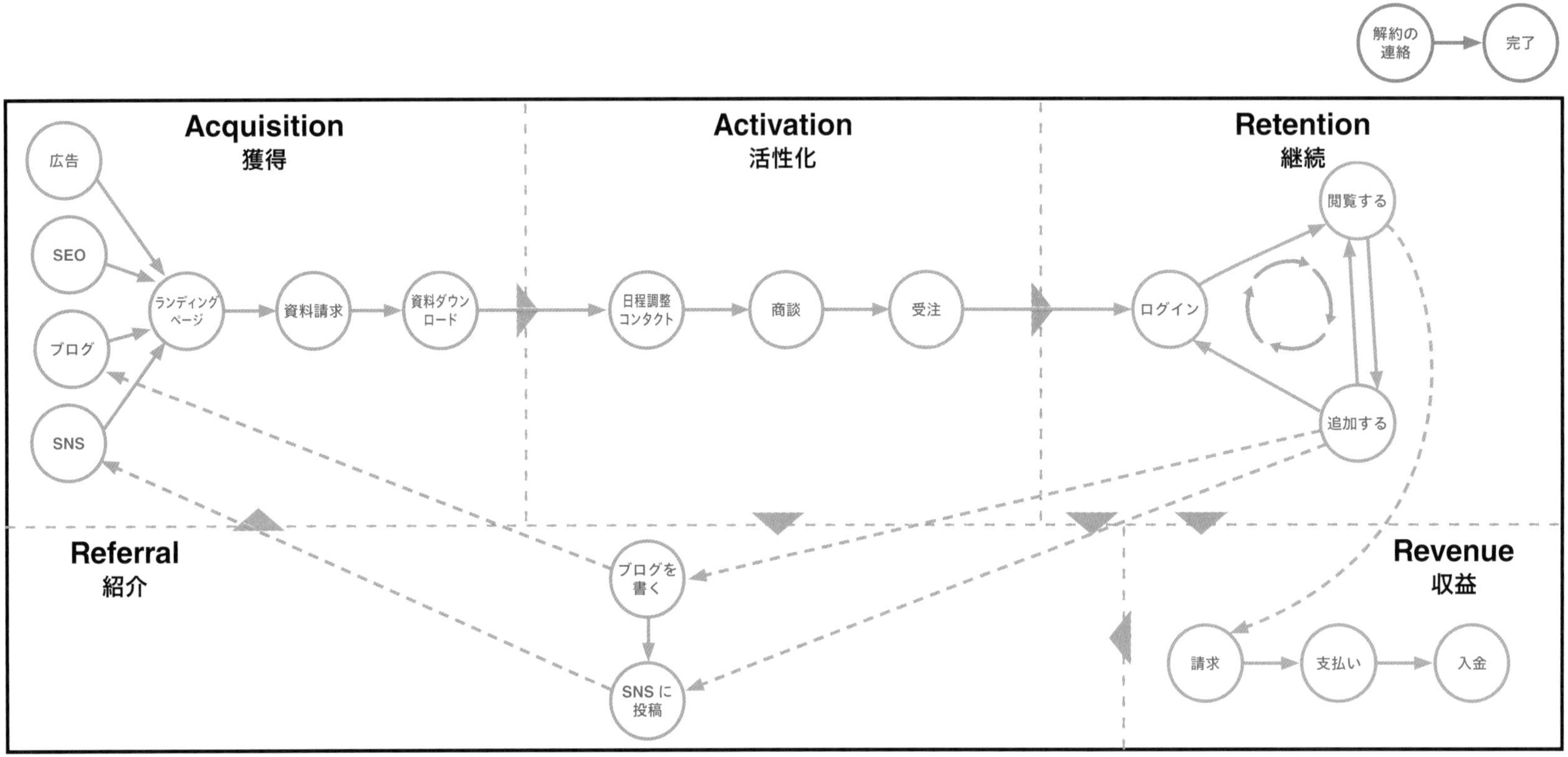

ヒント

・図のように整理したとき、5段階に分類できない情報をどのように整理するかを考えながら、AARRRのフレームワークをカスタマイズしてみましょう。

ステップ 2

フレームワークをカスタマイズして完成させる

SaaSなどWebサービスを成長させていくには、契約数や購入者を増やすのと同時に、解約などを減らす対策」も必要です。解約などの段階を表す「Churn （チャーン）」をフレームワークに追加してみます。

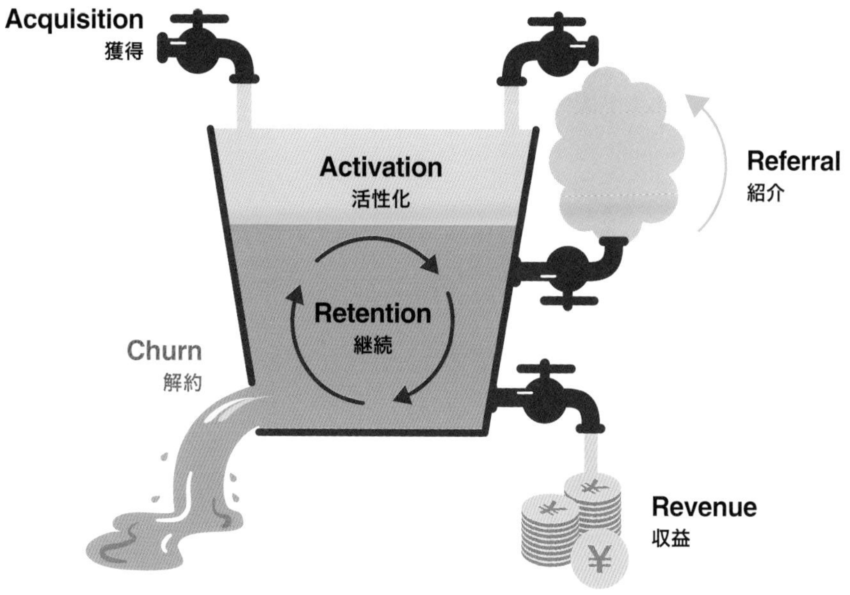

ヒント

- Churnは「バケツに穴が空いている」状態に例えられます。ユーザーがどういった体験をしたときに離脱したり解約したりするのか、整理してみましょう。

解説

フレームワークに「Churn」に追加し、そこに分類されるユーザーの体験を入れたものが下の図です。この例では、Retention（継続）の「閲覧する」という行動が、「課金」と「解約」の分かれ目になっていることがわかります。サービスを利用し続けてもらうために大事なポイントや画面が見えてきます。

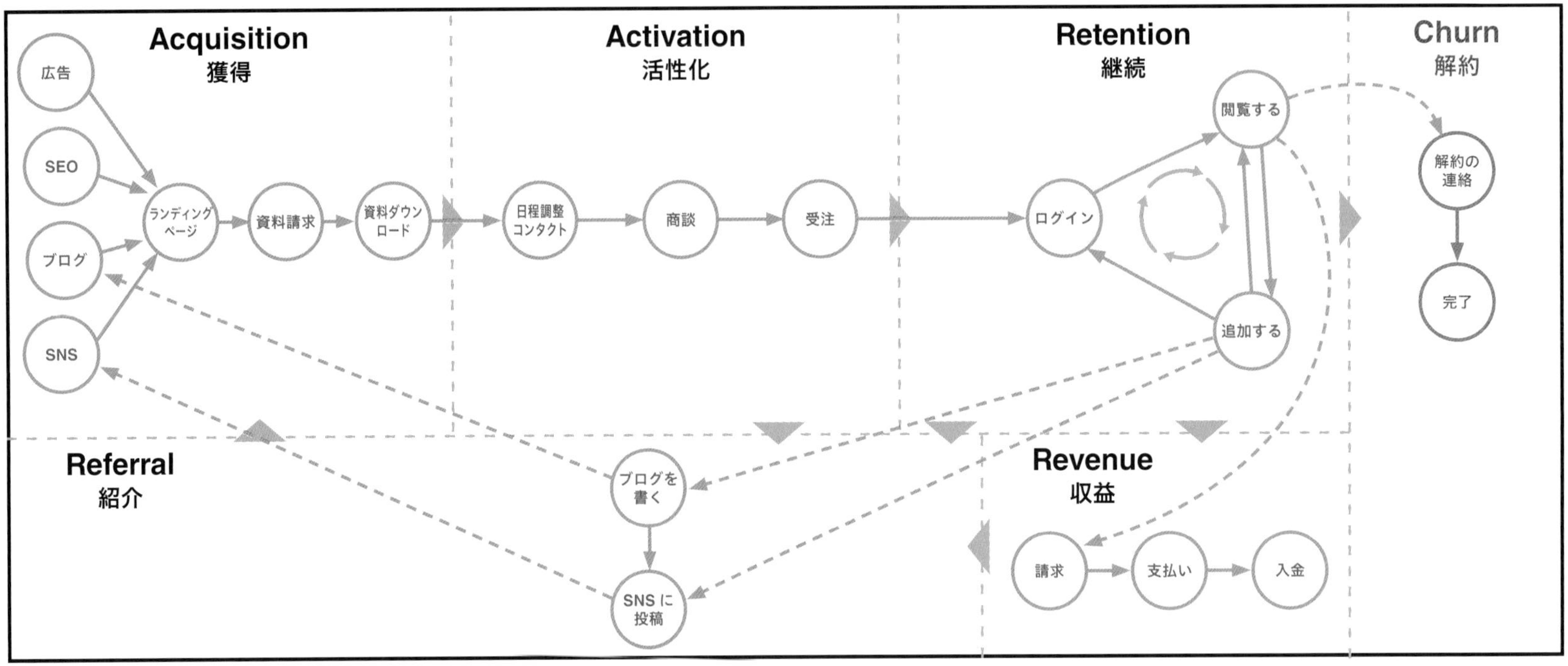

ヒント

・ステップ1〜2のような試行錯誤を経て作成したフレームワーク図は、サービス全体を俯瞰できるため、課題の洗い出しや施策を立てるためのマッピングに活用できます。

このほかのカスタマイズ例

継続的に見ていく指標や数値を記入していく

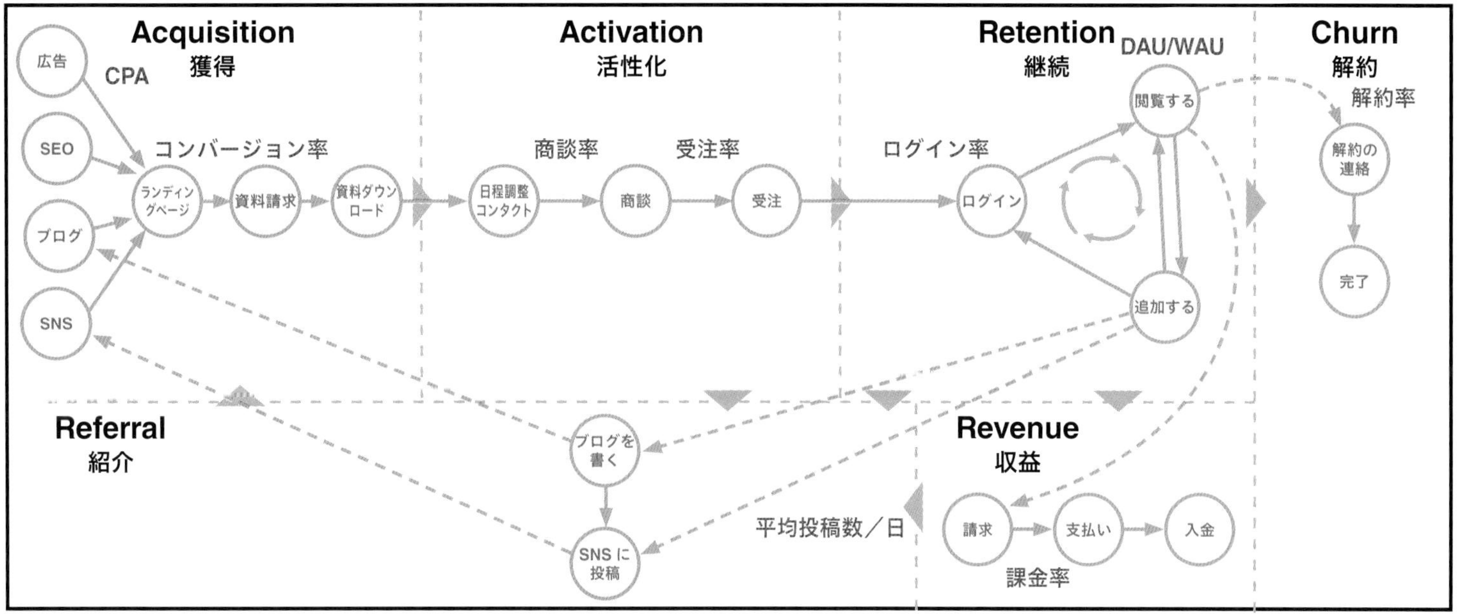

サービスを成長させるために、継続的に見ていくべき指標をフレームワーク図に書き込んでいく使い方もおすすめです。KPIなどの各指標や現状の数値を記入していくと、ボトルネックがどこにあるか可視化しやすくなります。

このほかにも、例えば、次のような使い方も考えられます。

- プロモーションに活用：「Activation（獲得）の経路を増やせば、流入量の増加が見込める」という仮説を立て、流入チャネルの追加を検討するなど、プロモーション施策を考える際の検討材料として役立てる。
- 開発チームと共有：「SNSやブログのクチコミが増えると流入量も増加する」というアイデアのもと、開発チームと連携して、SNSに投稿しやすくする対策を立てる際の資料として活用する。

Chapter 3 破る

ビジネスモデルキャンバスをカスタマイズする

検討中のビジネスアイデアを整理・構造化して、 仮説を検証してみましょう。
「ビジネスモデルキャンバス」(→82ページ)は既存事業の分析・改善だけでなく、
新しいビジネスアイデアの検討にも活用できます。

宮木俊明(株式会社ネットマン)

テーマ　妊娠中・授乳中の女性向けの飲食店

シチュエーション

- あなたは、新規事業の担当者として、これまでにない飲食サービスを考案しています。
- これまでのリサーチの結果、妊娠中や授乳中の女性が「安価に安心して食べられる飲食店が少ない」という不満を解消する、新しい飲食店というコンセプトが決定しました。

アウトプットの前提条件

前回のミーティングまでに、挙がったアイデアやキーワードです。

- 子育て世代の多く住む街
- 妊娠中・授乳中の女性
- ゆったりと座れる椅子
- 安心して食べられる食事
- 豊富なメニュー
- 完全禁煙
- アルコールなし
- 駅や病院に近い
- スタッフが子育て経験者
- 空調が行き届いている
- マタニティグッズ・子育て用品が購入できる
- 健康的で美味しいスイーツがある
- カフェインレスのこだわりコーヒー

用意するもの

- 付箋（色ちがいで3～4種類）
- 筆記具

ステップ 1

アイデアを、フレームワークに当てはめてみる

既出のアイデアやキーワードを付箋に書き出して、フレームワーク「ビジネスモデルキャンバス」の9つのブロックに貼りながら 整理してみましょう。

KP パートナー

KA 主要活動
- 快適な空調

KR リソース
- スタッフが子育て経験者
- ゆったり座れる

VP 価値提案
- 快適な空調
- ゆったり座れる
- 安心して食べられる
- 豊富なメニュー
- 健康的で美味しいスイーツ
- アルコールなし
- グッズが買える
- 完全禁煙
- カフェインレスのこだわりコーヒー

CR 顧客との関係

CH チャネル
- 駅や病院が近い店舗
- 子育て世代が多く住む街

CS 顧客セグメント
- 妊娠中・授乳中の女性

C$ コスト構造

R$ 収益の流れ

ヒント

- どこに入れるか迷う場合は、とりあえず複数箇所に入れてみます。
- 同じようなものがたくさんある場合も、ひとまず近くに置いてみます。
- 空欄がある場合は、ひとまず何かで埋めてみましょう。

コンセプトが決まり、有効なアイデアが見い出されてから、キャンバス作成に取り組むことが大切です。

解説

ビジネスモデルキャンバスは、ビジネスアイデアを事業として成立させるための要素の洗い出しに適しています。同時に、情報を整理して1つにまとめることで、各要素の関連性を見ることができます。この例では、空欄を埋めてみたら、収支のバランスや価値を創出するのに必要な活動やリソースが考慮されていなかったことがわかりました。

KP パートナー
- 仕入先

KA 主要活動
- 快適な空調
- 商品開発
- 調理・接客

KR (リソース)
- スタッフが子育て経験者
- ゆったり座れる

VP 価値提案
- 快適な空調
- ゆったり座れる
- 安心して食べられる
- 豊富なメニュー
- 健康的で美味しいスイーツ
- アルコールなし
- グッズが買える
- 完全禁煙
- カフェインレスのこだわりコーヒー

CR 顧客との関係
- ライトなコミュニケーション

CH チャネル
- 駅や病院が近い店舗
- 子育て世代が多く住む街

CS 顧客セグメント
- 妊娠中・授乳中の女性

C$ コスト構造
- 地代家賃
- 原材料費
- 人件費

R$ 収益の流れ
- 飲食代
- 物販

ヒント

- すでに出ていたアイデアを当てはめてみました。
- 前ページで空欄だったところを埋めました(緑の付箋部分)。

ここではいったん、簡単にアイデアを追加していくことで、すべての要素を洗い出してみました。

ステップ 2

絞り込み、ブラッシュアップする

付箋で溢れかえっている状況から、「最も重要で欠かせない要素」だけに絞り込んでみます。選択するときの軸になるのは、顧客セグメントの体験価値です。そのため、顧客の状況を少し詳しく書いておくことにします。

KP パートナー
- 仕入先

KA 主要活動
- 商品開発
- 調理・接客

KR (リソース)
- スタッフが子育て経験者
- 快適にデザインされた店舗

VP 価値提案
- 出産・子育ての不安を軽減
- 安心・快適な時間
- 衣食住の不足を解消

CR 顧客との関係
- ライトなコミュニケーション

CH チャネル
- 駅や病院が近い店舗
- 子育て世代が多く住む街

CS 顧客セグメント
- 妊娠中・授乳中の女性
- 孤独感や不安を感じており、ホッとする時間とゆるいつながりを求めている

C$ コスト構造
- 地代家賃
- 原材料費
- 人件費

R$ 収益の流れ
- 飲食代
- 物販

ヒント

- 取捨選択するだけでなく、複数の項目を「つまりこういうことだよね」と抽象度を上げてまとめてみましょう。
- 要素間のつながりを考えます。大きくは左から右へ価値の流れが把握されます。
- VPでは「顧客にとってどのような価値になるのか？」という視点で、機能を価値に置き換えるのが大切です。
- 成立要件をざっと計算してみましょう。この例のようなビジネスでは「客単価×来店頻度＝売上」となり、収支が合うかどうかを確認します。

最も重要なのはVP。これがCSの苦痛を和らげたり、喜びを増やしたりすることにつながっているのかを重視しましょう。

解説

検討した結果、事業として成立させるためには、「妊娠中や子育て中の女性だけでは収支が合わない可能性が高い」という検証結果が見いだされたと仮定します。メインとなる女性以外の顧客を想定すべく、それぞれを分けて整理するために、下の図のようにキャンバスをカスタマイズすることにしました。

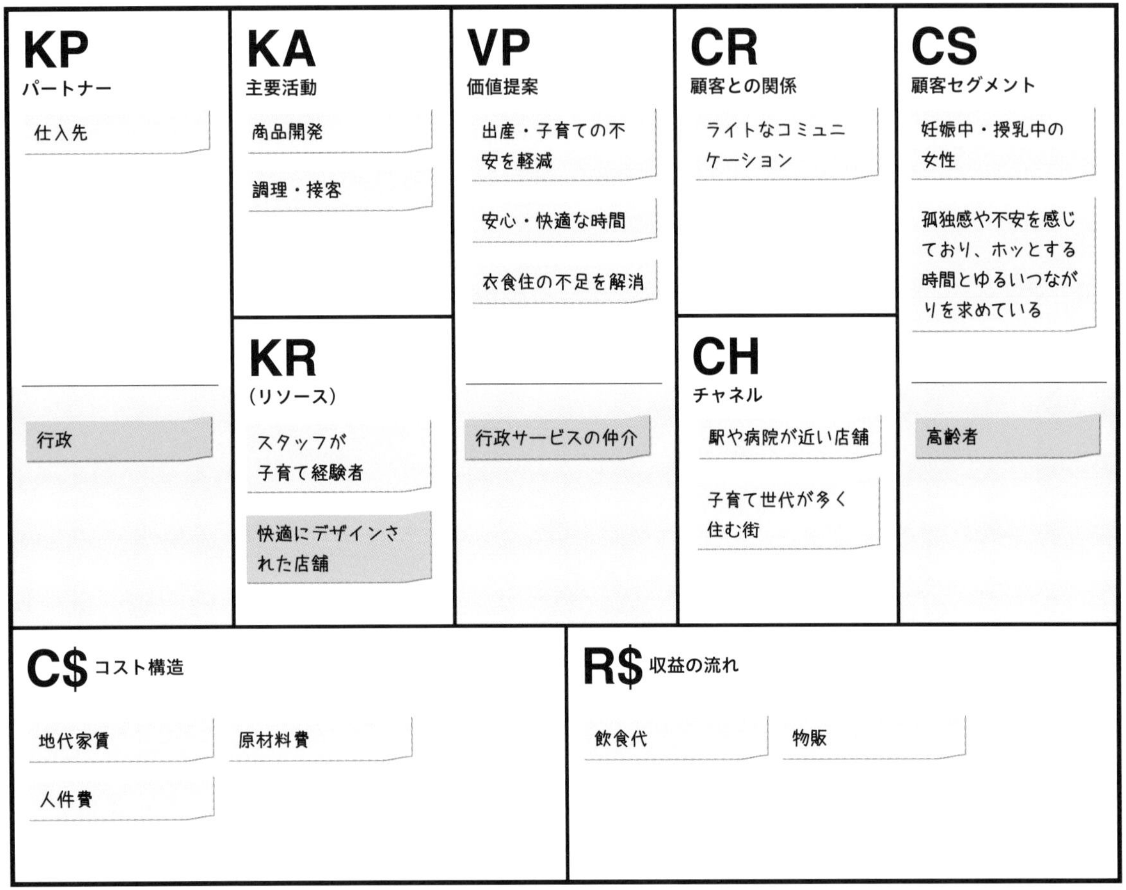

ヒント

- 顧客に[高齢者]を加えました。
- 行政との連携や、バリアフリー設計などは、妊産婦にとってもうれしい付加価値になるだろうという仮説が見いだされました。
- 男性が来ることで、安心・快適な空間を維持できるかが考慮すべきポイントになりそうです。

ビジネスモデルキャンバスを使う上で一番大切なことは、思考実験だけの机上の空論に終わらせず、必ず顧客に対してテストを重ね、そこからの学びを反映させる「デザインと検証の反復的な実施」になります。

このほかのカスタマイズ例

妊娠中・授乳中の女性向け飲食店・兼宅配サービス

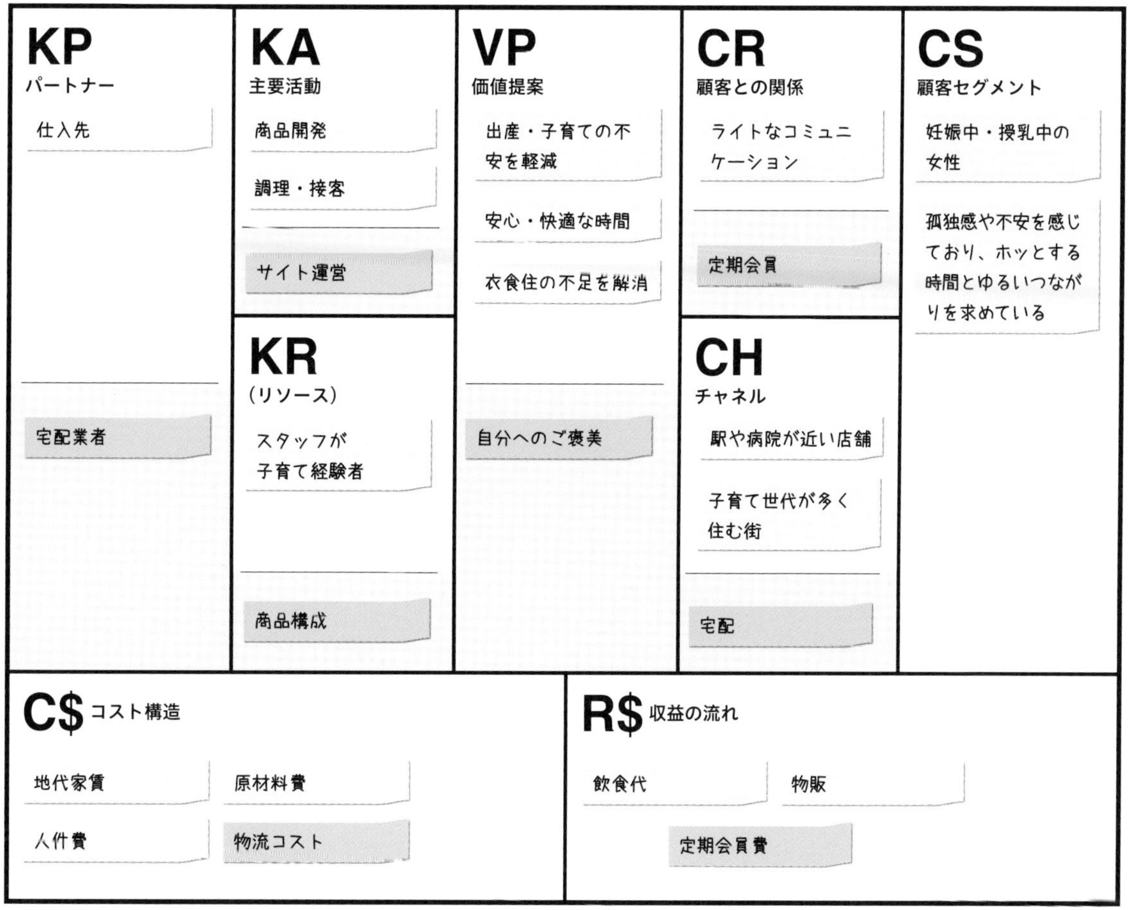

「定期宅配」という新しいチャネルを加えたカスタマイズ例です。体にやさしくおいしいスイーツやカフェインレスのコーヒーなどを、店舗だけでなく宅配でも届けるサービスは、「家に届くのが楽しみになる"自分への贈り物"」という新しい価値を提供することができそうです。ギフト市場にも訴求できる有望なモデルになる可能性もあります。KPの「宅配業者」ではなくスタッフ自らが運ぶこともVPの向上につながるため、コストとの兼ね合いで実現性を検討できるでしょう。

Chapter
3
破る

Will Can Mustを カスタマイズする

自己分析や自身のキャリアの「ふりかえり」に有用なのが Will Can Must（→90ページ）です。
自己理解を深め、 他者とのコミュニケーションの円滑化にもつながるため、
就職・転職などのキャリアの節目で将来像を描くときに役立ちます。

竹田哲也（株式会社アトラエ）

テーマ　転職を視野に入れたキャリアの「棚卸し」

シチュエーション

- あなたは、会社の中堅に位置する30代半ばのデザイナーです。
- 転職を視野に入れ、自分自身のこれまでキャリアを「棚卸し」することにしました。
- 情報を整理しながら、右のような「Will Can Must」のフレームワークを、自身のキャリアにより適した形につくり変えてみましょう。

Will Can Must

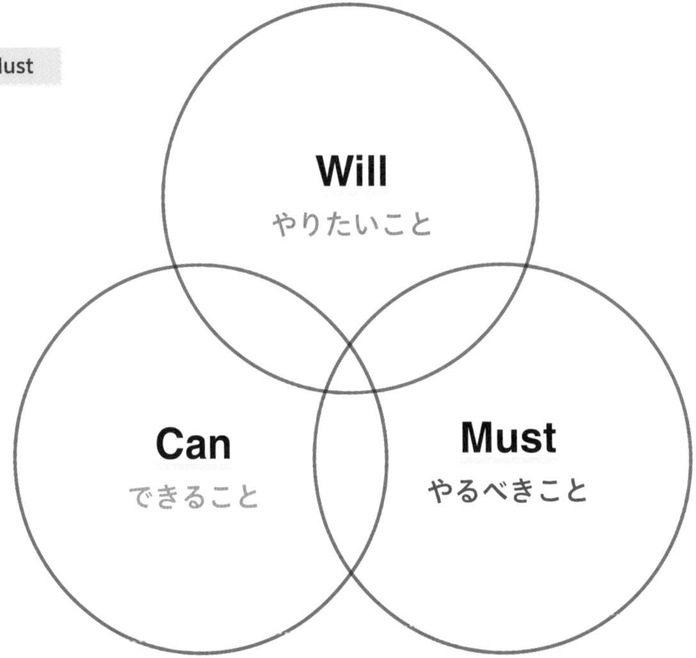

ステップ 1

CanとMustのフレームを分解してみる

Can（できること）やMust（やるべきこと）は範囲が広く、モレなく書き出すのはなかなか思うようにできません。そこでもう少し細かく分け、CanとMustを能力と捉えて、「心技体」と「知識」に分解して書き出せるようにしてみましょう。

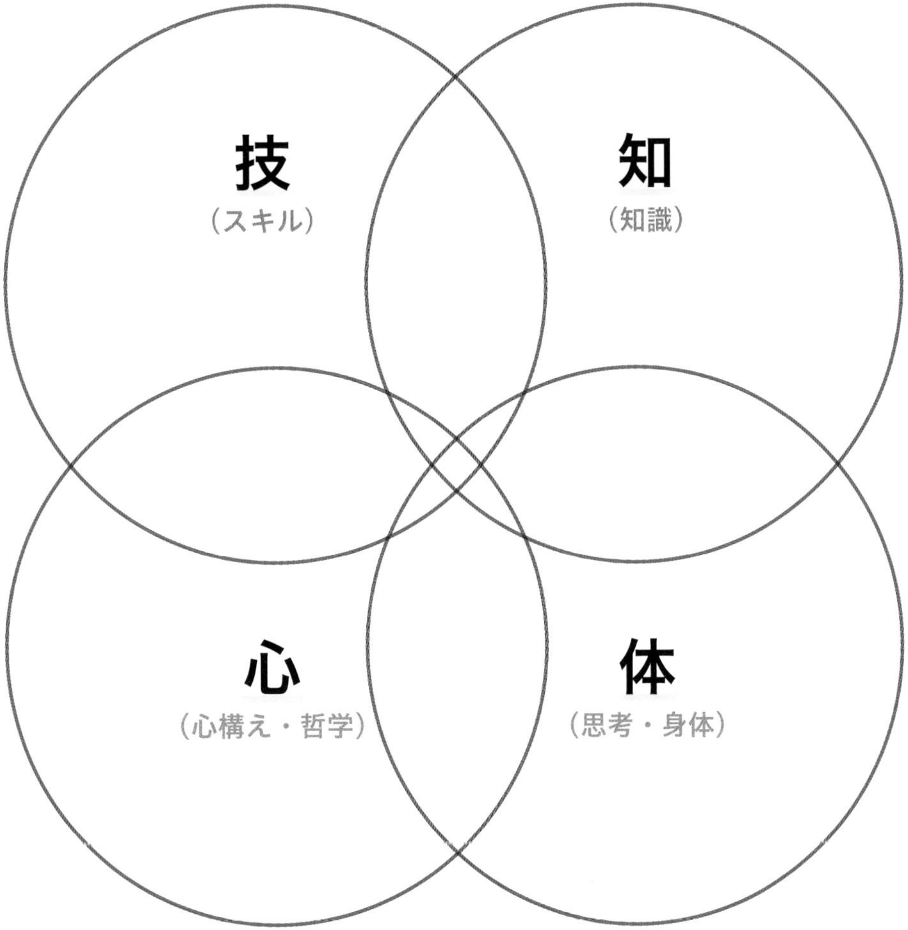

ヒント

- 左の図は、Will Can Mustのフレームをベースに、心・技・体と知識に変えたものです。
- ここから、自身の情報を分解・整理しやすいよう、それぞれの枠が重ならないような形に変えるといいでしょう。

解説

フレーム同士が重なる部分をなくし、Must（やるべきこと）とCan（できること）を2×2の表に変え、「スキル」「知識」「心構え・哲学」「思考・健康」としました。また、目指す理想や目標として、Will（やりたいこと）上段に配置しています。

Will

スキル	**知識**
心構え・哲学	**思考・健康**

ヒント

- 次のステップではここで作成したフレームワークをもとに、それぞれの情報を書き出していきます。

表の中の配置にも意味があります。表の上段、スキルと知識は手段（How）を整理するゾーン、下段の心構え・哲学、思考・健康はキャリアの土台を形成する要素をゾーンにしてみました。

ステップ 2

フレームワークを使って「棚卸し」を行なう

モデルにしている30代半ばの中堅どころといえるキャリアを持つデザイナーが感じている内容を書き出してみました。この情報をステップ1で作成したフレームワークを使って整理してみましょう。

デザインで人々を楽しませ、魅了したい

毎日アプリを開きたくなるデザイン

ToC 向けの体験設計

UX リサーチ手法

ユーザーの反応を定性・定量で理解できる

ストーリーで語れる

エンジニアと実務のことで会話できる

PO とビジネスモデルのことで会話できる

ヒトが魅了される原理原則

最新のデザイントレンド

事業の理解

ユーザーとのタッチポイントの種類と数

ビジネスモデルの理解

グロースハックのセオリー

コーディング

データベース

細部までこだわる

まずはやってみる

夢中になる

好奇心

WHY から考える

リフレクション

ユーザー中心

ロジカルさ

ヒント

- 必ずしもデザイナーをモデルにする必要はありません。ぜひ、自身の職業やキャリアに置き換えて試してみてください。
- フレームワーク上に整理する際、Must（やるべきこと）とCan（できること）が区別しやすいよう、文字や付箋の色を変えたり○で囲んだりして、区別しましょう。

解説

下の図のような形になりました。このように自身のキャリアを棚卸ししてみると、現在の職場で求められていることや成長するのに足りないポイントが見えてきます。転職活動の面接対策や今後の学習内容が明確になるはずです。

Will　デザインで人々を楽しませて魅了したい

スキル

- 毎日アプリを開きたくなるデザイン
- ToC 向けの体験設計
- UX リサーチ手法
- ユーザーの反応を定性・定量で理解できる
- ストーリーで語れる
- エンジニアと実務のことで会話できる
- PO とビジネスモデルのことで会話できる

知識

- ヒトが魅了される原理原則
- 最新のデザイントレンド
- 事業の理解
- ユーザーとのタッチポイントの種類と数
- ビジネスモデルの理解
- グロースハックのセオリー
- コーディング
- データベース

心構え・哲学

- 細部までこだわる
- まずはやってみる
- 夢中になる
- 好奇心

思考・健康

- WHY から考える
- リフレクション
- ユーザー中心
- ロジカルさ

こうした整理したものを先輩や同僚に見せてアドバイスなどをもらうと、自分では気がつかない自身のよい一面や課題がわかります。そうした情報を追加しながら定期的に更新していくと、自身の成長やキャリアアップに一層役立つでしょう。

このほかのカスタマイズ例

自身の成長に、ほかの要素を追加する

Will	デザインで人々を楽しませて魅了したい

スキル	**知識**
毎日アプリを開きたくなるデザイン ToC向けの体験設計　UXリサーチ手法 ユーザーの反応を定性・定量で理解できる ストーリーで語れる エンジニアと実装のことで会話できる POとビジネスモデルのことで会話できる	ヒトが魅了される原理原則 最新のデザイントレンド ユーザーとのタッチポイントの種類と数 事業の理解 ビジネスモデルの理解 グロースハックのセオリー コーディング　データベース
心構え・哲学	**思考・健康**
細部までこだわる　まずはやってみる 夢中になる　好奇心	WHYから考える　リフレクション ユーザー中心　ロジカルさ

道具	iMacPro	**環境**	建設的なフィードバックがし合える仲間 柔軟な働き方　スモールチーム

　自分の本来の実力を発揮し、よりいっそう成長していくために、必要になる「道具」や「環境」を整理してみるのも一案です。道具や環境として書き出した情報をもとに、職場の環境改善など、建設的な取り組みにつながると理想的です。

　心構えや思考はかんたんには身につきません。定着するまでに長く時間がかかるものです。フレームワークで整理した情報をもとに学習計画を立てたり、キャリアの先輩にアドバイスをもらったりして、自己成長する機会をつくっていくといいでしょう。

Chapter 3 破る

KPTをカスタマイズする

KPT(→104ページ)は仕事やプロジェクトのプロセスを見直し、確実に改善していくための「ふりかえり」として実施されます。それだけではなく、チームの状態を整えるのにも有用です。

栄前田勝太郎(株式会社ゆめみ)

テーマ チームの課題を解決してチームの状態を整える

シチュエーション

- あなたは、新規事業開発チームのリーダーです。
- チームメンバーはそれぞれ複数のタスクを受け持ってプロジェクト進行しています。
- チーム内でメンバー同士の関係性を構築していく必要があるため、週1回の定例ミーティングを実施し、「ふりかえり」を行なうことにしました。

イベント

今週の定例ミーティングでは、メンバーから以下のようなイベント(実施したこと)が出てきました。

- 最初の準備が足りていなかった
- 社内の体制を整えることができなかった
- スケジュールが徐々に遅延するようになった
- クライアントをうまく巻き込むことができた
- クライアントの期待に応えることができた
- クライアントとの会議がうまく進んだ
- クライアントとの情報共有が不足していた
- 社内リソースを調整し、チームを補強した
- 修正が多かったため、スケジュールを調整した

ステップ 1 Eventを時系列で書き出し、KeepとProblemに振り分ける

ふりかえりの対象となる仕事やプロジェクトについて、Event（あったこと）を書き出し時系列に並べます。次に、それらをKeep（できたこと・続けたいこと）とProblem（問題・課題）に振り分けます。

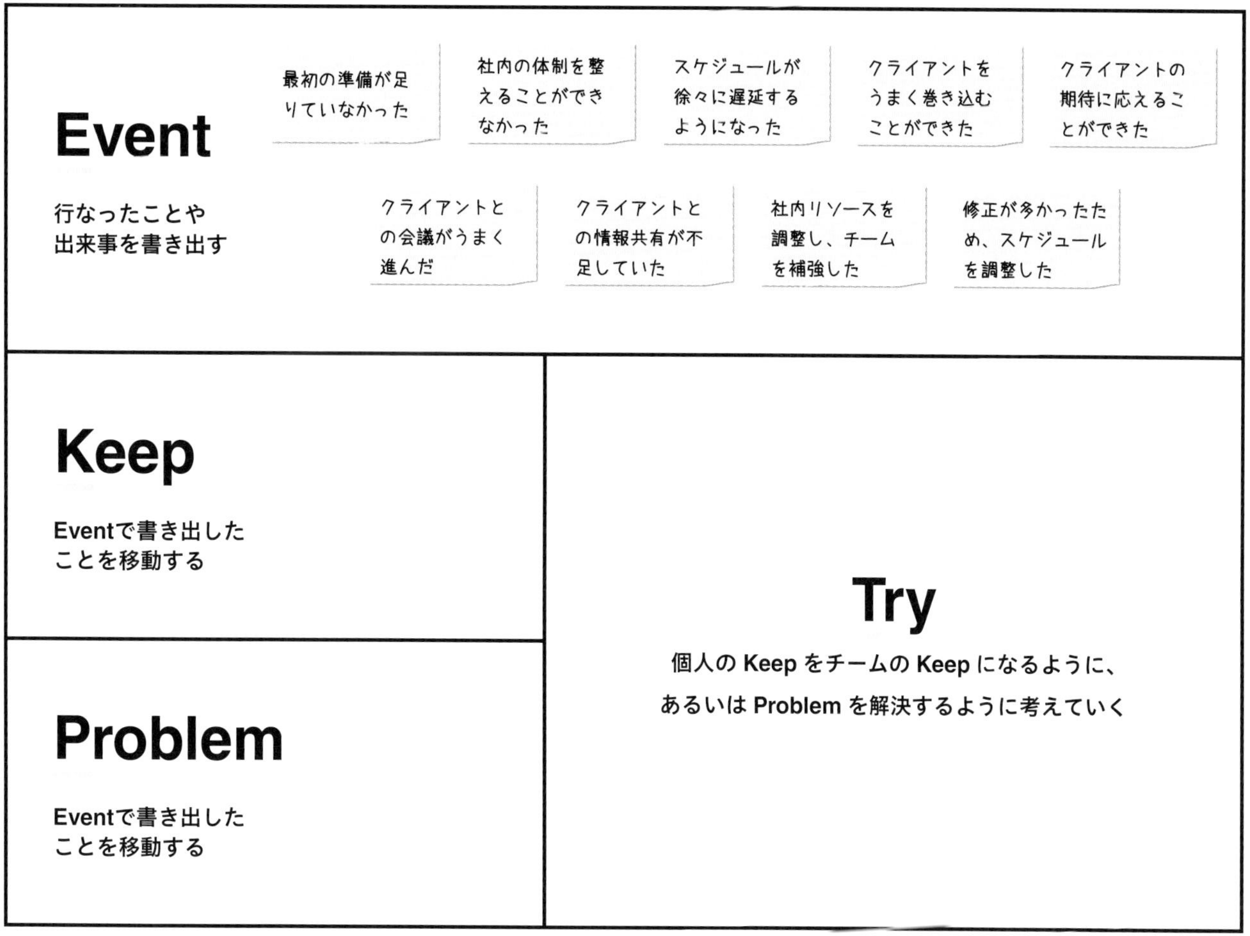

ヒント

- 行なったことや出来事など、ひとまず思い出せるすべてを列挙していきます。
- このとき「感情」は排除して「事実（起こったこと）」のみを書き出します。

解説

下の図のようになりました。時系列に配置した個々のイベントがKeepとProblemのどちらなのか、参加者みんなで考えることが大切です。そのプロセスを通じて、チームのメンバーが、プロジェクトにおいて個々のイベントをどのように捉えていたかを理解できるようになります。

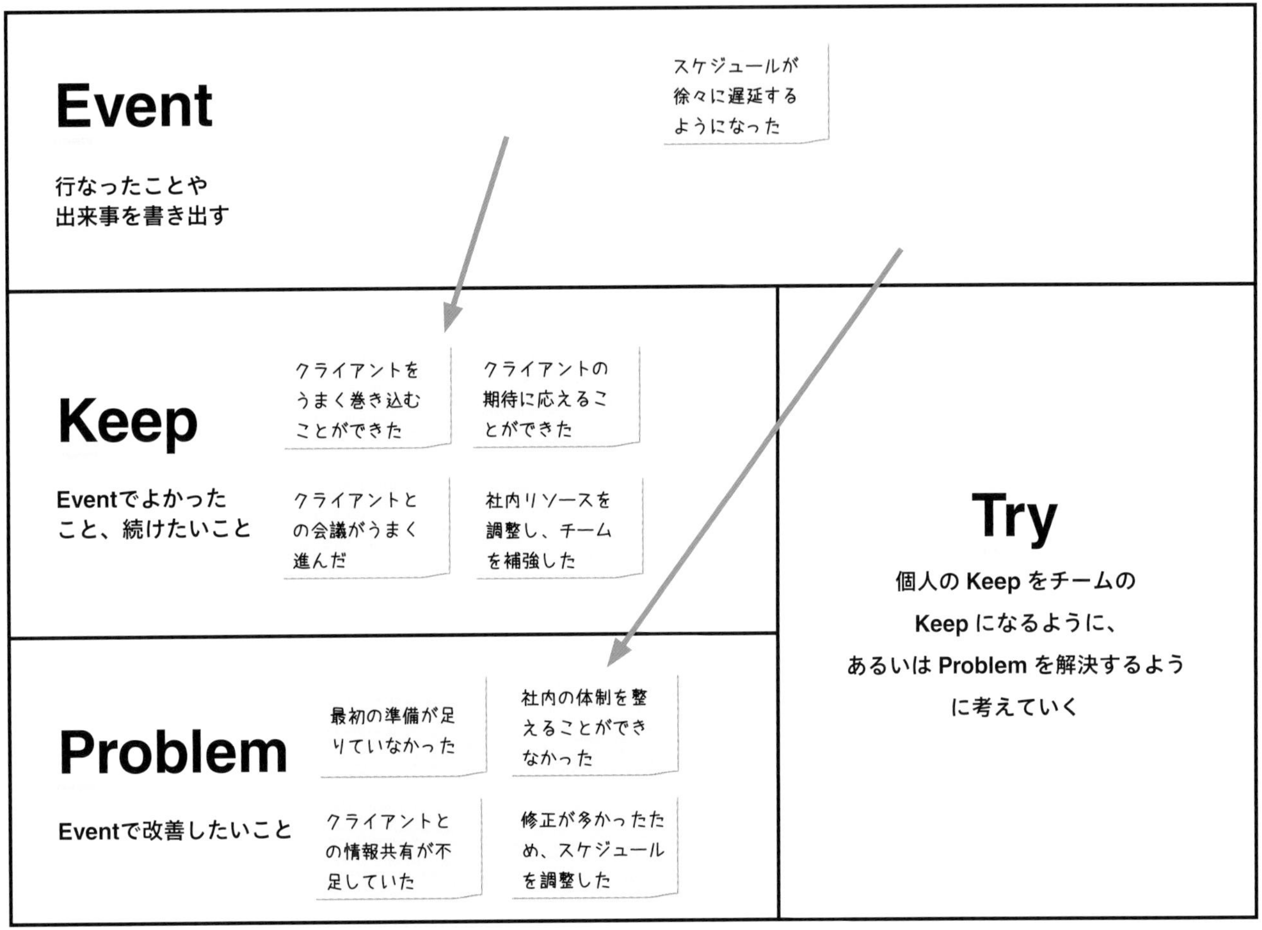

ヒント

- Tryを考える際、実行可能な粒度の具体的なアクションに落とし込むことが大切です。
- ここでは、実行可能で具体的なアクションを考えやすくするために、TryとActionの2段階に分けてみました。

ステップ 2

Tryを具体的なアクションまで落とし込む

次に、Problemの内容をふまえて、新たに取り組むこと（Try）を書き出します。そして、Tryを実現するために、具体的にはどのような行動を行なうのかを考えて設定してみましょう。

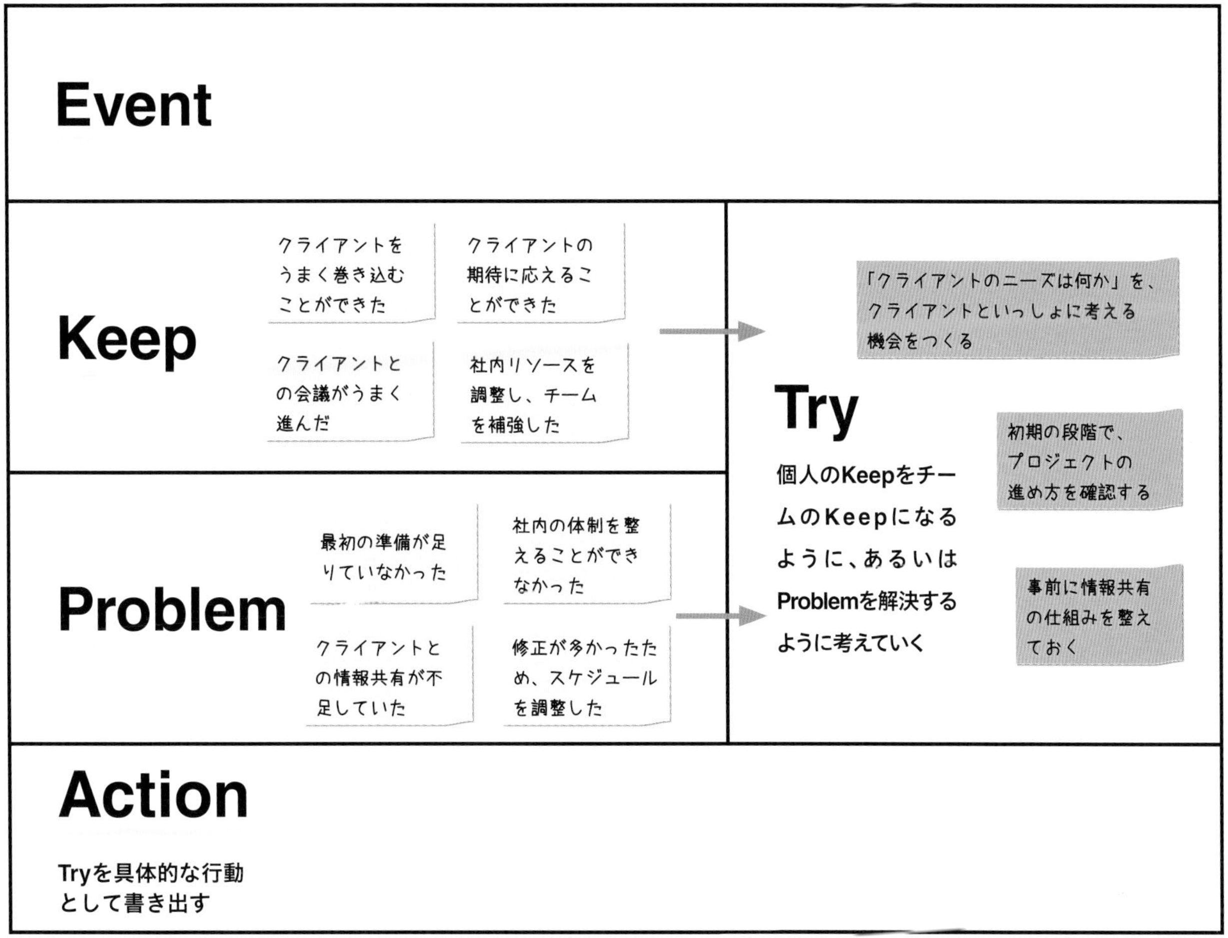

ヒント

- Tryを考える際、実行可能な粒度の具体的なアクションに落とし込むことが大切です。
- ここでは、実行可能で具体的なアクションを考えやすくするために、TryとActionの2段階に分けてみました。

解説

Tryを考える際、Problemを解決できるもの、あるいは個人のKeepをチームのKeepにできるものといった観点で考えます。そして、具体的なActionに落とし込みました。ここで挙がったアクションを、次回のふりかえりではKeep・Problemとして考えると改善の精度が高まっていきます。

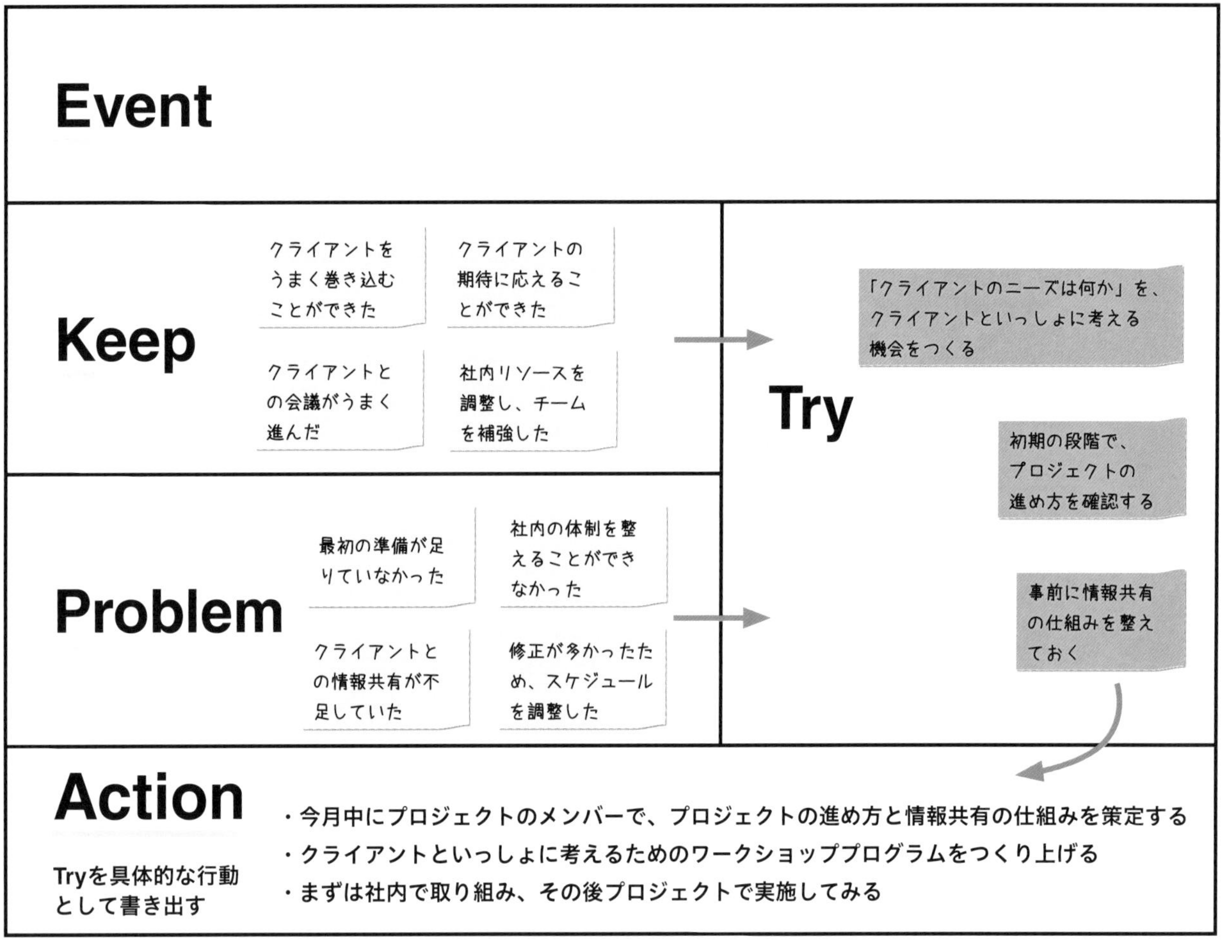

ヒント

取り組むアクションは、以下のような問いから考えてみるとよいでしょう。

- 具体的にどのような行動を行ないますか？
- どういったスケジュールで、その行動を進めますか？
- 行動目標／学習目標はどのように設定しますか？
- 行動の結果は、定量的に計測可能な状態になりますか？
- その行動を本当に実行しする意思やモチベーションはありますか？

このほかのカスタマイズ例

ふりかえりを習慣化し、慣れてきたら短時間で実施する

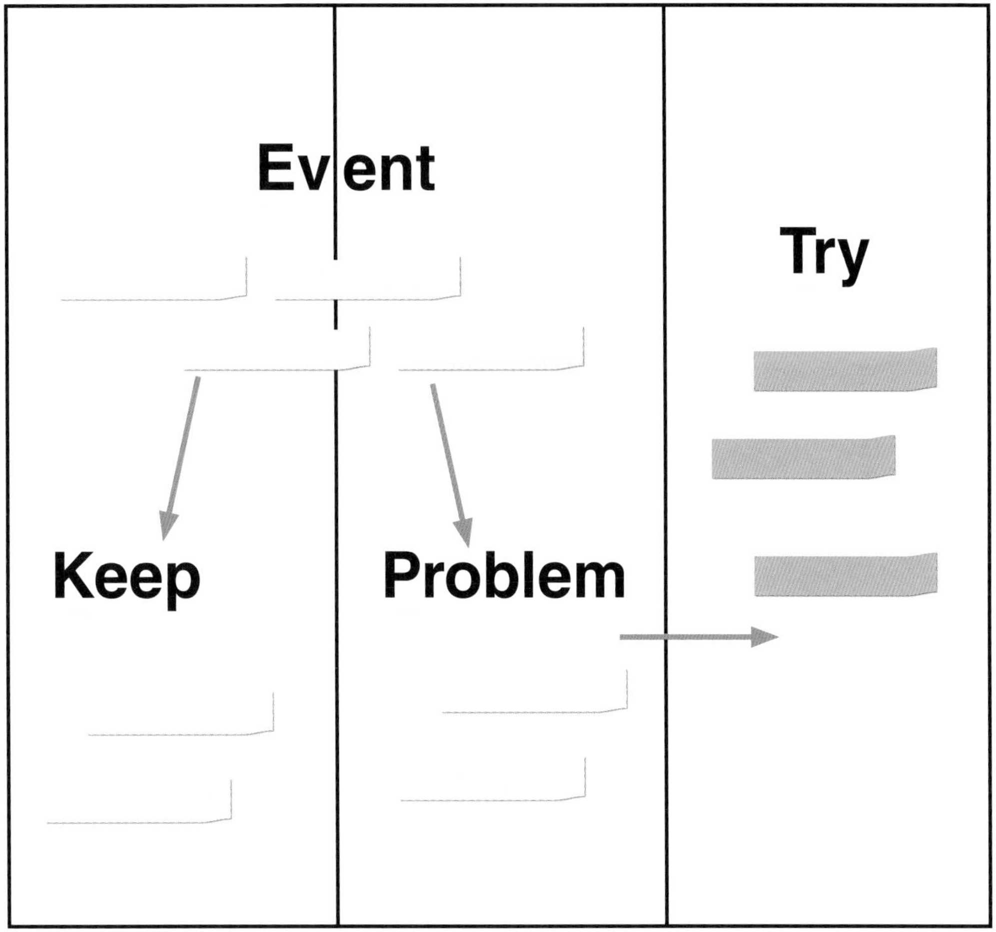

KPTを使った「ふりかえり」は1度きりではなく、定期的に実施することが重要。習慣化できれば、継続的な改善につながります。

慣れてきたら、Keep・Problem、Tryの3つのフレームに分け、時系列に沿って書き出した項目をKeepとProblemに振り分けながら考える型で実施すると、短時間で「ふりかえり」が実施できます。

column

フレームワークは「チーム」の共通言語

竹田哲也（株式会社アトラエ）

「チーム」の力と整合性

世界には「チーム」で力を発揮することで、優れたプロダクトやサービスを生み出す会社が多数あります。例えば、アメリカの映像制作会社ピクサーには、「ブレイントラスト」と呼ばれる独自の会議のメソッドがあります。製作中の作品に対して率直な意見をフィードバックし合うことで、チームで創造力を高めているのです。また、Googleは「ソフトウェアはチームスポーツである」と定義し、国を横断した開発チームがたくさんのプロダクトを世に送り出しています。

一方で、関わる人が増えるほど、全員共通の認識や理解を保つことは難しくなり、チーム全体で整合性をとりにくくなっていきます。整合性がないプロダクトやサービスはユーザーに響かず、結果、使ってもらえません。偶然使ってもらえたとしてもすぐ解約され、最終的にユーザーは離れていきます。

全員共通の理解や認識をつくるには

チームで整合性のある状態をつくり上げるのに、大事なのは「全員がブレのないよう共通理解・共通認識をつくる」ことです。

そのためには、消費者の分析、市場や事業の分析、アイデアやコンセプトの整理などの、過程や結果を積極的にオープンにして、共有し合うスタンスが不可欠です。これらの情報や資料が共通言語となっていき、日常的にブレのないコミュニケーションが成立するようになると、自然とチーム全体に共通認識が生まれ、物事がスムーズに進むようになります。

こうした過程で、チームを構成するメンバー全員の共通言語となり得るのがフレームワークです。フレームワークを積極的に活用して、共通言語として機能する資料などはあなたが率先して作成し、ほかのメンバーを巻き込んで議論しながらアウトプットしていくことをおすすめします。そうした議論を通じて、情報を可視化していくプロセスからコンテクストや共通理解が生成されていきます。また、物事を進めていく過程で内外の環境は変化するため、情報のアップデートがあればフレームワークを更新し、常にチーム全員で認識もアップデートしていくことも大切です。

共通言語となり得ない資料はなるべくつくらず、全員が意識的に共通言語を用いてコミュニケーションを図るような関係のチームが理想的です。

Chapter 4

離れる

新しい「型」を編み出す

ビジネスの現場では、テーマや目的に応じて複数のフレームワークを組み合わせたりカスタマイズしたりしながら、オリジナルのフレームワークが生み出されています。事例を通して新しい枠組みをつくる過程に触れてみます。

Chapter
4
離れる

フレームワークをプロジェクトやチームで使う

企画の検討やチームの「ふりかえり」など、プロジェクトやチームのミーティングでフレームワークを活用するシーンは数多くあります。こうした複数人が参加する場でフレームワークを取り入れることの効能をお伝えします。

栄前田勝太郎（株式会社ゆめみ）

プロセスを全員で共有する

プロジェクトやチームのメンバーなど、複数の人で物事を検討するミーティングは、ビジネスの場でよくある光景です。ミーティングではお題目なしになんとなく考えても進展はありません。たいていの場合、検討するべき目的とゴールがあり、ブレストや話し合いがなされます。目的達成のために分析したりアイデアを出し合ったりするプロセスでフレームワークを活用しましょう。

目的達成のために考えるプロセスの中で、人によっては、意識せずとも頭の中でフレームワークを取り入れながら考えを巡らせ、結論を導き出せる人もいるでしょう。ただ、こうした複数人で何かを検討する場では誰か一人の思考の結果だけでは事足りず、全員でいっしょに導き出した結果であることに意味があります。なぜなら、誰か一人の思考の結果は全員の共通言語にはなり得ないからです。

また、単に結果や結論だけ共有するのではなく、全員が結果にいたるプロセスを含めて共有することが重要です。フレームワークはこの思考のプロセスを含めた結果の共有に重要な役割を担います。

アイデアを発散・収束する

ミーティングやワークショップのようにさまざまな参加者がいる場では、アイデアを発散・収束するツールとしてもフレームワークは活躍します。

複数の人間がいっしょになって何かを考える場では、通常、人数が増えるほど収拾がつかなくなり、アイデアを出し合うのにも、挙がったアイデアをまとめるのにも長い時間を要します。フレームワークを使うと、みんなが同じ型に沿って考えるため、アイデアが浮かびやすくなるのと同時に、集まったアイデアの絞り込みもしやすくなります。

ミーティングやワークショップでの取り入れ方

限られた時間でフレームワークを有効に利用するには、次のような手順で進めるとよいでしょう。

①まずは個人で考える
②個人で考えた内容をチームに共有する
③他者の考えに対して、気づいたことや思ったことを伝える
④それからチームで考える

複数の人間が参加するミーティングやワークショップでは、必ずしもみんなでいっしょに考えるのではなく、まず個人で考える時間を設け、一人で思考してみます。そのあとで、一人ひとりが考えた結果をチームやほかの参加者に共有する時間を取ります。互いに他者の視点や考えに触れることで、各々の視野を広げられるようになるのです。さらに、ほかの人がどのように考えているかを知ってからチーム全体で考えると、思考も広がり話しやすくなります 図1。

思考する際の理想の状態

本書で繰り返し述べているようにフレームワークは手段(道具)ですから、手段が目的化しないようにしましょう。最終的には、物事を考えるときに特段意識せずとも、目的に適したフレームワークを組み合わせながら思考を巡らせ、結論を導き出せる状態が理想的です。ただ、その域に達するまでにはフレームワークの扱い方や思考の訓練が必要です。例えば、ある企画を考える際、次のフレームワークを組み合わせて検討するとします。

- 現状と理想の姿を確認し(As is/To be)
- 問題を多面的にとらえ(6W2H)
- 対象となる顧客を考え(ペルソナ)
- 顧客の課題を見つけ(共感マップ)
- 課題の解決策を考える(ストーリーボード)

もし思考を巡らせる上での道筋がわかっていれば、必ずしもフレームワークを使わなくても同様に考えられるはずです。「何をどのように考えるか」、「どのポイントを押さえるとよいか」が見えてくると、検討する内容に応じて最適なフレームワークや組み合わせがわかるようになるはずです。

図1 個人の思考を共有し、さらにみんなで考える

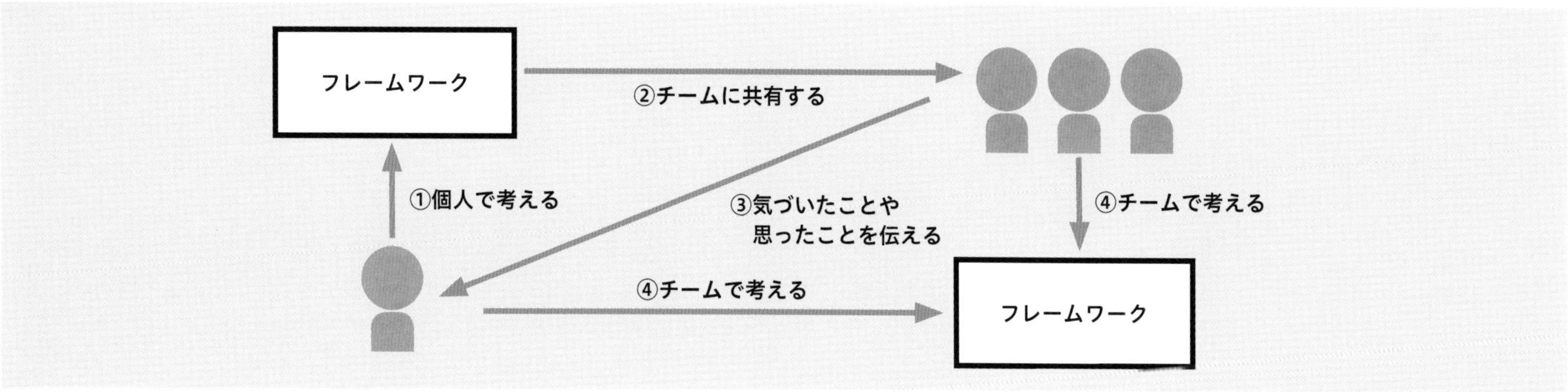

Chapter 4

離れる

アイデア創出のワークショップ

フレームワークには、散在した情報や断片的な要素を整理・構造化して収束させる機能を持つものと、アイデアを発散させる目的を持つものがあります。効果的に用いれば、収束や発散の過程で新しいアイデアを生み出せます。

宮木俊明（株式会社ネットマン）

テーマ　顧客管理システムのユーザーが抱える課題を解決する

背景

- あるシステム会社が提供している顧客管理システムのユーザーである「大企業のセールスパーソン」に、新たな価値提案を検討するプロジェクトが発足しました。
- これまでのデザイン思考を取り入れたアプローチによって、ユーザーが抱える本質的な課題は「顧客の管理」よりも「顧客の獲得」という仮説を導き出しました。
- ユーザーが抱える「顧客の獲得」という課題を解消するために、ベースとなるアイデアを創出するためにワークショップを行ないます。

用いるフレームワーク

- Yes, And（→56ページ）
- HMW（→52ページ）
- ブレインライティング（→54ページ）
- ペイオフマトリクス（→36ページ）

準備するもの

- ワークシート（HMW、ブレインライティング）：1人各1枚
- 白い模造紙：2枚
- ペイオフマトリクスのフレームを書いた模造紙：1枚
- 付箋、ペン（色も含めて全員同じもの）

ヒント

アイデア創出のワークショップでは、日常と違う雰囲気に持ち込み、意図的にマインドセットを変えると、普段は思いつかないアイデアが浮かびやすくなります。場所を変える、外部の人を招くなども有効です。

ステップ 1

フレームワークの設計の考え方

複数のフレームワークを段階的に活用していきます。フレームワーク同士の前後関係の中で「(前から)何を受け取り、(次に)何を渡すのか」をイメージしながら組み立てることが大切です。

①

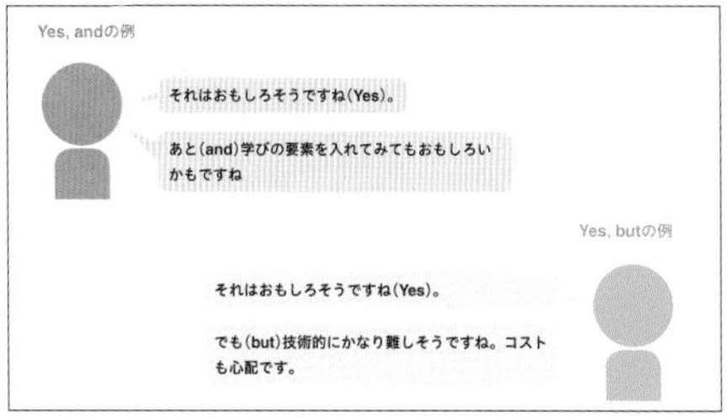

Yes, Andで、次のワークの「○○できる」につなげるアイデアを出し合います。アイスブレイクを兼ねながら、遊び心が推奨される「非日常の場」であることも共有します。

②

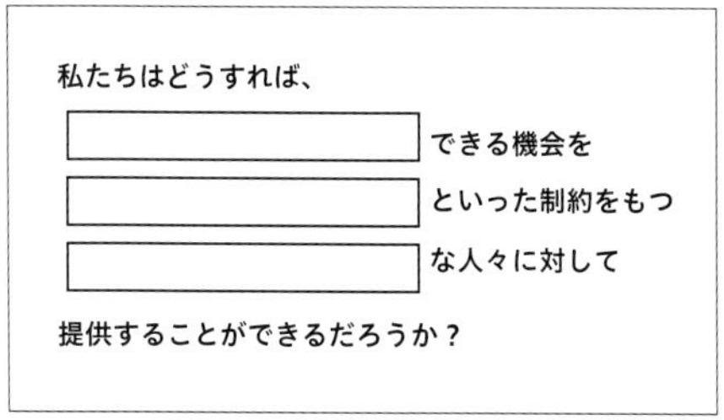

HMWを用いてコンセプトをつくり、ブレーンストーミングから「タネ」となるアイデアを出していきます。ワークシートに付箋で書き出していきましょう。

③

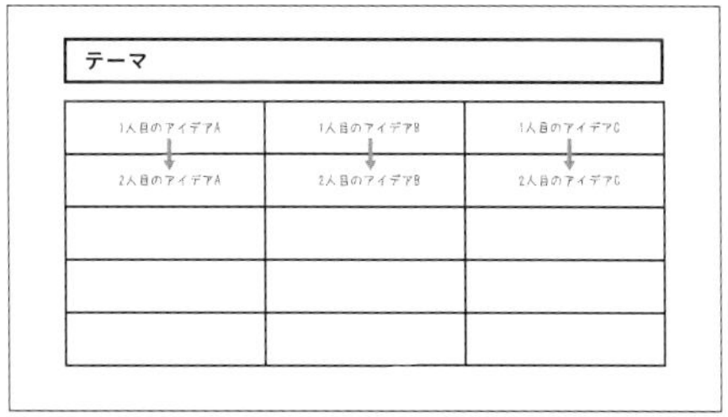

ブレインライティングを使って「タネ」を膨らませて、さらに多くのアイデアを出していきます。ここでも、ワークシートに付箋で書き出していきましょう。

④

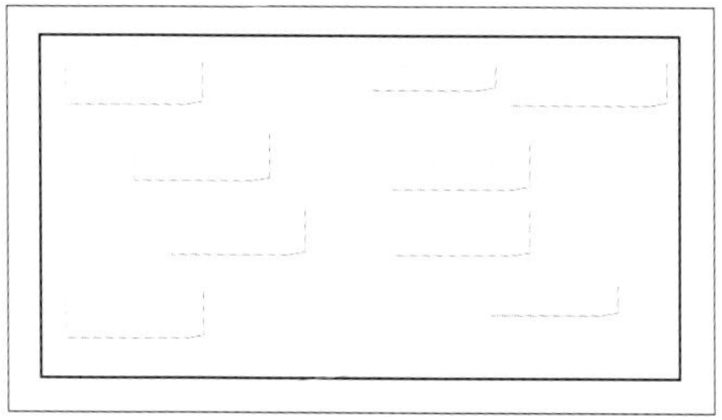

大量のアイデアが書かれた付箋を、白い模造紙にランダムに貼り出します。そして、全体を俯瞰し、挙がったアイデアを組み合わせたり、さらにアイデアをつけ足したりして、付箋を並べ替えていきます。

⑤

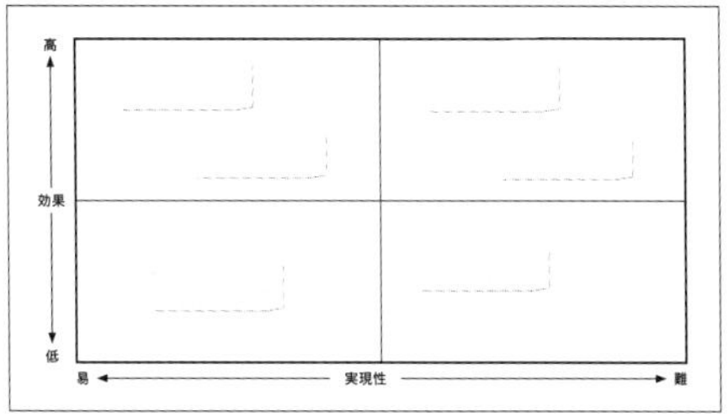

ペイオフマトリクスで分類し、配置を決めながら「どうすれば簡単に実現できるか」を考え、アイデアをブラッシュアップしていきます。最終的にいくつかのアイデアを選び出し、次のプロジェクトミーティングに持ち越します。

ステップ 2

プログラム例と進行上の注意点

複数メンバーでアイデアを育てていくために最も重要なのは、「誰かのアイデア」ではなく「全員のアイデア」にすること。そのために、アイデアを評価・抽出する前に「誰が出したアイデアかわからなくする」ステップを設けています。

「否定せずおもしろがる」「悪ノリもOK」「実現性は無視する」などのルールを、予め決めておくやり方もあれば、参加者の意見をもとに決めるやり方もあります。

テーマ設定が大切です。楽しんだ結果、次につながるアイデアが出てくる状態をイメージします。

必ずしもYes, Andのワークの内容を踏まえていない、まったく別のアイデアでもよいことにしましたが、テーマからは外れないように注意しましょう。

模造紙は全員が全体を見渡せるように、広いスペースに掲げます。模造紙でなくても、付箋を貼りつけられれば壁や窓でも代用できます。

タイムスケジュール例

時間	大項目	小項目
14:00	趣旨とグラウンドルールの説明	
14:05	Yes, And の説明と実施……①	・ペアワークをチームを変えて２回 ・全員で Yes, And ・振返りとアイデアの集計
14:30	HMW の説明と実施……②	・個人ワーク ・投票により決定（組み合わせてもよい） ・言い回しを含めて HMW が決定 ・ブレインストーミング
15:30	ブレインライティングの説明と実施……③	・ワークシートと付箋を準備 ・ワークシートを２分ごとに隣の人に渡す
16:00	（休憩）	
16:10	模造紙に貼り出す……④	・分類せず、ランダムに全部貼り出す ・アイデアのつけ足し、付箋を増やす ・アイデア同時を組み合わせて付箋を増やす ・ブレーンストーミングをしながら増やす
17:00	ペイオフマトリクスの説明と実施……⑤	・模造紙に貼った付箋を１人３枚まで選ぶ ・ペイオフマトリクスに配置する ・配置について話し合う ・実現に向け育てていくアイデアを２つ選択
17:30	終了	

誰か一人のアイデアに決めてしまうより、多くの意見を取り入れるのがベターです。よいものをベースに複数人のアイデアを組み合わせたり、言い回しを変えたりします。

「決定したHMWの実現」をテーマに、次のブレインライティングの足がかりになるようなアイデアを「質より量」で創出します。

このタイミングでは互いに話はせず、短時間で集中してアイデアを発散していきます。発想に集中できるよう、ほかの人が読みやすい字で書くことも大切。

話し始めると止まらなくなるまで、このタイミングまで「話さない」ことが大切。また、話し始めても「書くことを止めない」ようにしましょう。

このタイミングで出る新たなアイデアも歓迎します。付箋を並べ替えるだけでなく、似たアイデア同士は組み合わせてもOKとし、「どうしたら簡単に実現できるか」を考えるのも重要。

次の「具体化の検討」に進めるアイデアを2つ、投票で決めて次回に持ち越します。

ブレインライティングをチーム全体で実施して、ペイオフマトリクスにマッピングする前に「付け足し」や「組み合わせ」を促しました。「誰かのアイデア」ではなく「全員のアイデア」にすることで、アイデアを育て現実化していく次のステップがスムーズになります。

ステップ 3

ある参加者を中心にしたアウトプット例

ユーザーである「大企業のセールスパーソン」への新たな価値提案として、2つのアイデアを今後の検討する候補として絞り込みました。

①

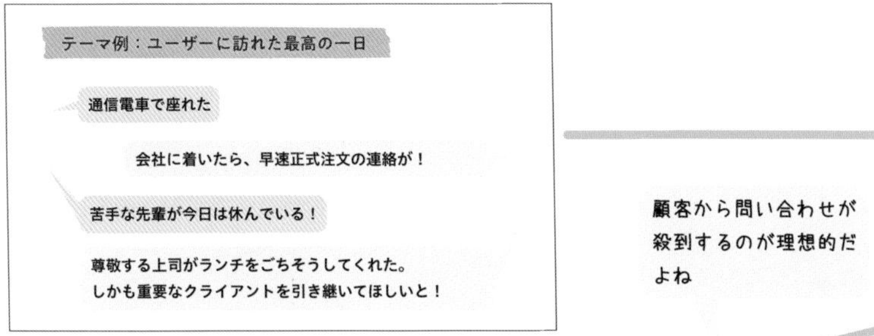

②

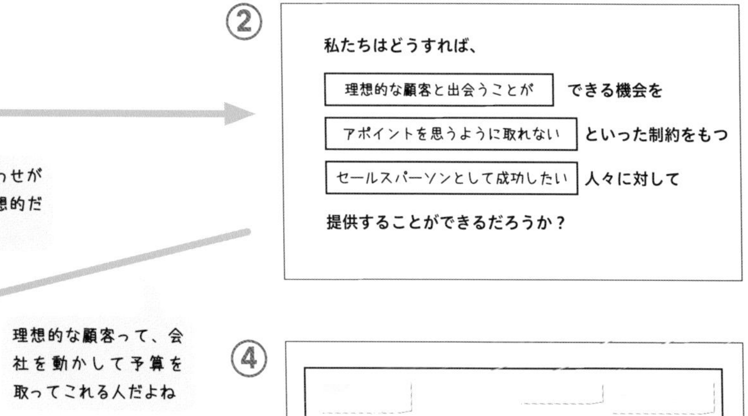

③

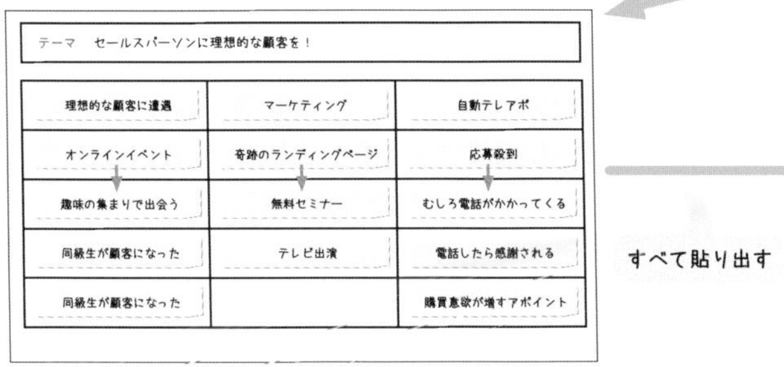

④

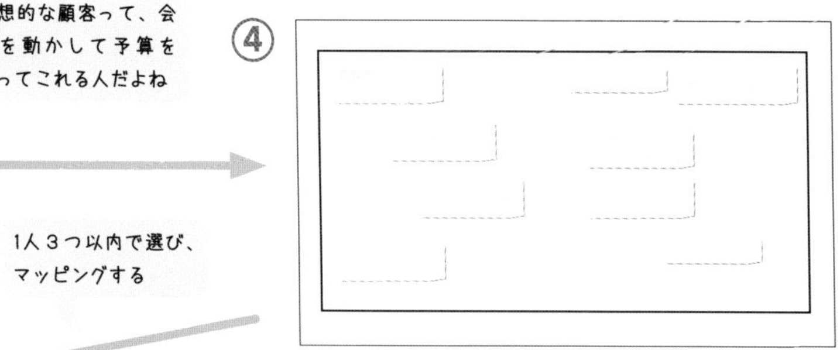

⑤

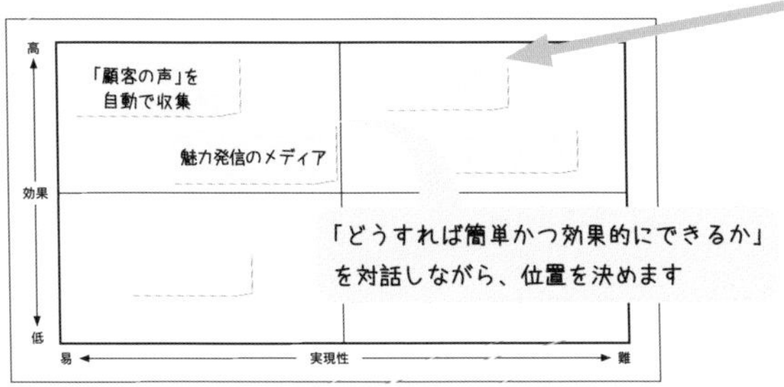

解説

アイデアの良し悪しそのものはこれからの展開次第ですが、「ユーザーが抱える顧客の声を自動的に収集してくれる何か」と、「ユーザーの製品サービスの魅力を伝えるメディアの展開」という、2つのアイデアが今後の検討候補に上がりました。

Chapter 4

離れる

人材育成のためのワークショップ

組織内での個人の成長にフォーカスしたワークショップの事例を紹介します。
フレームワークは、思考を整理して伝達するための共通言語として機能するため、
相互理解が重要な組織内の人材育成の場面で、多面的に活用されています。

宮木俊明(株式会社ネットマン)

テーマ　中堅商社の人材育成のワークショップ

導入目的

- ある中堅商社で、企業内の人材育成として「自らのありたい姿にもとづき主体的に行動を見いだす」をテーマに、ワークショップ型の一日研修を計画することになりました。
- 言われたことをこなすだけでない「主体性」は、自らの内面からわき起こるモチベーションの源泉を知る必要があります。そこに向き合うためのデザインをしました。

参加者

- 入社5年目の社員10名(5名1グループに編成)
- ファシリテーター1名

用いるフレームワーク

- Being Doing Having (→94ページ)
- レゴ®シリアスプレイ® (→60ページ)
- Will Can Must (→90ページ)
- YWT (→106ページ)

準備するもの

- ワークシート
  (Being Doing Having、Will Can Must、YWTを各一人1枚)
- 付箋、筆記具、メモ用紙
- レゴ®ブロック(1人1セット)

ヒント

「Being Doing Having」をベースとし、Beingを「レゴ®シリアスプレイ®」で、Doingを「Will Can Must」で、ワークショップ全体を「YWT」で補完する設計です。

ステップ 1

フレームワークの設計の考え方

ワークショップの中で4つのフレームワークを順番にこなすだけでなく、フレームワーク同士がどう関連づいていくのか、構造的な理解が大切になります。

①

まず、自身の普段の業務における行動（Doing）が、どういった目的やありたい姿（Being）のために行なわれており、結果（Having）何を手にしているのかを、いったん整理します。

②

Beingが明確でないことを認識し、短時間で言語化するために、「レゴ®シリアスプレイ®」を通した可視化・対話から得る「気づき」を利用します。

③

レゴ®シリアスプレイ®から得た新たな「気づき」をもとに、Beingの再確認・見直しを行ない、さらに新たなDoing（Will）を見いだします。

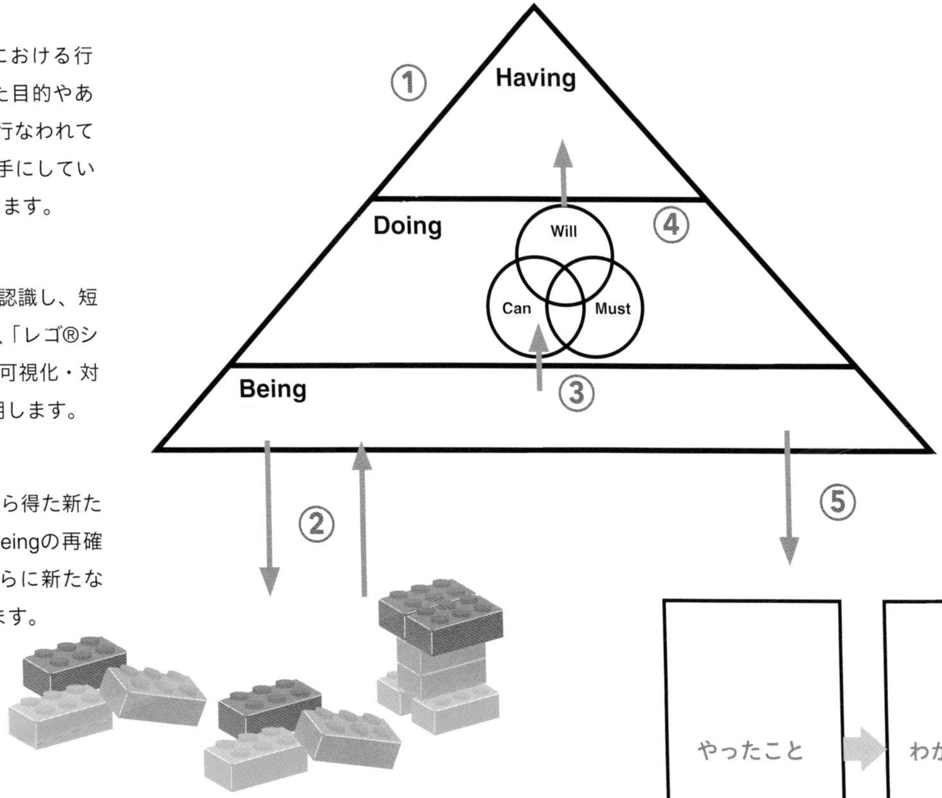

④

新たなDoingは「Will Can Must」のWill（意志）に該当します。DoingとWilが重なる部分を増やすための新たな行動計画を作成します。さらに、それによってどのようなHavingがあるかを確認し、行動の意義を共有します。

⑤

最後に、YWTでワークショップ全体をふりかえります。

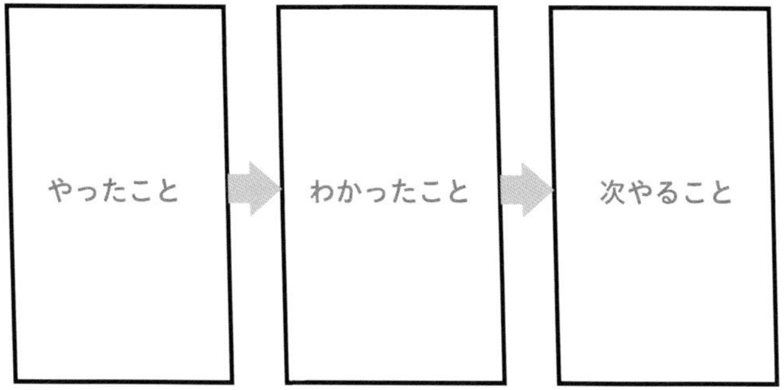

「Being Doing Having」をベースに、Beingを「レゴ®シリアスプレイ®」で可視化・言語化し、補完します。さらに、「Will Can Must」でDoingの中を整理し、新たな行動を具体化します。それらすべてを包括し、「YWT」でワークショップ全体をふりかえります。

ステップ 2

プログラム例と進行上の注意点

ワークショップでは参加者全員がリラックスし、本音を話してよい場であるということを共有するためにも、素直な感情も含めて発言することが大切です。

タイムスケジュール例

時間	大項目	小項目
9:30	チェックイン／全体の概要説明	
9:40	Being Doing Having の説明と実施……①	・説明（10 分） ・個人ワーク 1（20 分） ・グループ内で中間発表（10 分） ・個人ワーク 2（20 分） ・全体発表（20 分）
11:00	レゴ ® シリアスプレイ ® の説明と実施……②	・説明＋導入のグループワーク（60 分） (昼休み：60 分) ・Being の可視化グループワーク（45 分） ・全体発表（15 分）
15:00	Being Doing Having に戻る……③	・Being や Doing（Will）の再構築（15 分） ・全体発表（15 分）
15:30	Will Can must の説明と実施……④	・説明（10 分） ・個人ワーク 1（20 分） ・グループ内で中間発表（10 分） ・個人ワーク 2（20 分） ・全体発表（1 人 2 分）
16:50	YWT による振り返りの説明と実施……⑤	・説明（10 分） ・全体発表（20 分）

Havingにはマイナスのことを書いてもよいという説明をし、本音を出せる場であることを示しました。

レゴ®の作品は最終的に分解してしまうので、写真を撮って記録をする準備を事前にしておきましょう。

ここでの書き換えなどを考慮し、全般的にワークシートへ直接記入するよりも付箋を使うのがおすすめです。

人材育成・能力開発の観点からは、Will Can Mustの「重なる範囲内で何かをしよう」という視点より、いかに「重なる部分を大きくしていくか」の視点で行動計画を立てるのが大切です。

ここでの「次にやること」は、これまでのワークで見いだした新たな行動だけでなく、例えば「自分がワークショップを主催する側だとしたら」や「参加者として次に参加するとしたら」など、ワークとして取り組んだこととは別の視点で「気づき」を活かすのも有効です。

ステップ 3

ある参加者（総務部のスタッフ）の記入事例

行動計画が実践されなければ、ワークショップの意味が失われてしまいます。実践状況を継続的に振り返る機会を持ちながら、学び合った者同士でフィードバックし合うことも計画しましょう。

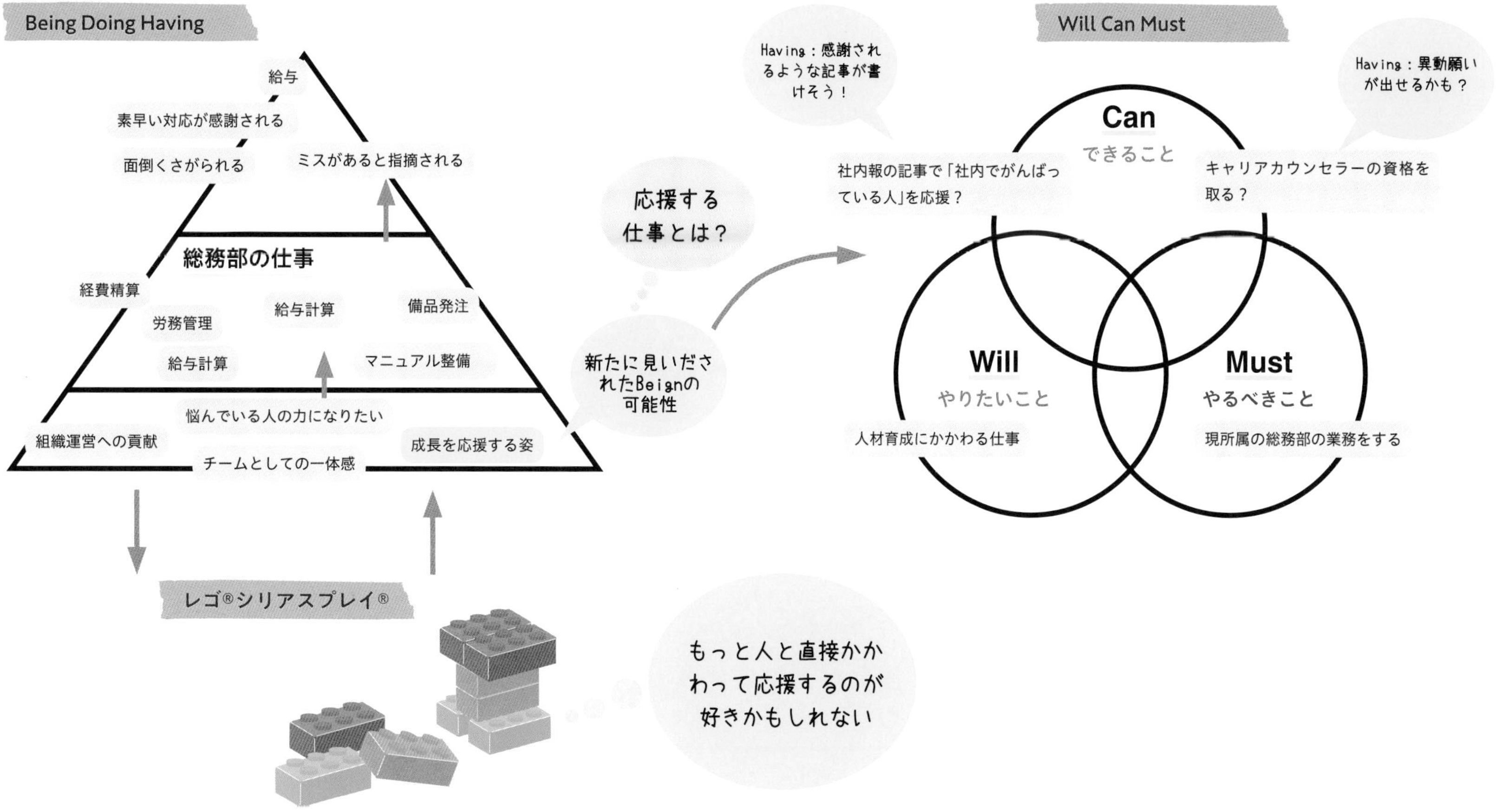

YWT

行動計画①：社内報の現担当者と上司に話をして、
社内報の担当に入る

行動計画②：資格のための情報収集と福利厚生制度
の確認、勉強の開始

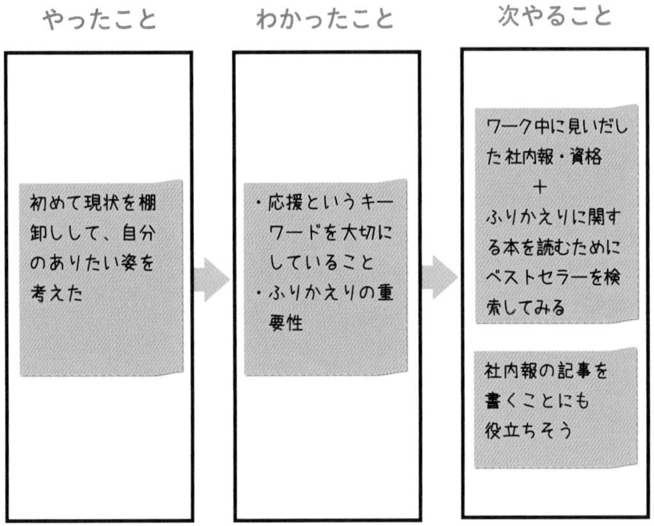

全体の相関図

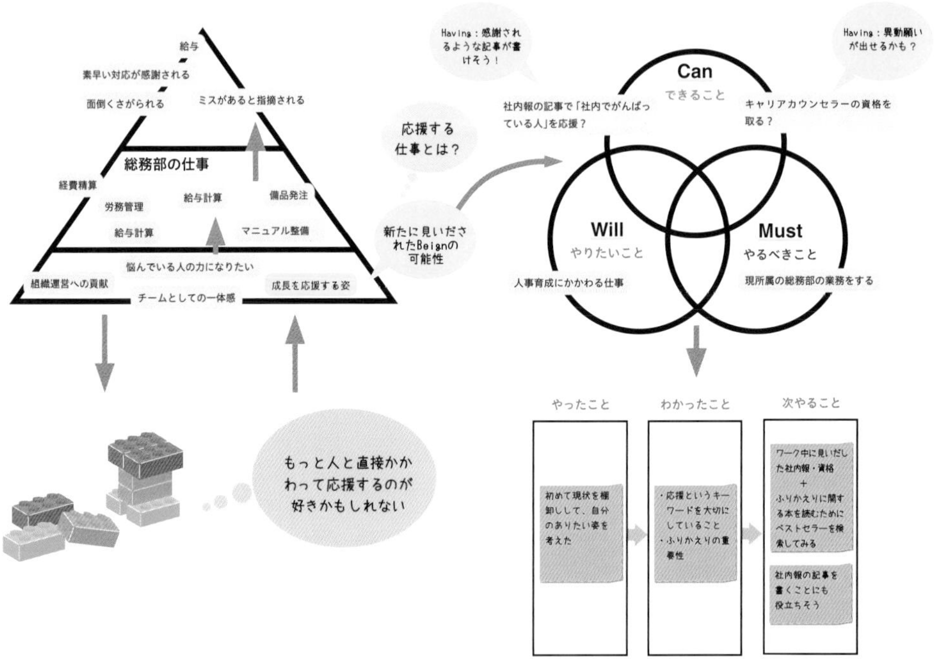

解説

ITシステムを活用して、今回のワークショップで見いだした行動計画や「次にやること」を全員で共有し、実践状況を記録していくことにしました。加えて、2週間後に部署内ミーティングで、口頭での進捗の共有と相互フィードバックの時間をとることにしました。そこで、PDCAにフィードバックのFを加えた「PDCFA」のフレームワークを使用できるように準備しておきます。

Chapter 4 離れる

新規事業のコンセプトを考えるワークショップ

新規事業の方向性とイメージを固めるプロセスで、
フレームワークをどのように活用したかを紹介します。
新規事業開発のワークショップでフレームワークを用いました。

栄前田勝太郎（株式会社ゆめみ）

テーマ 新しいWebサービスのコンセプトを考える

目的

・Webサービスを提供する企業の新規事業開発として、「これから先の主軸を担う事業をつくり出す」ことを目的に、数か月に渡るプロジェクトをデザインしました。

・現在の自分たちのあり方を見直しながら、自走するチームをつくり上げることも目的にしていました。

参加者／実施期間

・社長を含めた各チームリーダー
合計6名＋ファシリテーター1名
・週1回のワークショップを3ヶ月間継続

用いたフレームワーク

・未来思考（→102ページ）
・ペルソナ（→46ページ）
・共感マップ（→48ページ）
・リーンキャンバス（→86ページ）
・ストーリーボード（→70ページ）

ヒント

新規事業の検討にあたっては、まず「なぜそれを行なうのか」というWhyを考えることから始めます。そのためにはステークホルダーやプロジェクト・オーナーとなる役割の人に参加してもらうことが重要となります。

ステップ 1

プロジェクト設計の考え方

新規事業をプロジェクトメンバーで考えていくにあたって、まずどのようなプロセスが必要かを設計しました。プロジェクトのスタート後に、対話を繰り返し、話の向かう方向に応じて必要なフレームワークを適宜選択していきました。

プロジェクト設計

1ヶ月目	2ヶ月目	3ヶ月目
自分たちが考える未来の世界のイメージを、プロジェクトのメンバー間で共有するために、「未来思考」の考え方を使って絵と言葉で可視化しました。	「ペルソナ」「共感マップ」を利用して、未来の世界の顧客層が求めるであろうことを具体化し、新サービスの目指す方向を見いだしました。	「リーンキャンバス」でサービスの全体像を明確化し、「ストーリーボード」で具体的なアイデアを考え出すというプロセスで、新サービスのコンセプトづくりを進めました。

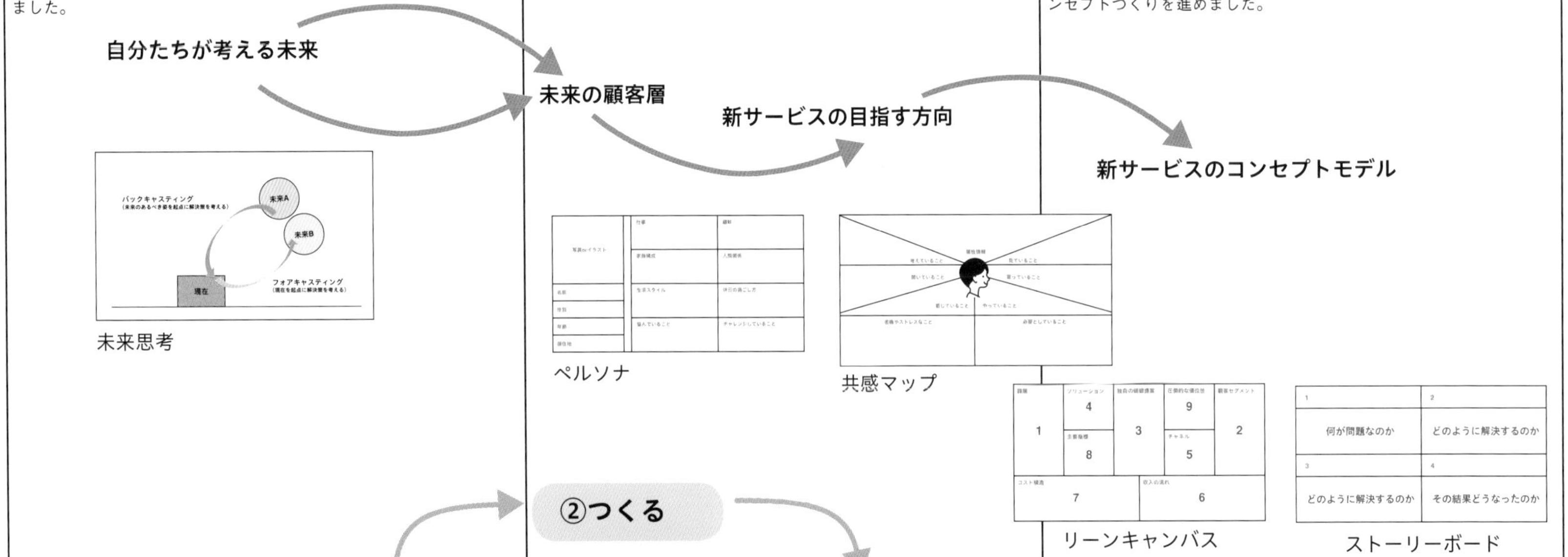

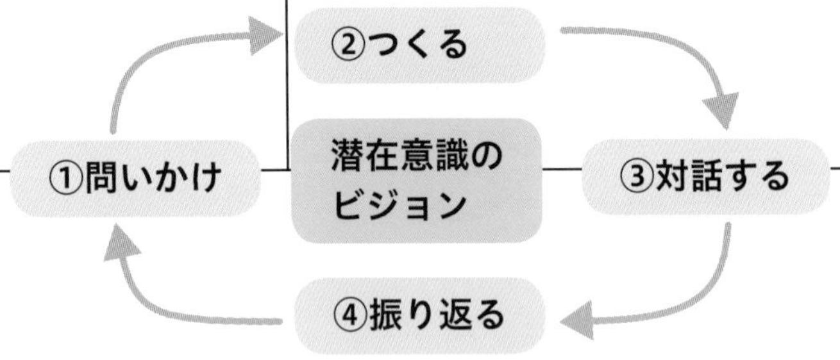

このように、自分たちに問いかけながらメンバーで対話を繰り返し、その中で具象化と抽象化を行き来して、自分たちがつくり出すサービスの解像度を上げていったのです。

ステップ 2

プログラムと進行上の留意点

継続的に実施するワークショップでは、実施した内容に連続性を持たせることがとても重要です。1回ごとに閉じるのではなく、次の回につなげることを目的に設計すると、回を重ねるごとに参加者の関係性と理解が深まります。

タイムスケジュール例

今週のプログラム	所要時間
チェックイン	10 分
前回のふりかえり	10 分
事前課題の確認	20 分
本日のテーマとゴールを説明	10 分
本日のワーク	120 分
チェックアウト	10 分

チェックイン：本日取り組むワークの準備。その日のテーマにつながるチェックインテーマをもとに、参加者がひと言ずつ話していきます。

前回のふりかえり：前回実施したことをふりかえります。

事前課題の確認：今日取り組むテーマに関連した事前課題について確認し、今日取り組む内容につなげます。

本日のテーマとゴールを説明：今日取り組むテーマをどのような手順で進め、何をゴールに設定するかを参加者に伝えます。

チェックアウト：今日行なったことについて振り返ります。ワークの間に話せなかったことを共有します。

事前課題

事前課題：次回まで日数が空く場合、その間をつなぐために事前課題を設けましょう。

来週のプログラム	所要時間
チェックイン	10 分
前回のふりかえり	10 分
事前課題の確認	20 分
本日のテーマとゴールを説明	10 分
本日のワーク	120 分
チェックアウト	10 分

解説

最初に設定したロードマップをもとに必要に応じてフレームワークを利用し、自分たちがつくり出すもののイメージを具体化していき、最終的にコンセプトブックという形にまとめ上げました。

Chapter 4

離れる

部門ごとの戦略立案のための統合フレームワーク

組織内で部門別ごとに半期の戦略立案のため、
複数のフレームワークを統合して導入した事例を紹介します。
この統合フレームワークをOrganization Canvas（組織キャンバス）と命名しました。

竹田哲也（株式会社アトラエ）

テーマ 各部門の半期の戦略を立案する統合フレームワーク

課題・背景

・各部門の戦略を練る中で、これまでマネージャーの裁量で自由に資料を作成してきており、クオリティにバラつきがあるという課題がありました。

解決方法

・資料の見せ方や整理の仕方に試行錯誤する時間を使わず、中身の検討や本質的な議論に集中できるよう、体系的に整理できる統一した型が必要とのことで、右ページの統合フレームワークを作成しました。

元になったフレームワーク

・ミッション・ビジョン・バリュー（→98ページ）
・SWOT分析（→40ページ）
・リーンキャンバス（→86ページ）
・KPIツリー

ヒント

統合フレームワークの中で定性目標と定量目標を同時に扱い、施策の行動ができているかを指標化するところまで落とし込めると、日々の業務にも意欲的に取り組めるようになるでしょう。組織全体で型を統一し、共有すると部門間の相互理解にもつながります。

ステップ 1

新しくフレームワークを作成したときの考え方

この統合フレームワークでは、ただフレームワーク同士をくっつけるのではなく、それぞれのよい要素を抜き出し、項目ごとのつながりをつくることで、上から順に記入できるよう設計していきました。

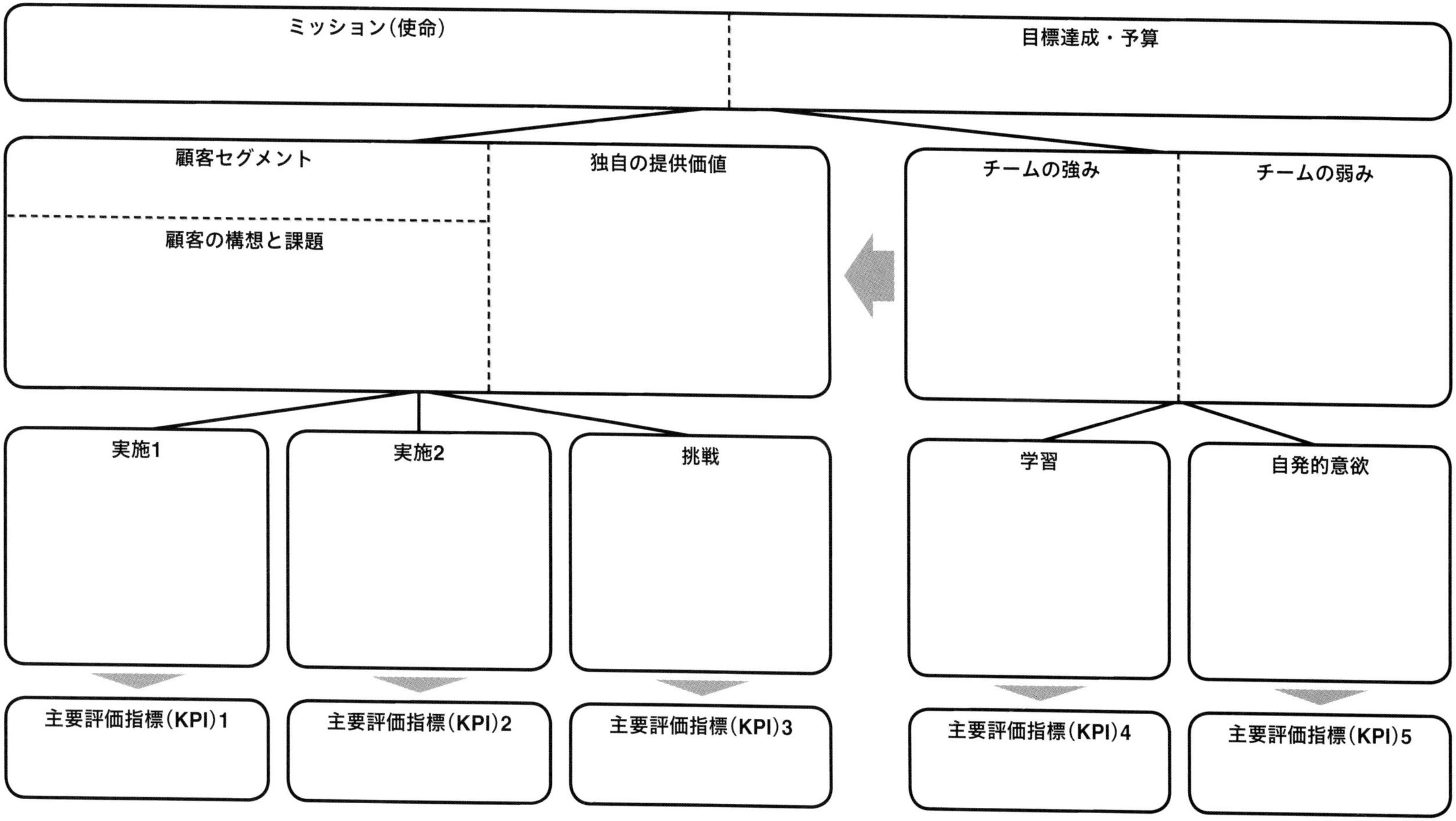

ステップ
2

「ミッション・ビジョン・バリュー」のカスタマイズ

ミッション・ビジョン・バリューの原型は3つの要素がピラミッド状になったものですが、
ミッションを上段に、ビジョンとバリューを下段に配して、3つの要素が三角状に結ばれるよう変えています。

ミッション・ビジョン・バリュー

Organization Canvas

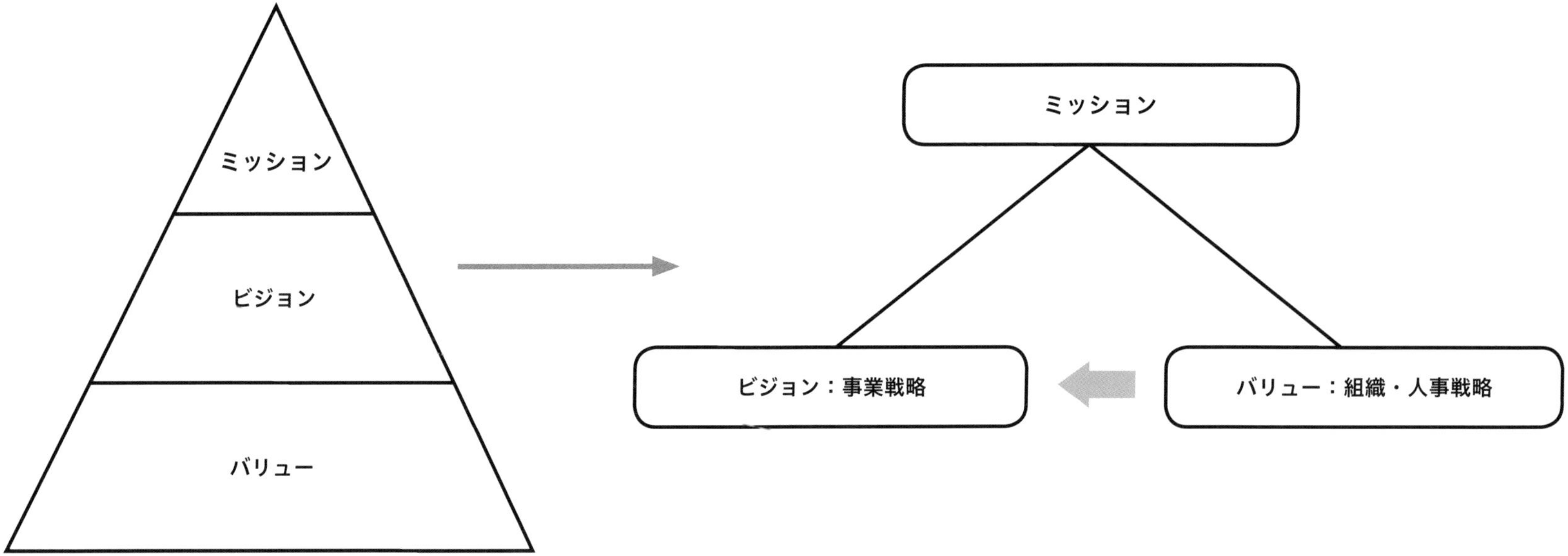

解説

サービスやプロダクトは、ヒトやチームなどの集合体から生み出されます。ヒトの集合体は事業と組織に分けられ、それぞれが戦略がともないます。事業と組織が両輪となりミッションの実現に向けて突き進むため、ミッションを旗印として最上段に置きます。ビジョンを事業の定性的目標、バリューを組織の定性的目標と設計して、3つの要素を三角状に配置しています。

ステップ 3

細分化し、フレームワーク化していく

カスタマイズしたミッション、ビジョン、バリューを、上段から順にそれぞれ細分化していきます。

ミッションを分解

ミッション(使命)	達成目標・予算

最上段のミッションは、定性目標とする「使命」を左側へ、定量目標となる「達成目標・予算」を右側へ設置することで分解できます。

ビジョン(事業の定性的目標)を分解

顧客セグメント	独自の提供価値
顧客の構想と課題	

左側のビジョンは、担当する事業・サービスの顧客に向き合うよう、リーンキャンバス(→86ページ)の顧客に関わる要素「顧客セグメント」と「課題」を書けるようにしました。また、リーンキャンバスの「独自の提供価値」について、チームや社内で認識を合わせるのが重要と考え、フレームワークの中央に置きました。

バリュー(組織の定性的目標)を分解

チームの強み	チームの弱み

事業は組織が生み出し支えているものですので、右側のバリューから分解していきます。バリューは、チームのことを把握すべきと考え、現状分析に特徴のあるSWOT分析のSとWにあたる「強み」と「弱み」を設置して、まずはチームを分析するようにしました。

ステップ
4

下段をロジックツリー状に分解していく

ロジックツリーのようにビジョンとバリューに紐づけ、
実際に実行する施策を記入できるようにしてします。

ビジョンをさらに分解

実施1

実施2

挑戦

事業側に紐づく施策が3つ記入できるようにしています。うち1つは、成功したら大きいメリットとなるような「挑戦」を意識的に考えるよう、名称を変えています。

バリューをさらに分解

学習

自発的意欲

組織側には、組織が成長するための「学習」と、一人ひとりの姿勢や意欲を高めるための「自発的意欲」、2つの観点を施策を実行できるようにしています。

さらにKPIに分解

主要評価指標(KPI)1

主要評価指標(KPI)2

主要評価指標(KPI)3

主要評価指標(KPI)4

主要評価指標(KPI)5

実施する施策の良し悪しを定量的に測定できるよう、どういった指標で、それはどのぐらいの目標値となるか、「主要評価指標(KPI)」に関連づけられるようにしました。

記入例（不動産営業部の場合）

ミッション（使命）
不動団業界をデジタル最先端の市場にする

目標達成・予算
FY2020：売上120億、粗利12億

顧客セグメント
デジタルシフトしている不動産系クライアント

顧客の構想と課題
よりよい住まいと暮らしで未来の都市へ。
・スマホをチャネルとしてマーケティングの遅れ
・社内のデジタル人材の不足
・最先端技術の可能性の検討ができない

独自の提供価値
業界特化の組織構造により、業界のことをよく理解しており、細かいニーズまで応えられるネットワークやつながりを持っている

チームの強み
業界特化の組織構想

チームの弱み
他業界のトレンドを不動産向けにリバイスする力

実施1
さらなる業界特化

主要評価指標（KPI）1
取引者数

実施2
今まで以上のCS向上

主要評価指標（KPI）2
顧客満足度

挑戦
AR/VR/MRを駆使したサービス企画

主要評価指標（KPI）3
アイデア数・プレゼン数

学習
未来の新しいテクノロジー（AR/VR/MRやAI・IoT）の知識をつける

主要評価指標（KPI）4
勉強会参加率

自発的意欲
業界知識のさらなる向上

主要評価指標（KPI）5
社内勉強会開催数

解説

ビジョンや目標から逆算できるよう、記入する場合は上から順に埋めていきます。この統合フレームワークに記入できるのは、ある期間の1点を輪切りにしたような内容です。日々業務していく中で内外問わず状況が変化し、一定期間が経つと実態との乖離が生まれますので、随時更新が必要になります。

Chapter 4

離れる

イノベーションのプロセスを可視化してみる

新しいアイデアによって既存の延長線上にはない新たな価値を創造し、
社会や組織に変革を起こすイノベーション。
イノベーションを創出するために不可欠な3つのプロセスを可視化してみます。

宮木俊明(株式会社ネットマン)

テーマ　オープンイノベーションによる新規事業の開発

導入目的

イノベーションを生み出す試行錯誤の中で必須となる、次の3つのプロセスを可視化・共通言語化してみます。

①解決すべき課題とそれにフィットする価値提案のデザイン
②ビジネスモデル・デザイン
③テストマーケティングやプレゼンテーション

参加者

オープンイノベーションによる新規事業開発のプロジェクトメンバー3名＋α

用いるフレームワーク

長く使い続けられ、相互に関連があるなどの観点で、以下の4つを選出しました。

- ゴールデンサークル(→124ページ)
- バリュープロポジションキャンバス(→76ページ)
- ビジネスモデルキャンバス(→82ページ)
- PASONAの法則(→68ページ)

ヒント

フレームワークを導入するだけでイノベーションを生み出せるわけではありませんが、その過程でフレームワークを使用するタイミングや目的を知ると、イノベーション創出のプロセスをイメージすることにつながるでしょう。

ステップ 1

フレームワークの設計の考え方

一つひとつのフレームワークを完成することが目的ではなく、また決して一直線に進むものではありません。同時進行させながら、行きつ戻りつして検討していくことになります。

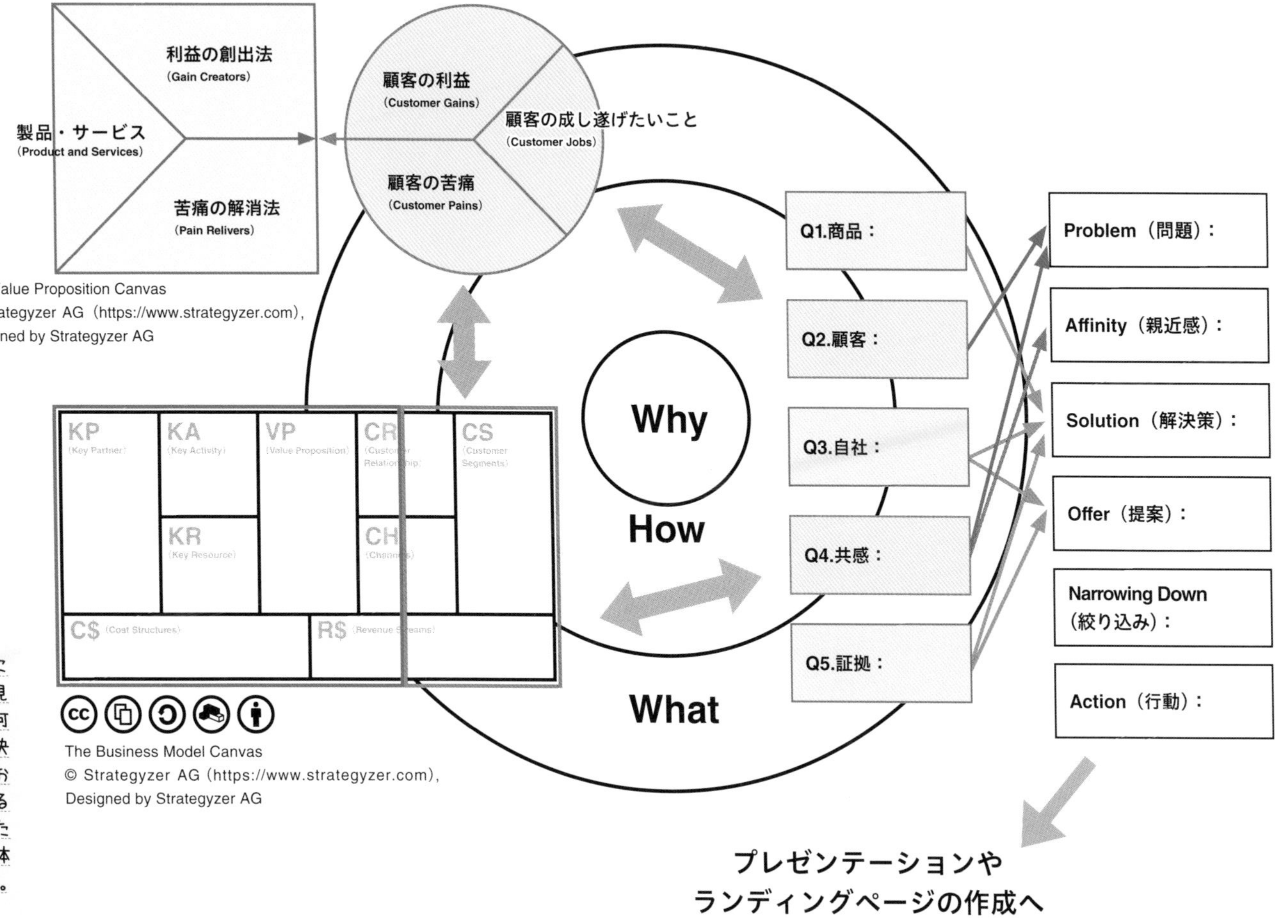

The Value Proposition Canvas
© Strategyzer AG（https://www.strategyzer.com）,
Designed by Strategyzer AG

The Business Model Canvas
© Strategyzer AG（https://www.strategyzer.com）,
Designed by Strategyzer AG

フレームワークを用いる前段階にイノベーションの「きっかけ」を見いだす過程があります。現状に何らかの課題を発見し、「それが解決された世界」というビジョンがおぼろげにでもイメージされていることが前提となります。こうしたきっかけは多くの場合、個人の体験の中から見いだされるものです。

ステップ
2

プロジェクトの例と進行上の注意点（数ヶ月〜数年）

原体験や価値提案はユニークなものが多くなりますが、既存のビジネスモデルやプレゼンテーションなどには「成功の原型」が多くあります。それらを広義のフレームワークとして、いったん当てはめてみるのも有効です。

プロセス	使用フレームワーク
①原体験からの課題発見とビジョン構想 未だ実現していない新たな世界を描く想像力が鍵になります。	**Why が想起される** HowやWhatはまだ確定しない世界（むしろ確定させてはいけない）
②解決すべき課題とそれにフィットする価値提案のデザイン 想定顧客の観察やインタビューを通じて課題当事者を理解し、課題を深掘りするなかで、創造力を発揮し、価値提案をデザインします。	**バリュープロポジションキャンバス** Whyを深掘りし、見い出された課題にフィットした価値提案（HowとWhat）を仮置き
③ビジネスモデル・デザイン 価値提案をどのように生み出して顧客に届け続けるのか、事業として成立させるためのメカニズムを構造的に捉え、実現性を踏まえてデザインします。	**ビジネスモデルキャンバス** Whyにもとづいた価値提案（HowとWhat）を、持続的・発展的に提供し続けるための仕組みを構築
④テストマーケティングやプレゼンテーション 解決すべき課題、Why・How・What、その価値提案を持続的に継続させる仕組みをメッセージにして、ステークホルダーの想像力を掻き立て行動を促します。	**PASONA＋ゴールデンサークル** Why・How・What が仮説的に確定

分析的な結論よりも、個人の体験（興奮、憤り、楽しさ、発明、恐怖、執着など）がベースになる場合が多いでしょう。

チームを結成する、あるいは引き続き個人で進める場合もあります。このフェーズで「想定顧客」と実際の接点を持ち、フィードバックを受けることが極めて重要です。

ビジネスモデルとして完成させることが目的ではなく、「事業として成立する可能性がありそう」ということをチーム内で共通認識できれば十分です。事業計画とは異なり、この段階で実行計画や精緻な収益計算に時間を費やすことは避けましょう。

想定顧客やチームメンバーの候補、投資家、社内の役職者、協力者など、さまざまな相手に、柔軟にメッセージを繰り出す必要があります。核となる「Why How What」を軸に、顧客を聞き手と捉え直して、PASONAで整理するのが効果的です。

③以降のプロセスは、プロトタイプの準備→実証実験などが続きますが、総じて「Whyを明確に」すると同時に、「HowやWhatは柔軟に」というスタンスをキープしましょう。

ステップ 3

研究用サンプルの外部保管＋共有化サービスの事例

やや特殊な事例ですが、成功事例に後付けでフレームワークを当てはめたものではなく、筆者が実際にフレームワークを活用して、これまでになかったサービスをローンチしたものです。

ゴールデンサークル

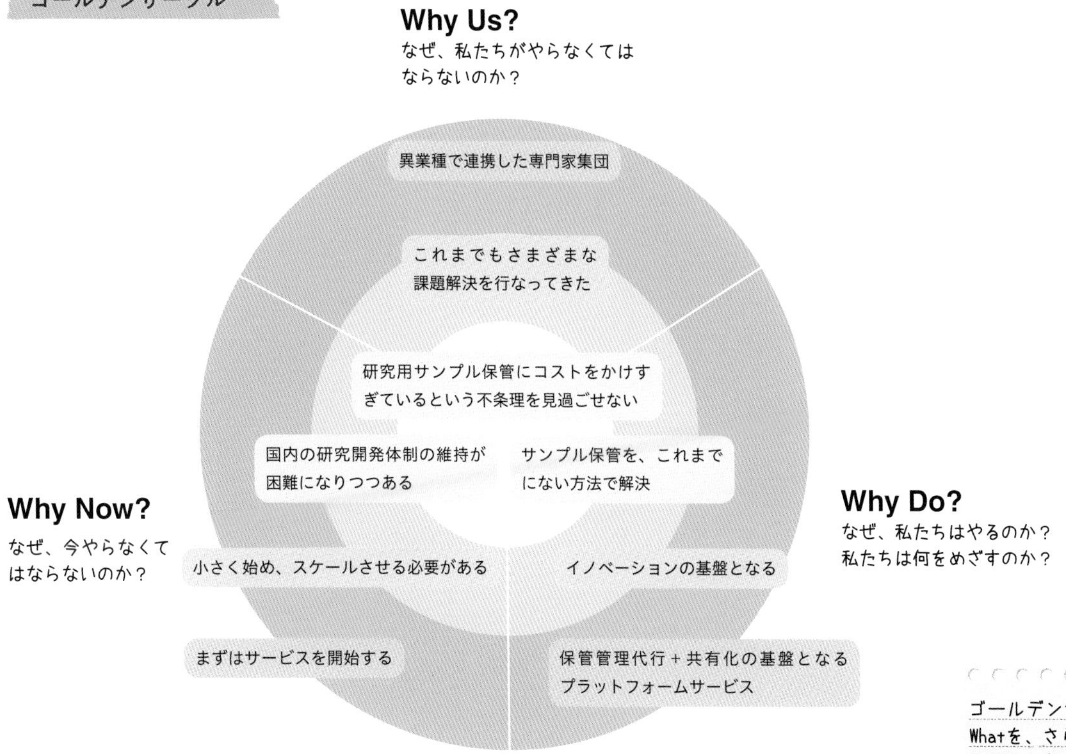

・Before：研究用サンプルの保管管理にコストが掛かりすぎており、研究予算の削減の矢面に立たされ、研究の継続が危ぶまれていた。

↓

・After：法令による縛りをクリアし、共有化による低コストでの「アウトソース」という選択肢を提供。サンプルを活用した研究の継続が可能になっただけでなく、「共有化」により研究成功の可能性を拡げた。

ゴールデンサークルのWhy・How・Whatを、さらに、Do・Us・Nowの3領域に分割して使用しました。それぞれの領域でのWhy→How→Whatを思考し続けるプロセスになります。

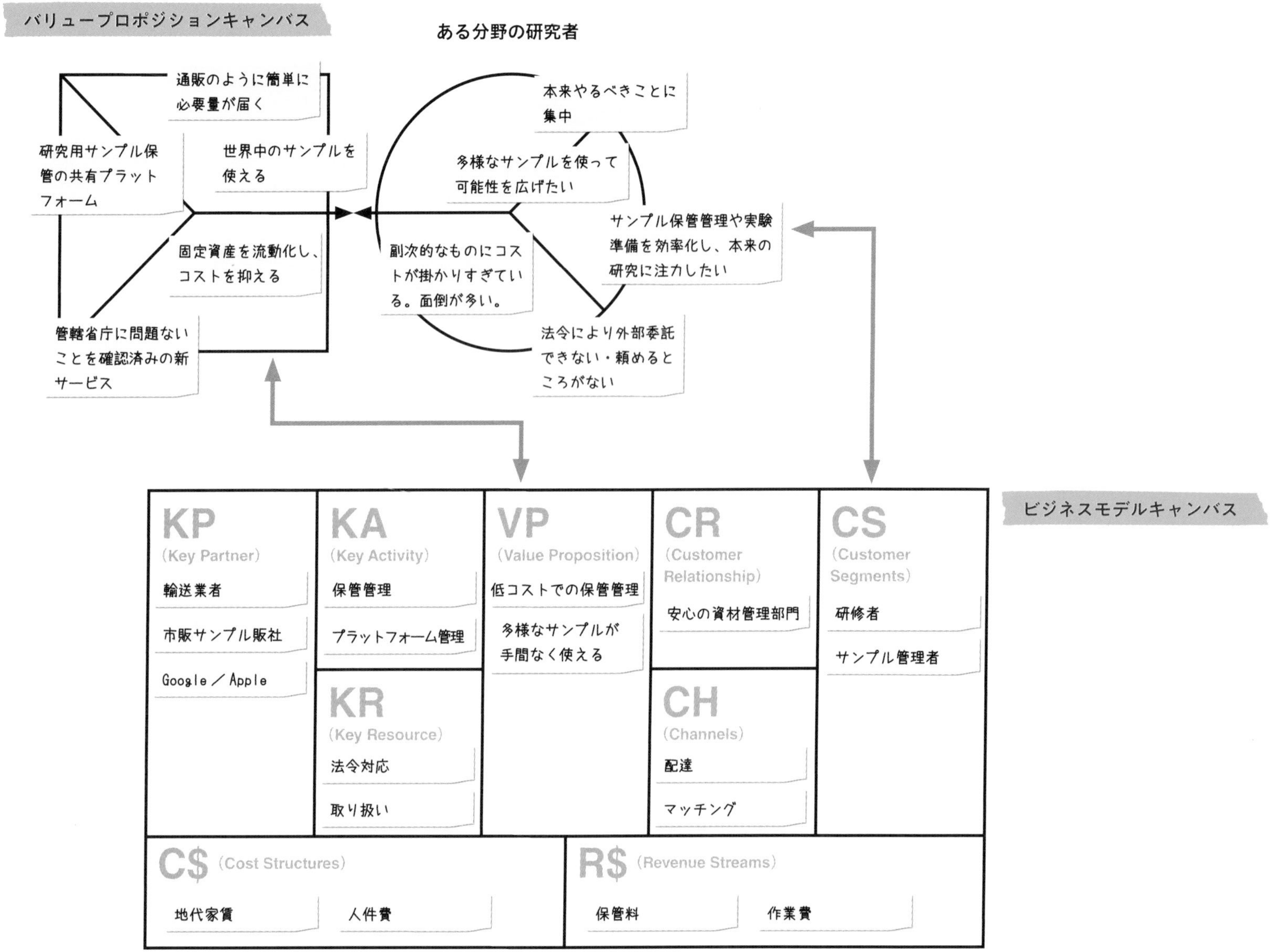
バリュープロポジションキャンバス
ある分野の研究者
通販のように簡単に必要量が届く
研究用サンプル保管の共有プラットフォーム
世界中のサンプルを使える
固定資産を流動化し、コストを抑える
管轄省庁に問題ないことを確認済みの新サービス
本来やるべきことに集中
多様なサンプルを使って可能性を広げたい
サンプル保管管理や実験準備を効率化し、本来の研究に注力したい
副次的なものにコストが掛かりすぎている。面倒が多い。
法令により外部委託できない・頼めるところがない
ビジネスモデルキャンバス
KP
(Key Partner)
輸送業者
市販サンプル販社
Google／Apple
KA
(Key Activity)
保管管理
プラットフォーム管理
KR
(Key Resource)
法令対応
取り扱い
VP
(Value Proposition)
低コストでの保管管理
多様なサンプルが手間なく使える
CR
(Customer Relationship)
安心の資材管理部門
CH
(Channels)
配達
マッチング
CS
(Customer Segments)
研修者
サンプル管理者
C$ (Cost Structures)
地代家賃
人件費
R$ (Revenue Streams)
保管料
作業費

PASONAの法則

ベースとなる5つの質問	回答を以下の順番に再構成する
Q1.商品： サンプル保管・共有プラットフォーム	**Problem（問題）：**
Q2.顧客： 場所やコストで悩む研究者・サンプル管理者	**Affinity（親近感）：**
Q3.自社： 法令上も実施可能であると確認済みの専門家集団が、低コストで管理	**Solution（解決策）：**
Q4.共感： サンプルは多いほうがよいが、管理は面倒	**Offer（提案）：**
Q5.証拠： 保管管理や作業代行のみならず、研究機関同士の共有化により研究の可能性を広げる	**Narrowing Down（絞り込み）：**
	Action（行動）：

全体の相関図

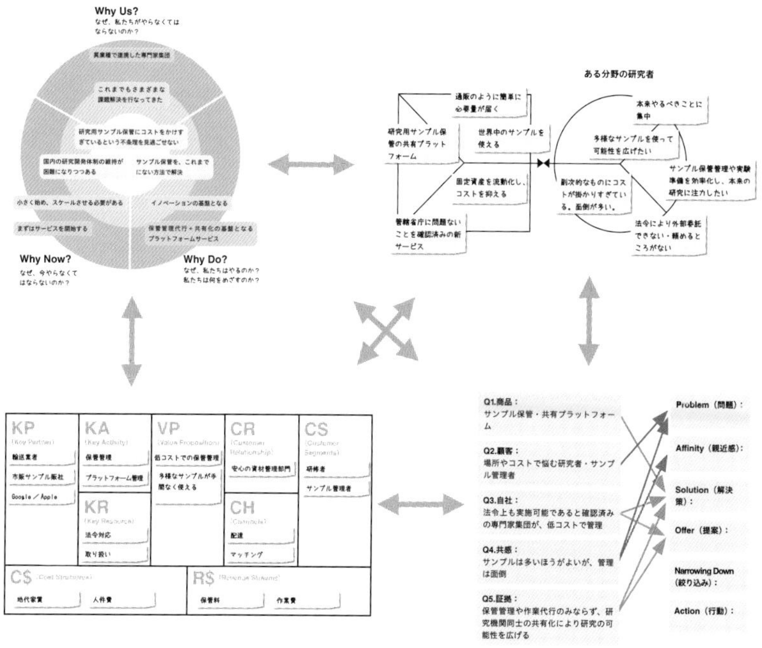

プレゼンテーションや
ランディングページの作成へ

解説

ステップ3の各図は、フレームワークで検討した要素を、ステークホルダー向けのプレゼンテーションや営業資料に盛り込むイメージで作成しています。実際に、先行して「営業用資料にまとめてみる」ことで、インタビューが不十分だった点などが発見されることも多いはずです。

Chapter 4
離れる

リフレクション・エクササイズ

フレームワークは使いながら随時アップデートしてしていくのも大切です。
最後に、フレームワークを活用する過程で、
リフレクション（省察）しながら改善していくエクササイズを紹介します。

竹田哲也（株式会社アトラエ）

「リフレクション」が改善につながる

フレームワークを使って情報を整理する過程の見直しを行なうと、次回以降、今より短時間でアウトプットできたり、情報のクオリティが上がったりと、よりよい「学び」につながります。こうした見直しを「リフレクション」と呼んでいます。リフレクションには「反射」のほか、「省察、内省」などの意味があります。

一人でリフレクションすることもできますが、アウトプットのプロセスをチームで進めるのであれば、チーム全体でリフレクションして学びを深めるほうが次につながります。

フレームワークは、経験学習サイクル（→114ページ）を簡易にしています 図1。

図1 リフレクション・エクササイズで利用するフレームワーク

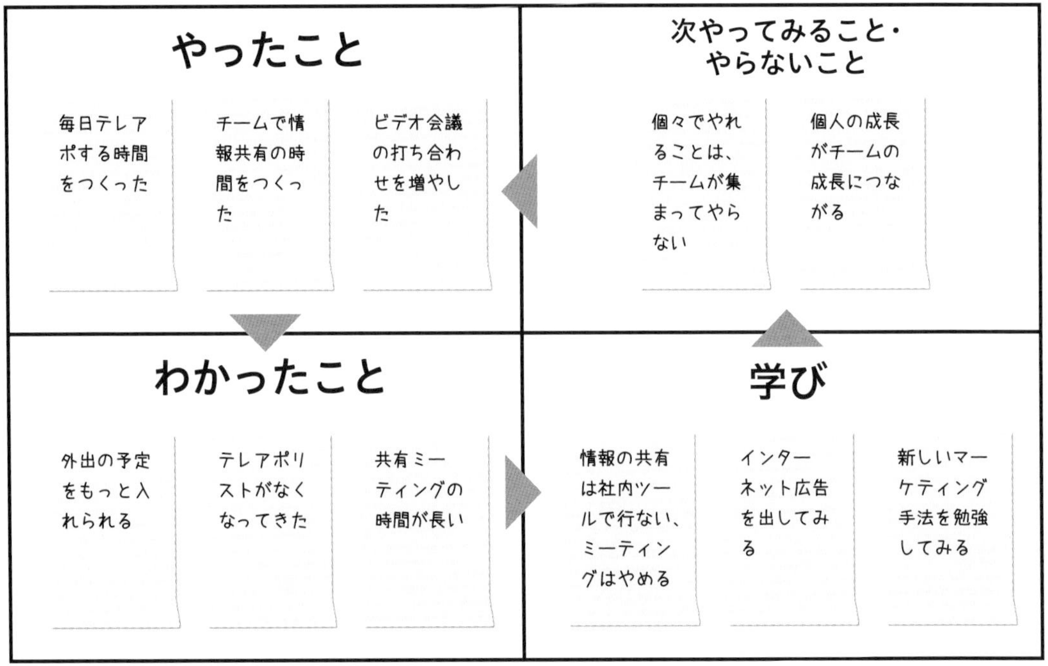

Point

理想のフォームを身につける

図1 は、デイヴィッド・コルブ氏の提唱する経験学習モデルを参考にしたものです。わかったことを「抽象的概念化」することで、個人だけでなくチームや組織での「学び」につながり、「次やること・やらないこと」を書き出しやすくなります。

下の図がエクササイズのプログラム例です 図2 。5名ずつのグループで、60分で実施するものになっています。参加者の人数が多い場合は、1グループ5名以下を目安にグループ分けしましょう。

個人でのリフレクションと、チームでのリフレクションを交互に行なうと、視点の違いが新しい「気づき」につながります。個人でリフレクションした結果、新しく追加できる内容が出てきたら、チームに共有してどんどん追加していきましょう。

図2 プログラム例（5名・60分で実施）

ステップ	時間の目安
①周りと話をせず、一人ひとり「やったこと」を書き出す	3分
②書き出した内容をチームに共有しながら分類していく	5分（1人1分）
③周りと話をせず、一人ひとり「わかったこと」を書き出す	4分
④書き出した内容をチームに共有しながら分類していく	5分（1人1分）
⑤周りと話をせず、一人ひとり「学び」を書き出す	8分
⑥書き出した内容をチームに共有しながら分類していく	10分（1人2分）
⑦周りと話をせず、一人ひとり「次やる案・やらない候補」を書き出す	5分
⑧書き出した内容をチームに共有しながら分類していく	10分（1人2分）
⑨全員で話し合いながら、「次やること・やらないこと」を決める	10分

参考文献

『企業参謀』
大前研一 著／講談社文庫／1985年

『ロジカル・シンキング』
照屋華子 著　岡田恵子 著／東洋経済新報社／2001年

『Certain to Win: The Strategy of John Boyd, Applied to Business』
Chet Richards 著／Xlibris, Corp.／2004年

『WHYから始めよ！ インスパイア型リーダーはここが違う』
サイモン・シネック 著　栗木さつき 訳／日本経済新聞出版／2012年

『ビジネスモデル・ジェネレーション ビジネスモデル設計書』
アレックス・オスターワルダー 著　イヴ・ピニュール 著　小山龍介 訳／翔泳社／2012年

『シナリオ・プランニング　未来を描き、創造する』
ウッディー・ウェイド 著　野村恭彦 監修　関 美和 訳／英治出版／2013年

『バリュー・プロポジション・デザイン 顧客が欲しがる製品やサービスを創る』
アレックス・オスターワルダー 著　イヴ・ピニュール 著　関 美和 訳
グレッグ・バーナーダ 著　アラン・スミス 著／翔泳社／2015年

『稼ぐ言葉の法則「新・PASONAの法則」と売れる公式41』
神田昌典 著／ダイヤモンド社／2016年

『Strategic Management and Competitive Advantage: Concepts and Cases, Global Edition』
Jay B. Barney 著　William S. Hesterly 著／Pearson Education Limited／2018年

『科学的にラクして達成する技術』
永谷研一 著／クロスメディア・パブリッシング／2019年

・Chapter 2「リーンキャンバス」(→86ページ)
『Running Lean—実践リーンスタートアップ』
アッシュ・マウリャ 著　角 征典 訳　渡辺千賀 解説　エリック・リースシリーズエディタ／オライリー・ジャパン／2012年12月

・Chapter 2「Fun Done Learn」(→108ページ)
『ファン・ダン・ラーン(FDL)ふりかえりボード』
https://qiita.com/yattom/items/90ac533d993d3a2d2d0f
@yattom 著／最終更新：2018年10月31日

・Chapter 2「デザイン思考」(→118ページ)
『デザイン思考が世界を変える』
ティム・ブラウン 著　千葉敏生 訳／ハヤカワ・ノンフィクション文庫／2014年

著者プロフィール

執筆者

栄前田勝太郎(えいまえだ かつたろう)

株式会社ゆめみ デザインストラテジスト。有限会社リズムタイプ代表取締役。企業の新規事業開発や業務改善、プロジェクトやチームの改善・促進、学習環境デザイン、ファシリテーションに携わってます。「問い、遊び、学習、場」がキーワード。著者に『UIデザイン みんなで考え、カイゼンする。』(MdN・共著)ほか。

Twitter　https://twitter.com/katsutaro
note　https://note.com/katsutaro

竹田 哲也(たけだ てつや)

プロダクトマネジメントやUIUXデザイン、組織デザインの経験を活かし、左脳と右脳をフル回転しながらモノ・コト・バをデザインしています。2018年11月、株式会社アトラエに入社。主に、エンゲージメント解析ツール「wevox」に関するサービスデザインからブランディングやマーケティングを中心に従事しています。

Twitter　https://twitter.com/taketetsu1982
note　https://note.com/taketetsu1982

宮木 俊明(みやき としあき)

株式会社ネットマン事業開発マネージャー兼エバンジェリスト。親子の休日革命代表。3児の父。音楽活動、葬儀社勤務、商社勤務を経て2014年にディスカヴァリソース株式会社を創業し、代表取締役に就任。複数の事業を立ち上げた後に事業譲渡し、2019年より現職。人と組織と事業の成長を促進中。ソーシャルビジネスコンテスト「YYコンテスト」2019優勝。

株式会社ネットマン　https://www.netman.co.jp/
個人サイト　http://miyakitoshiaki.com/

イラストレーター

カタギリ ショウタ(かたぎり しょうた)

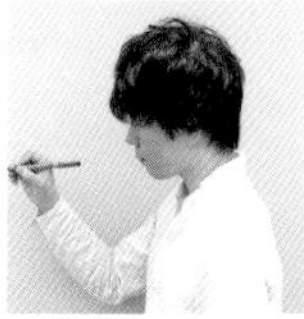

株式会社クルーにて、商品開発のワークショップや製品デザインの業務を行なう。その傍ら、グラフィックファシリテーションやアイデアスケッチなどの可視化手法を用いて、共創の場での創造性を高める活動をしている。日本大学芸術学部デザイン学科非常勤講師として、アイデアスケッチの授業を受け持つ。

Twitter　https://twitter.com/giri_shota
個人サイト　https://www.giri-visualization.com/

●制作スタッフ

装　丁	西垂水 敦・市川さつき（krran）
カバー・本文イラスト	カタギリショウタ
本文デザイン・図版制作	加藤万琴
DTP・編集協力	宮崎綾子（アマルゴン）
編集長	後藤憲司
担当編集	熊谷千春

ひらめきとアイデアがあふれ出す ビジネスフレームワーク実践ブック

2020年8月1日　初版第1刷発行

著者	栄前田勝太郎　竹田哲也　宮木俊明
発行人	山口康夫
発行	株式会社エムディエヌコーポレーション 〒101-0051　東京都千代田区神田神保町一丁目105番地 https://books.MdN.co.jp/
発売	株式会社インプレス 〒101-0051　東京都千代田区神田神保町一丁目105番地
印刷・製本	中央精版印刷株式会社

Printed in Japan

定価はカバーに表示してあります。

ISBN978-4-295-20009-3　C2034

【カスタマーセンター】
造本には万全を期しておりますが、万一、落丁・乱丁などがございましたら、送料小社負担にてお取り替えいたします。
お手数ですが、カスタマーセンターまでご返送ください。

【落丁・乱丁本などのご返送先】
〒101-0051　東京都千代田区神田神保町一丁目105番地
株式会社エムディエヌコーポレーション カスタマーセンター
TEL：03-4334-2915

【書店・販売店のご注文受付】
株式会社インプレス　受注センター
TEL：048-449-8040／FAX：048-449-8041

【 内容に関するお問い合わせ先 】
株式会社エムディエヌコーポレーション カスタマーセンター メール窓口

info@MdN.co.jp

本書の内容に関するご質問は、Eメールのみの受付となります。メールの件名は「ビジネスフレームワーク実践ブック　質問係」とお書きください。電話やFAX、郵便でのご質問にはお答えできません。ご質問の内容によりましては、しばらくお時間をいただく場合がございます。また、本書の範囲を超えるご質問に関しましてはお答えいたしかねますので、あらかじめご了承ください。